JANNIKE STÖHR
Das Traumjob-Experiment

*Für meine Eltern.*
*Danke.*

# JANNIKE STÖHR

## Das Traumjob-Experiment

30 JOBS IN EINEM JAHR

Eichborn Verlag in der Bastei Lübbe AG

Originalausgabe

Copyright © 2016 by Bastei Lübbe AG, Köln

Text- und Bildredaktion: Juliane Schindler
Umschlaggestaltung: Christiane Hahn, www.christianehahn.de
Unter Verwendung eines Motives von © Robert Maschke,
Bergisch Gladbach
Motiv Innenteil: © shutterstock/Tribalium
Satz: hanseatenSatz-bremen, Bremen
Gesetzt aus der Janson Text
Druck und Einband: GGP Media GmbH, Pößneck

Printed in Germany
ISBN 978-3-8479-0606-3

5   4   3   2   1

Sie finden uns im Internet unter www.eichborn.de
Bitte beachten Sie auch www.luebbe.de

Ein verlagsneues Buch kostet in Deutschland und Österreich jeweils
überall dasselbe.
Damit die kulturelle Vielfalt erhalten und für die Leser bezahlbar
bleibt, gibt es die gesetzliche Buchpreisbindung. Ob im Internet, in der
Großbuchhandlung, beim lokalen Buchhändler, im Dorf oder in der
Großstadt – überall bekommen Sie Ihre verlagsneuen Bücher zum selben
Preis.

*Der Wunsch, dir eine Kleinigkeit zu schenken,*
*ließ mich unter dem Stichwort »Mut« suchen.*

Papa

# Inhalt

Einleitung ........................................... 8

Erzieherin ........................................... 11

Fernsehredakteurin ............................... 21

Reiseleiterin ....................................... 31

Verkäuferin ......................................... 39

Headhunterin ...................................... 47

Lehrerin ............................................. 57

Bäuerin .............................................. 65

Winzerin ............................................. 75

Beraterin für Selbstentwicklung .................. 85

Familienaufstellerin ............................... 95

Journalistin (Online) ............................... 104

Start-up-Gründerin ................................ 111

Heilerziehungspflegerin ........................... 118

Videoproduzentin .................................. 127

Karriereberaterin .................................. 137

Architektin ......................................... 144

Pathologin .......................................... 153

Texterin .............................................. 164

Mitarbeiterin der österreichischen
    Entwicklungszusammenarbeit ...................... 172

Tierpräparatorin ..................................... 179

Tanzlehrerin ......................................... 186

Concept Artist ....................................... 197

Koordinatorin in einer
    gemeinnützigen Organisation ..................... 204

Opernagentin ........................................ 214

Freizeitparkbetreiberin .............................. 221

Journalistin (Print) .................................. 230

Pastorin ............................................. 236

Tischlerin ............................................ 243

Politikerin ........................................... 249

Hebamme ............................................ 259

Nachwort ............................................ 267

# Einleitung

Gibt es einen Zustand, in dem alles gut ist? Man einfach zufrieden ist?

Eigentlich sollte ich mich bereits in diesem Zustand befinden. Mit einem anspruchsvollen Job, der gut bezahlt wird, bin ich materiell abgesichert. Meine Wohnung ist hell und hat einen Garten. Technisch bin ich gut ausgestattet, meine Möbel sind neu und mein Kleiderschrank voll. Die Musikanlage meines neuen Leasing-Autos verbindet sich automatisch mit meinem Handy und spielt meine Lieblingsmusik. Die Sommer verbringe ich auf anderen Kontinenten. Mit siebenundzwanzig Jahren kann ich eine abgeschlossene Ausbildung vorweisen, ein Studium, fünf Jahre Berufserfahrung, davon eineinhalb Jahre im Ausland. Aber die Fragen begleiten mich nun schon seit einigen Jahren. Gibt es einen Zustand, in dem alles gut ist? Mir nichts mehr fehlt? Zufrieden bin ich nicht. Und was mir fehlt? Ich weiß es nicht.

Mehr Konsum, mehr Verantwortung und Herausforderung im Job, weitere Reisen sind es nicht; ich habe es ausprobiert. Je mehr ich den Fragen nachgehe, desto stärker wird das Gefühl: Ich bin fehl am Platz.

Ich teste Hobbys, Sportarten, Ehrenämter, melde mich zu Sprachkursen an. Ich suche mein Glück in Ratgebern:

Job, Leben, Gesundheit, Arbeit, und starte den Selbstversuch. Wenn ich glücklich werden will, soll ich gärtnern. Also lege ich meinen ersten Garten an. Wenn ich glücklich sein will, muss ich mich gesund ernähren. Ich esse vegan und trinke grüne Smoothies. Konsumverzicht macht glücklich? Ich lebe ein halbes Jahr konsumfrei, Nahrungsmittel ausgeschlossen. Fernsehen ist Zeitverschwendung und verhindert wahres Glück. Ich lege eine medienfreie Zeit ein und lasse Fernseher und Radio aus. Das Glück liegt in den kleinen Dingen des Lebens. Ich führe ein Foto-Dankbarkeitstagebuch. Ich gehe zu einer Berufsberatung, die mir einen Job verspricht, der mich zufrieden macht. Ich pilgere den Jakobsweg.

Mein Vater wird krank, Diagnose Krebs. Das ist nicht möglich, denn mein Vater ist unverwüstlich. Ich lese Ratgeber über das Sterben. Ein Zitat von Schauspieler Tom Hiddleston fällt mir in die Hände: »We all have two lives. The second one starts when we realize that we only have one.«

Jetzt oder nie. Bei meinem Arbeitgeber beantrage ich eine dreijährige Freistellung. Wie ich sie nutzen werde, weiß ich nicht. Ich tendiere zu einem Master-Studium. Vielleicht werde ich auch Journalistin oder Tischlerin. Oder Schaffnerin. Was weiß ich. Zur Not mache ich eine Weltreise. Ich bewerbe mich an der Kopenhagener Business School. Die Chance, genommen zu werden, steht nicht gut; mein Bachelor ist dafür nicht der richtige. Die Bewerbungen für die anderen Unis schicke ich nicht mehr ab, ich zweifle bereits, ob das Studium der richtige Weg für mich ist. Ich spare, suche einen Nachmieter für meine Wohnung, kündige den Fitnessstudio-Vertrag, verkaufe meine Möbel, übergebe meinen Job. Ein weiterer Ratgeber fällt mir in die Hände. »Wie man die richtige Arbeit für sich findet«. Der Autor erzählt von der Belgierin Laura van Bouchout, die sich zu ihrem dreißigsten Geburtstag ein Jahr Zeit schenkte, um verschiedene Jobs zu testen. Ich muss nicht weiterlesen, um zu wissen, wie ich meine Auszeit nutze. Das ist es.

Mein Plan nimmt nun schnell Formen an. Dreißig verschiedene Jobs möchte ich innerhalb von zwölf Monaten testen, so lange müssten meine Ersparnisse reichen. Für die Jobs will ich mir jeweils eine Woche Zeit nehmen, meine Eltern bieten mir für unbegrenzte Zeit ihr Gästezimmer an. Andere Kulturen oder Sprachen sollen nicht Thema meiner Traumjob-Suche werden, die Jobs will ich also alle im deutschsprachigen Raum testen. Für die Praktika suche ich Menschen, die ihren Traumjob bereits gefunden haben und ihrem Beruf leidenschaftlich nachgehen. Ich schätze meine Chancen, bei kleinen Unternehmen oder Selbstständigen mitlaufen zu dürfen, größer ein. Geld soll keine Hürde sein, ich werde unentgeltlich arbeiten. Hotels werde ich mir nicht leisten können, dennoch ist es mir wichtig, die Jobs nicht nur in meinem Heimatort zu testen. Die Lösung: Couchsurfing – die sympathische Alternative zum Hotelleben, nette Gesellschaft inklusive. Per Post trifft die Bestätigung meiner freiwilligen Krankenversicherung ein, denn dafür bin ich jetzt selbst verantwortlich. Mit ihr die Zusage aus Kopenhagen. Sieben Tage habe ich Zeit, um mich zu entscheiden. »Nimm das Studium«, sagen Freunde und Familie, »dann hast du hinterher was in der Hand.« Am siebten Tag schlage ich den Studienplatz aus. Zweifel bleiben.

Ob ich dreißig verschiedene Praktika organisieren kann? Ob ich auf diese Art überhaupt meinen Traumjob finden werde? Ob ich mit meinen Ersparnissen hinkomme? Ob ich auf meine eigenen vier Wände verzichten kann?

Mein Vater stirbt.

Ich mach das jetzt einfach.

Das Traumjob-Experiment

# 1

# Erzieherin

Gleich am ersten Tag komme ich angepisst nach Hause. Etwas naiv hatte ich angenommen, jetzt würde alles anders werden. Nun ja, etwas anders ist es schon. Dieses Mal ist es nämlich wörtlich zu nehmen.

Um einen ersten Erfolg verbuchen zu können, starte ich mit einem leichten Job und nehme die Einladung von Julia, der Schwägerin einer ehemaligen Arbeitskollegin, an, eine Woche als Erzieherin in einer Kindertagesstätte in Lehrte bei Hannover zu verbringen. Mit Ein- bis Dreijährigen sollte ich klarkommen.

Am Sonntagabend reise ich an. Couchsurferin Susanne ist im Alter meiner Mutter und wohnt in einem rund zwanzig Kilometer entfernten Nachbarort. Ich bin ihr erster Gast, und es soll mir an nichts fehlen. Sogar ein eigenes Zimmer habe ich bekommen. Gemeinsam mit ihren Freunden verfolgen wir auf dem Sofa vor dem Fernseher, wie Deutschland Weltmeister wird. Ob mein Vater sich über den Sieg gefreut hätte?

Immer wieder schrecke ich in der Nacht hoch. Werde ich den Weg finden und pünktlich sein? Sind die Kollegen nett und nehmen mich gut auf? Werden sie mich an ihrem Arbeitsalltag teilhaben lassen? Ob eine Woche ausreicht, um ein Gefühl für den Job zu bekommen? Um sechs Uhr erlöst mich der Wecker. Als ich leise die Tür hinter mir schließe, befinden sich Hausschuhe in der Tasche, die ich auf Wunsch von Kita-Leiterin Jennifer Müller* mitgebracht habe. Die Vorstellung, wie ich mit Hausschuhen in meinem alten Büro sitze, lässt mich schmunzeln.

Ich schwinge mich auf das Fahrrad, das mir Susanne am Vorabend zur Verfügung gestellt hatte. Ein Feldweg führt mich vorbei an Kornfeldern zum örtlichen Bahnhof, der Sonnenaufgang kann noch nicht lange her sein. So schön still. Der Zug bringt mich nach Lehrte, von dort fahre ich die letzten Kilometer mit dem Fahrrad zur Kita. Zwanzig Minuten vor Arbeitsbeginn komme ich an einer Krippe an. Allerdings nicht bei der Kita, in der man mich diese Woche erwartet, das verrät mir das Türschild. Mist. Trotz alledem schaffe ich es, pünktlich am verabredeten Ort zu sein. Ich erkenne das Gebäude von einem Foto im Internet wieder.

Ich rüttle an der verschlossenen Tür, klingle. Nichts passiert. Eine Mutter mit kleinem Kind kommt auf mich zu und verrät mir das Geheimnis: Gleichzeitig auf Schalter und Tür drücken. Die Mutter übernimmt, als ich es trotz Anleitung nicht hinbekomme, und bringt mich zu Hindernis Nummer zwei, einem Flurgitter. Ähnlich unvermögend scheitere ich am Öffnen und lasse der jungen Mutter den Vortritt. Wie soll meine Woche nur werden, wenn ich bereits am Eingang kläglich scheitere? Was habe ich mir überhaupt gedacht? Ich gehöre nicht in die freie Wildbahn des Arbeitsmarktes, ich gehöre in ein Büro. Ein Büro, für dessen Tür ich einen Schlüssel habe, mit einem Schreibtisch, Computer, Telefon und zwei Mülleimern, der eine für Papier, der andere für Restmüll. Dort finde ich mich zurecht. Dort kann ich zeigen, was ich kann.

---

* Alle Namen geändert

Das Traumjob-Experiment

Ein Wand-Tattoo empfängt die Besucher der Kita hinter der Eingangstür. Es ist ein Zitat von Reformpädagogin Maria Montessori: »Der Mensch ist darauf ausgelegt, neugierig die Welt zu erkunden.« Lauter kleine Bänke stehen ringsum an den Wänden des Flurs, über ihnen Regale und Kleiderhaken für die Jacken und Schuhe der Kinder. Namensschilder geben ihre Besitzer bekannt.

Wie bei Besichtigungen frisch renovierter Wohnungen stehen hier Einwegüberzieher in einer Kiste für die Eltern bereit. Keine Straßenschuhe in den Aufenthaltsräumen.

Wo soll ich mich eigentlich melden, frage ich mich und schaue mich unschlüssig um. Der Himmel schickt Praktikantin Hannah um die Ecke. Sie ist in der Ausbildung zur Sozialassistentin und schon seit fast einem Jahr blockweise in der Kita. Kurz darauf kommt auch die Kita-Leiterin hinzu. »Sie sind also Jannike!«, begrüßt mich Frau Müller und nimmt mich mit auf einen Rundgang. Es gibt zwei Etagen. Unten Krippe, oben Kindergarten. Neben zwei Spielräumen, einem Badezimmer, der Personalküche und einem Gäste-WC gibt es in der Krippe auch einen Schlafraum. Lauter kleine Betten oder Körbe sind darin zu finden. So muss sich Schneewittchen gefühlt haben, als sie das Haus der sieben Zwerge betrat. Zu den Räumen des Kindergartens gibt es in der ersten Etage noch eine Cafeteria und ein Sportzimmer. Diese beiden Räume werden von den Krippenkindern mitgenutzt. Für mich geht es diese Woche zu Praktikantin Hannah in die Eichhörnchengruppe. Die Gruppenleiterin ist krank, deswegen übernimmt Frau Müller zusätzlich die Betreuung. Im Spielraum rennen ruck, zuck elf schreiende Kinder im Alter von eins bis drei quer durch den Raum und wieder zurück. Zumindest der Teil von ihnen, der schon laufen kann.

Hannah läutet den Sitzkreis ein. Ein Kind darf beim Aufbauen der Kreismitte helfen. Durchsichtige Tücher in verschiedenen Farben werden übereinandergelegt, auf sie ein Eichhörnchen aus Pappkarton sowie eine elektrische Kerze. Hannah stimmt das »Eichhörnchen-Lied« an, das jeden Morgen zur Begrüßung gesungen wird. Danach ist Wunschkonzert. »Mein großer, mein runder, mein blauer Luftballon steigt höher und höher, er fliegt mir fast davon« singen Hannah und die Kinder, während sie mit ihren Händen den Luftballon darstellen. Reihum dürfen sich die Kinder die Farbe ihres eigenen Luftballons aussuchen. Nach der ersten Farbe stimme ich zaghaft in das Lied mit ein.

Hannah singt gut – und hoch. In den hohen Lagen bricht meine Stimme immer wieder weg. Einen Job als Sängerin sollte ich besser nicht in Erwägung ziehen. Ich setze darauf, dass mich die Kinder trotzdem mögen und die Erzieherinnen mein Gekrächze aus den Kinderstimmen nicht heraushören können.

Die Kinder verteilen sich im Raum. Jetzt darf gespielt werden. Meine Hemmschwelle im Umgang mit den Kindern ist höher als erwartet. Ich versuche es in der Bücherecke. Ein Buch sollte ich doch vorlesen können. Das erste Kind setzt sich auf meinen Schoß. Ein wenig befremdlich. Ein weiteres Kind schmiegt sich an meinen Arm. Es hat Schnupfen. Ich will meinen Arm wegziehen, aber ich widerstehe meinem ersten Reflex und lese weiter. Nach und nach verlassen mich die Kinder, bis ich schließlich alleine zurückbleibe. Ich bin ihnen wohl zu langweilig. In meiner Vorstellung war ich die ganze Woche über von Kindern umringt, einfach nur weil ich als Neue spannend bin. Aber ganz so leicht scheint das nicht zu funktionieren.

Plötzlich wird es laut, also noch lauter, und ein kleines Handgemenge artet in der ersten Schreierei aus. Julia hat geschubst! Was nun? Ich bin ratlos. Soll ich das schubsende Kind zurechtweisen, das heulende in den Arm nehmen? Leon wischt sich seinen Schnodder mit einer gekonnten Handbewegung bis zur Schläfe hinauf. Ein Glück, das erspart mir das Naseputzen, für das ich hier bestimmt verantwortlich bin.

Die Zeit vergeht im Schneckentempo. Um neun Uhr ist endlich Frühstückszeit. Ich nehme das dicke Kind, das noch nicht laufen kann, auf meinen Arm und folge den Erzieherinnen und den anderen Kindern die Treppe hoch Richtung Cafeteria. Die Benutzung des Handlaufs ist für alle Pflicht. Dass aber auch immer wieder jemand zeigen muss, dass er es schon alleine kann. Wir haben alle Hände voll zu tun.

Jeden Tag der Woche gibt es etwas anderes zum Frühstück, von Müsli über belegte Brote hin zu von den Kindergartenkindern selbstgebackenen Quarkbrötchen. Heute ist Müsli-Tag. Ich sitze zwischen den beiden Kleinsten, beide knapp über ein Jahr alt. Sie treffen beim Essen noch nicht zuverlässig den Mund mit dem Löffel. Ich helfe, wo ich kann, bin allerdings nicht schnell genug, zwei hungrige Mäuler gleichzeitig zu versorgen. Die Milchlache auf dem Tisch breitet sich immer weiter aus, das Müsli landet auf der Hose, im Hochstuhl und unter dem Tisch. Gibt es nicht schnell genug Nachschub, behelfen sich die beiden Jungs mit der Hand und stecken in den Mund, was sie kriegen können. So verteilen sich die Haferkörner im Nu im Gesicht und in den Haaren. In meinem Aufsichtsgebiet sieht es aus wie in einem Schweinestall. Nach dem Frühstück bringt jeder seinen Teller zurück zum Geschirrwagen und leert die Reste in einem dafür vorgesehenen Mülleimer aus. Lena ist fix und dreht ihren Teller um, die Müsli-Reste landen auf dem Boden. Frau Müller grinst. »Das passiert schon einmal«, sagt sie und zwinkert mir zu.

Wieder unten angekommen, nehme ich den Kindern die

Lätzchen ab und ziehe ihnen Schuhe und Jacken an. Wir dürfen jetzt draußen spielen! Währenddessen werden einige Kinder von Frau Müller gewickelt. Wickeln darf ich nicht. Die Kita-Leiterin legt großen Wert darauf, dass sich die Kinder beim Wickeln wohl fühlen. Deswegen gibt es für das Wickeln zwei Regeln: Das Kind muss die wickelnde Person kennen, und man muss genügend Zeit einplanen, damit keine Hektik aufkommt. Ich bin nicht allzu traurig, dass diese Aufgabe an mir vorübergeht.

Ein Kind nach dem anderen entlasse ich nach draußen zum Spielen. Als ich fast fertig bin, fällt mir der nasse Fleck auf meinem Oberschenkel auf. Aha. Offensichtlich hat mich eines der Kinder angepinkelt, während es auf meinem Schoß saß und die Schuhe angezogen bekam. Nur welches? Ich mache mich auf die Suche, denn logischerweise hat das Kind nicht nur mich, sondern auch sich selbst vollgepinkelt und braucht eine neue Hose. Ich finde es nicht. Eine Erzieherin sieht die Misere und sprüht meinen Schritt großflächig mit Desinfektionsspray ein. Mittlerweile könnte man denken, ich habe mich selbst eingenässt. Leider habe ich für meine Verabredung am Abend nur ein Ersatz-T-Shirt eingepackt, keine Ersatzhose. Na, es hätte schlimmer kommen können.

»Oh, schauen Sie, Jannike, Mirco hat eine Schnecke gefunden. Passen Sie bitte auf, dass die Schnecke nicht in der Hosentasche landet?«, ruft mir Frau Müller zu. Meine Aufmerksamkeit gilt ab jetzt elf Kleinkindern plus Schnecke.

Die zwei im Garten befindlichen Pfützen habe ich unterschätzt. Sie reichen aus, um nach einer Stunde lauter Erdmännchen aus ihren Klamotten schälen zu können. Auch die Kindergartenkinder toben sich an der frischen Luft aus. Sie haben den Sandkasten gekapert. Erzieherin Kerstin dreht den Wasserschlauch auf und richtet ihn auf den Sandkasten. Wasser marsch! Das Wasser sprudelt durch gebuddelte Gräben und Kanäle, wird umgeleitet und versucht aufzuhalten. »Ich weiß, warum ich meinen Job so liebe«, sagt Kerstin, »wenn ich fünfzehn Kinder mit einem einzigen Wasserschlauch beschäftigen kann. Herrlich!«

Nach anfänglichen Berührungsängsten auf beiden Seiten läuft es gegen Mittag recht rund. Ich sitze wieder bei den beiden Kleinen, da greift Paul mit der Hand in den Kartoffelbrei und streckt sie mir grinsend entgegen. »Da!« Ich bin hin und her gerissen zwischen Ergriffenheit und Hilflosigkeit und nehme das Geschenk zumindest per Hand in Empfang. Wenn ein dickes Kind mit einem das Essen teilt, dann sollte man das zu schätzen wissen.

Es ist Schlafenszeit. Die Klamotten werden wieder ausgezogen, Schlafsäcke übergezogen, Schnullis in den Mund gesteckt und Kuscheltiere in den Arm genommen. »Es ist Feierabend. FEIERABEND!«, ruft Alexander wie ein kleiner Diktator aus seinem Bett heraus, als die anderen Kinder nicht unmittelbar still sein wollen. Mit welchen Worten ihn wohl seine Eltern ins Bett schicken? Zu dritt sitzen wir zwischen den Betten und kraulen und kuscheln dort, wo es gewünscht wird. Und während es im Schlafsaal immer stiller wird, fallen auch meine Augen langsam zu. Nur eine der vier Mittagspausen kann ich mich durchgängig wach halten. Ganz schön anstrengend, so ein Kita-Alltag. Der Blick aufs Handy muss bis Feierabend warten.

Lukas will während der gesamten Woche partout nicht schlafen und quengelt, was das Zeug hält. Hannah nimmt ihn mit in den Spielraum und beschäftigt ihn, während der Rest schlummert. Mit allen Mitteln versuchen wir, ihn zum Einschlafen zu bringen, aber die ganze Woche haben wir keinen Erfolg. Am Donnerstag schlägt die gesundete Gruppenleiterin Steffi wieder in der Kita auf und weiß mit einem Blick in den Schlafsaal, was das Problem ist: »Lukas' Bett ist am falschen Platz. Er schläft nur in der Ecke des Raumes.« Klar, darauf hätten wir kommen können.

Als die Atemzüge gleichmäßiger werden, schleiche ich mich auf Zehenspitzen aus dem Raum. Jetzt schnell in die Pause. Bis der Erste wieder aufwacht, wird es nicht lange dauern. Allein sitze ich im Personalraum und stochere mit meiner Gabel in der Salatschüssel aus dem Supermarkt herum. Die Mittagspause machen die Kita-Kräfte versetzt. Denn auch wenn die Kinder schlafen, muss jemand da sein. Meine gute alte Mittagspause im Büro fällt mir wieder ein. Mit meinen tollen Kollegen und ihren Geschichten, über die wir schon Tränen gelacht haben. Dagegen erscheinen mir die Mittagspausen in dieser Woche fast trostlos. Auf der anderen Seite tut ein bisschen Ruhe zwischen dem ganzen Geschrei gut.

Ich komme aus der Pause zurück und habe Gelegenheit, Frau Müller ein wenig über ihren Traumberuf auszufragen. Sie erzählt mir etwas über die Arbeit in der Kita. Nach Emmi Pikler arbeiten sie hier und nach Maria Montessori. Die pädagogischen Ansätze der ungarischen Kinderärztin Emmi Pikler stehen unter anderem für eine achtsame Pflege und eine freie Bewegungsentwicklung. Dazu zählt, sich beim Wickeln Zeit zu lassen und die Kinder nicht in Situationen zu bringen, in die sie weder allein hinein- noch allein wieder aus ihnen herauskommen. Angelehnt an das Berliner Eingewöhnungsmodell sollen die Kinder in Anwesenheit ihrer Bezugsperson eine neue Bindung zum Erzieher, zur Erzieherin aufbauen, bevor sie allein in der Kita bleiben. Die Eingewöhnung gilt als abgeschlossen, wenn das Kind eine stabile Beziehung aufgebaut hat und sich beispielsweise von der Erzieherin trösten lässt.

Auch hier gibt es also Konzepte. In meiner Vorstellung

bestand eine Kita bisher nur aus Spielzeugen und Sandkästen. Einen Vortrag bereitet Frau Müller gerade für einen Gottesdienst vor mit der Frage:»Was verstehen wir unter Familie?« Die Mitarbeiter der Kita verstehen sich selbst als Teil der Familie des Kindes. In erster Linie geht es dabei um Beziehungsarbeit. Nicht um das Ersetzen von Mama oder Papa, vielmehr um ein Vertrauensverhältnis zwischen Kind und Erzieherin, in dem alle Probleme gelöst werden können, ohne dass es vieler Tränen bedarf.

Ich stelle sowieso immer wieder fest: In den Arm nehmen hilft immer. Die ersten erfolgreich getrockneten Tränen machen mich ein wenig stolz. Die ersten Arme, die sich nach mir ausstrecken, auch. Mit den Tagen finde ich mich besser zurecht.»Jannike, Sie werden ja immer freier!«, ruft mir Frau Müller zu, die gerade den Raum betritt. Ich finde mich – ein wenig über mich selbst erschrocken – auf allen vieren krabbelnd und bellend auf dem Fußboden wieder, Nathalie steht kichernd vor mir.

Nach Feierabend bin ich ganz schön geschafft. Vom vielen Bücken, Heben und Tragen tut mir alles weh. Dreckig bin ich auch. Meine Klamotten sind vollgespuckt und voller Schnodder, und ein bisschen angepinkelt. Trotzdem ein schöner Start in das Jahr, dem ich voller Aufregung entgegensehe. Ob jeder Job so anstrengend sein wird? Ich verstehe, warum dieser Beruf ein Traumjob sein kann. Man bekommt viel zurück. Und als Erzieherin hat man sogar das Glück, über einen längeren Zeitraum die Entwicklung eines Kindes begleiten zu können.

Für mich ist dennoch klar, dass ich meinen Traumjob im Beruf der Erzieherin nicht gefunden habe. Auch wenn mir die Arbeit Freude bereitet hat, habe ich es lieber ruhiger und bin sicher zu ungeduldig und kopflastig.

Wieder zurück im Gästezimmer meines Elternhauses, bin ich ziemlich erschöpft und liege einen Tag später mit Fieber im Bett. Ich weiß genau, bei wem ich mich angesteckt habe. Bei dem dicken Kind, das nicht laufen konnte. Im Geheimen ist es mein Lieblingskind gewesen. Erzieher und Lehrer sind in der Anfangszeit in einer neuen Einrichtung häufig krank, weil sie so vielen Viren ausgesetzt sind. Mit der Zeit gewöhnt sich der Körper allerdings daran. Ein Einrichtungs- bzw. Schulwechsel kann hingegen aufgrund anderer Viren wieder zu hohen Ausfallzeiten führen.

 **Für wen der Job etwas sein könnte:** Du hast viel Geduld und bist gefühlvoll. Du spielst gern, hast einen gesunden Rücken und kannst gut heben. Du ekelst dich weder vor Schnodder noch vor vollen Windeln. Du liebst Kinderlieder und kannst einigermaßen gut singen. Berührungsängste hast du keine.

**Wer lieber die Finger davon lassen sollte:** Du brauchst  messbare Erfolgsgrößen für deine Arbeitszufriedenheit. Du bist nicht gern draußen und bist lärmempfindlich. Du liebst Ordnung.

# 2
# Fernsehredakteurin

Ich quäle mich aus dem Bett, um zweihundertfünfzig Kilometer zu der Fernsehproduktion TV Plus in Hannover zu fahren und mein zweites Praktikum zu beginnen.

Fünf Arbeitstage werde ich im Team der Bingo-Redaktion verbringen, einer Umweltlotterie im NDR Fernsehen, die in sieben Bundesländern gespielt wird. Dabei werde ich ganz verschiedene Berufe kennenlernen: Cutter, Autorin, Redakteurin und Regisseurin. Wichtigster Tag in der Woche ist hier der Sonntag, an dem die Zuschauer am Bildschirm live mitverfolgen können, ob ihr Los ihnen Glück gebracht hat. Silke, die leitende Redakteurin, hat sich viel Mühe bei der Planung meines Praktikums gegeben und für jeden Tag einen besonderen Einblick vorgesehen. Zustande gekommen war der Kontakt zu ihr über einen meiner ehemaligen Chefs, der mit einer Mitarbeiterin aus dem Bingo-Team befreundet ist.

An einer zuvor vereinbarten Straßenecke steige ich zu drei mir unbekannten Menschen ins Auto. Die Situation hat was Absurdes. Neben der Autorin sind noch Kameramann Mike und Tonassistent Hauke mit an Bord. Im Kofferraum: die Kamera-Ausrüstung. Es geht in den Harz. Nur: Was hat der Harz mit Bingo zu tun?

Ein Dreh steht auf dem Programm, zu dem ich die freiberufliche Autorin Frigge Mehring begleite. Thema: die Natur im innerdeutschen Grenzgebiet. »Für drei Minuten Film sollte man immer einen ganzen Tag einplanen«, erklärt sie mir, während sie sich Notizen in ein kleines Büchlein macht.

Die Protagonisten Christian Barsch und Dr. Gunter Karste treffen wir in Bad Harzburg. Beide arbeiteten zu Zeiten der DDR als Förster im Grenzgebiet. Einer im Osten, einer im Westen. In dieser Zeit kamen sie intensiv mit der Natur im ehemaligen Harzer Todesstreifen in Berührung. Der Grenzstreifen wurde damals durch Abschub des Mutterbodens und den Einsatz von Pflanzengift frei gehalten. Gemeinsam mit der Kamera sollen die beiden heute entdecken, ob sich die Natur ihren Raum zurückerobern konnte.

Wir folgen dem Wagen der beiden Protagonisten hoch in den Nationalpark. Ich komme mir vor wie ein Ranger, denn alle anderen Besucher müssen das Gelände zu Fuß erschließen. Bis Mikes Wagen mehrfach auf Felsbrocken aufsetzt, die aus dem Waldboden herausragen, und auch wir aussteigen und zu Fuß weitergehen müssen. Während ich mir aufgrund der Geruchsentwicklung Sorgen um das Fahrzeug mache, lässt Mike seinen Wagen mehrfach zurückrollen, um dann Vollgas zu geben und über die Steine zu brettern. Mit drei Personen weniger im Auto bahnt sich Mike dann doch seinen Weg und verhindert, dass wir die schwere Kameratechnik den Berg hinauftragen müssen.

Wir sind an der Grenze zwischen Niedersachsen und Sachsen-Anhalt. Mike baut die Kameratechnik auf, Tonassistent Hauke kümmert sich um die Mikros und verkabelt die Protagonisten. Frigge sucht einen passenden Drehort. Dann hält die Kamera fest, wie sich ost- und westdeutscher Förster zum ersten Mal unterhalten und von ihren Erlebnissen im umliegenden Wald berichten.

»Um den Wildwechsel zwischen Ost- und Westdeutschland nachvollziehen zu können, haben wir Färbemittel in die Futterkrippen hinzugegeben. In unterschiedlichen Farben, versteht sich. So konnte man dann anhand der Farbe der Losung, so nennt man den Kot von Hirschen und Rehen, erkennen, ob das Tier aus dem Osten oder Westen kam«, erklärt Christian Barsch seinem ostdeutschen Kollegen. Frigge und das Kamerateam stehen während des Interviews in einer Reihe hinter dem jeweils Zuhörenden. So soll für den Zuschauer ein realitätsnahes Gespräch aufgezeichnet werden. Außerdem fällt es in dieser Aufstellung nicht so sehr auf, wenn der Protagonist dem natürlichen Reflex nachgibt, in die Kamera zu schauen.

Zwischen den Szenen bespricht Frigge den weiteren Ablauf mit den Protagonisten. Kameramann Mike ist währenddessen auf der Suche nach guten Motiven für die Zwischenschnitte. Hauke läuft ihm hinterher und zeichnet die zugehörige Geräuschkulisse auf. Zwischenschnitte nutzt man beispielsweise dann, wenn sich einer der Protagonisten verspricht. Der Versprecher lässt sich im Schnitt leicht entfernen. Während das Herausschneiden von Szenen auf der Tonspur nicht auffällt, würde man das auf der Bildspur direkt sehen. Der Protagonist würde von einem Ort zum anderen springen, da einige, wenn auch kleine Bewegungen fehlen würden. An solchen Stellen können im Schnitt andere Aufnahmen eingesetzt werden, während der Protagonist weitererzählt. In unserem Fall könnten das Pflanzen, Schmetterlinge oder ein Panorama-Schwenk sein.

»Jannike, kannst du mal herkommen und dich so hinstellen, dass du einen Schatten auf den Boden hier wirfst?« Mike möchte Nahaufnahmen von Pflanzen machen, die sich ihren Weg zwischen den Pflastersteinen im Boden bahnen, über die gerade noch beide Darsteller spaziert sind. Die Wolken, die während der letzten Aufnahmen noch Schatten auf die kleinen Mini-Biotope warfen, sind jetzt verschwunden. Worauf man alles achten muss.

Gegen siebzehn Uhr sind wir wieder zurück in Hannover. Ich bin ganz schön geschafft, als ich mich auf den Weg zu Couchsurferin Betti mache. Die achtundzwanzigjährige Fotografin wohnt mit ihrem Vater in dem Haus, in dem schon ihre Urgroßeltern lebten. Ein weiterer Couchsurfer ist zu Gast und wohnt in ihrem Gästezimmer, bleibt für mich die Couch im Wohnzimmer. Dieses Mal also echtes »Couch«-Surfing. Kaum bin ich da, drückt sie mir auch schon einen eigenen Haustür- und Fahrradschlüssel in die Hand. »Von hier ist es nicht weit zur Redaktion. Da kannst du morgen gut mit dem Rad hinfahren«, bietet sie mir an. Ich bin überrascht von dem großen Vorschussvertrauen. Betti kommt mir vor wie eine alte Schulfreundin, mit der man sich nach Jahren viel zu erzählen hat. Sie habe oft Couchsurfer zu Besuch, erzählt sie mir. »Und einmal im Monat veranstalten wir ein Wohnzimmerkonzert«, ergänzt sie. »Dann kommen Musiker zu uns und spielen ein Konzert in unserem Wohnzimmer. Dafür kann man sich im Internet registrieren.« Alle, die zum Konzert kommen möchten, melden sich bei ihr an und bringen eigenes Essen mit. Nach dem Konzert geben die Künstler dann ihren Hut herum, in den jeder das legen kann, was er möchte. »Meistens übernachten die Musiker dann noch bei uns, und wir frühstücken am nächsten Tag gemeinsam. Das ist ziemlich witzig«, sagt Betti. »Du kannst nächstes Mal auch gern kommen!«

Spät am Abend, als alle sich in ihre Zimmer zurückgezogen haben, krieche auch ich unter die Bettdecke auf meinem Sofa. Meine Nase und Ohren sind verbrannt, und zwar nicht zu knapp. Hätte ich die Sonnencreme mal nicht ausgeschlagen, die mir Frigge einige Stunden zuvor hingehalten hatte.

In Zukunft höre ich besser auf die Ratschläge der Profis. Ich schlafe unruhig. Erst ist es zu kalt, dann zu hell. Irgendwann ist wieder Morgen, von den anderen ist noch nichts zu hören. Ich schleiche mich aus dem Haus, schwinge mich auf das Rad. Die Hannoveraner sind schnelle Radfahrer, fortlaufend werde ich überholt.

Mit Cutter Lars geht es in den Schnitt unseres Grenz-streifen-Videomaterials. »Dein Projekt ist ja wie ein Sechser im Lotto«, sagt er begeistert, als er erfährt, warum ich dort bin, und bemüht sich jetzt redlich, mir den Beruf des Cutters schmackhaft zu machen. Wenn er während seiner Ausführungen nicht am Schreibtisch vor seinen Bildschirmen sitzt, steht er auf demselben am sperrangelweit geöffneten Fenster und raucht. »Es gibt Interlaced und Progressive, merk dir das bitte, Jannike. Einmal mit fünfundzwanzig Frames, einmal mit fünfzig. Hase, schau mal bei dieser Version – die Augen sind viel schärfer zu erkennen!« Ich sehe nichts. Ein anderes Beispiel macht deutlich, was mir Lars erklären möchte. Nach einer halben Stunde ist mein Speicher im Kopf voll. Lars überschüttet mich mit Informationen: Wie Film und Fernsehen funktionieren, auf was es im Schnitt zu achten gilt, welche Programme sich wie unterscheiden und welche Anekdoten er in seiner bisherigen Karriere als Cutter und Regisseur schon erlebt hat. Als Frigge dazukommt, sichten wir schließlich die Bildmaterialien. Wir hören uns die Tonspuren an, entscheiden, welche Aussagen der Protagonisten genutzt werden sollen, überlegen, in welcher Reihenfolge die Bildsequenzen abgespielt und Zwischenschnitte eingesetzt werden sollen. »Wenn zu viele Nebengeräusche, wie vorbeifahrende Autos, mit aufgenommen wurden, hinterlegen wir die Bilder hin und wieder mit anderen Audiospuren, zum Beispiel mit Vogelgezwitscher. Da muss man genau aufpassen, dass man sich das richtige Vogelgezwitscher für die jeweilige Jahreszeit aussucht. Es gibt nämlich immer wieder Zuschauer, die sich sonst telefonisch beschweren und die Glaubwürdigkeit des Beitrages anzweifeln«, erzählt Frigge. Um die Bilder auf dem Bildschirm über das Interview hinaus zu erklären, liest Frigge einen Text in das Mikrofon ein. Dieses Stilmittel beim Film nennt sich Voice-over. Frigges Stimme ist nicht wiederzuerkennen. Sie hat eine Moderatoren- und Sprecherausbildung gemacht und kann mit ihrer Stimme einiges anstellen. Gegen achtzehn Uhr sind wir endlich fertig. Gemeinsam sehen wir uns das Endprodukt an. Ich bin begeistert. Die Geschichte des Grenzstreifens im Harz läuft flüssig über die Bildschirme. Man könnte denken, dass die drei Minuten und fünfzehn Sekunden am Stück gedreht wurden. Dass aber tatsächlich zwei Tage Arbeit darin stecken, sieht man nicht. Von der Zeit zum Planen mal ganz abgesehen.

Als ich tags darauf in der Redaktion aufschlage, treffe ich endlich auf Silke und Petra. Ohne die beiden wäre meine Woche bei TV Plus wohl nicht zustande gekommen. »Hast du Bingo überhaupt schon einmal gesehen?«, fragt mich Silke. »Nein«, sage ich und werde ein bisschen rot. Ursprünglich wollte ich mir die Sendung aufheben, bis ich mein silbergraues Haar zweimal im Monat auf Lockenwicklern eindrehen lasse. So schnell können sich die Pläne ändern. »Es ist gar nicht schlecht, dass du die Sendung noch nie gesehen hast, denn dann kannst du sie dir unvoreingenommen ansehen und mir ein Feedback dazu geben«, sagt Silke und grinst mich an. Ich suche aus der NDR-Mediathek die letzte Aufzeichnung heraus und drücke auf Play. Ein Einkaufsgutschein geht an einen Gewinner, an den nächsten ein Elektroroller, dann eine Rundreise durch Indien und schließlich ein Auto. Zwischendurch werden immer wieder kurze Naturdokumentationen gezeigt. Mit einer DIN-A4-Seite voller Fragen und Anmerkungen sitze ich kurz darauf an Silkes Schreibtisch und werde Stück für Stück schlauer. Jetzt verstehe ich, nach welchem System die einzelnen Bingo-Felder belegt werden. Auch das Muster hinter den Risikofragen wird mir klar. Bei einer Risikofrage gewinnt der Anrufer nicht direkt nach der Wahl des Bingo-Feldes, sondern muss zuerst noch eine Frage korrekt beantworten. Antwortet er falsch, gibt es einen Trostpreis.

Genau so eine Risikofrage soll ich als Nächstes erstellen. »Kennst du Nandus?«, fragt mich Silke und ergänzt, als sie meinen fragenden Blick sieht: »Nandus sind Laufvögel, die eine Besonderheit haben. Finde bitte heraus, welche das ist, und überlege dir eine Frage für die Sendung dazu. Sie sollte weder zu schwer noch zu leicht zu beantworten sein. Wir hatten schon einmal einen Beitrag über Nandus. Guck mal, welche fünfzehn Sekunden davon wir im Hintergrund zur Risikofrage laufen lassen können. Von Petra kannst du dir das Videomaterial aus dem Archiv geben lassen.«

Ich recherchiere, schaue das Material und recherchiere wieder. Der Nandu ist ähnlich dem Strauß in Südafrika und dem Emu in Australien ein flugunfähiger Vogel und ist in Südamerika in der freien Wildbahn zu finden. Seit dem Ausbruch einiger Nandus aus einem norddeutschen Privatgehege gibt es sie aber auch in der deutschen Wildnis. Ob Silke das mit Besonderheit meinte? Irgendwie bekomme ich keinen gescheiten Satz auf das Papier. Und dabei hatte ich mir die Aufgabe so einfach vorgestellt. »Bleib locker, und lass es einfach laufen«, ruft mir Petra vom benachbarten Schreibtisch zu. »Du musst hier keinem was beweisen!« Ich fühle mich ertappt. Petra hat recht. Ich möchte zeigen, was in mir steckt, und verkrampfe dabei total. Ihr Hinweis hilft, und kurze Zeit später stehen mehrere Fragen und Antwortmöglichkeiten.

Der nächste Arbeitstag ist ein Sonntag. Um siebzehn Uhr wird Bingo live im norddeutschen Fernsehen übertragen. Seit mittlerweile siebzehn Jahren produziert TV Plus die Sendung. Sonntags vergrößert sich das Team um ein Vielfaches. Mit einem gemeinsamen Mittagessen geht es im sogenannten Bingo-Café los. Für die Gäste gibt es hier vor der Sendung Kaffee und Kuchen und die Möglichkeit, Smalltalk mit den Moderatoren zu halten. Das dient weniger der Senioren-Belustigung als der Sicherstellung von pünktlichen Gästen. Denn wer zu spät kommt, darf nicht mehr ins Studio und muss von der Ersatzbank zuschauen. Live-Übertragung eben.

Vor Beginn der Sendung begleite ich Regisseurin Simone zur Generalprobe in den Übertragungswagen. Ich ziehe meinen Pulli über. Ganz schön kalt hier. Die eine Wagenwand ist von oben bis unten voller Bildschirme. In mehreren Reihen sind Pulte aufgebaut, hinter denen das Regie- und Redaktionsteam sitzt. Auf den Pulten befinden sich unzählige kleine, bunte Tasten. Als die Probe beginnt, flitzen Simones Finger in unfassbarer Geschwindigkeit über die Tasten. Über Funk ist sie mit allen Beteiligten verbunden und teilt ihnen fortlaufend mit, wessen Kanal auf dem Bildschirm in der nächsten Sekunde zu sehen sein wird und was dort zu zeigen ist.

Die beiden Moderatoren der Sendung Michael Thürnau und Ann-Katrin Schröder führen probeweise durch das Programm. »Und diese Woche im Jackpot sind drei Millionen Euro«, ruft Michael Thürnau mit verstellter Stimme in das Mikro und zwinkert uns durch die Kamera zu. Vielleicht sollte ich doch mal Bingo spielen. Der echte Jackpot-Betrag ist allerdings niedriger. Im Ü-Wagen geht es mittlerweile heiß her. Noch nicht alle Einspieler, Einstellungen und Abläufe klappen reibungslos. Zudem sind die Buzzer für das Publikumsquizz nicht startklar. Ich werde nervös.

Das Traumjob-Experiment

»Drei, zwei, eins, wir sind live auf Sendung! Kamera eins, Schwenk Kamera vier, drei zoomen!« Der Lautstärkepegel explodiert, alle rufen durcheinander Anweisungen in ihre Mikros oder geben Rückmeldungen. Nichts darf schiefgehen. Jeder Fehler kommt unmittelbar bei den Zuschauern an. »Einspieler ab, Kamera zwei beide Moderatoren!« Simone reiht ein Kommando an das andere. Jeder Griff muss sitzen. Ich habe weder eine Aufgabe, geschweige denn Verantwortung, aber nach sechzig Minuten bin ich völlig fertig. »Man gewöhnt sich an alles«, beruhigt mich Toni, die im Ü-Wagen neben mir sitzt. »Aber etwas Aufregung gehört auch immer dazu.«

Nach einem weiteren Tag im Büro ziehe ich die Tür des TV-Plus-Gebäudes hinter mir zu. Mein zweites Praktikum ist beendet, und ich bekomme eine Ahnung von dem, was in den nächsten Monaten auf mich zukommt. Gerade habe ich mich einigermaßen eingelebt, schon muss ich wieder los. Meine Gefühle schwanken zwischen Begeisterung und Wehmut. Ob bereits einer der Jobs aus dieser Woche mein Traumjob sein könnte? Jeden Tag einen anderen Beruf kennenzulernen war toll, um Fernsehen zu verstehen. Aber was es bedeutet, in einem dieser Berufe zu arbeiten, kann ich nicht sagen. Um Cutter oder Autorin zu werden, fehlt mir die Geduld. Und ob meine Nerven es durchhalten würden, in die Regie zu gehen, weiß ich auch nicht. Zumindest nicht bei einer Live-Sendung. Am ehesten könnte ich mir einen Job in einer Redaktion vorstellen. Was die tägliche Arbeit eines Redakteurs ausmacht, sollte ich mir noch einmal an anderer Stelle anschauen. Ein Tag bei TV Plus war auf jeden Fall zu kurz.

**Tipp:** Ein Tag ist wirklich sehr knapp, um einen Beruf kennenzulernen. Deswegen sollte man mindestens eine Woche einplanen, um sich ein Bild zu machen. Dabei ist es hilfreich, jemanden zu begleiten, der einen offen an seinem Alltag teilhaben lässt. Dazu hat sich in meinem Projekt bewährt, nach Menschen mit Leidenschaft für ihren Beruf zu suchen. Sie geben in der Regel gern weiter, was ihren Beruf für sie ausmacht. Trotzdem kann eine Woche fast immer nur einen Bruchteil der Arbeit zeigen, deswegen sind Fragen unverzichtbar. Die meisten Dinge über die Jobs habe ich in den Gesprächen erfahren.

Das Traumjob-Experiment

# 3

# Reiseleiterin

Nach der Stadt der schnellen Radfahrer jetzt also die Stadt der schönen Menschen und jungen Familien, denke ich, als ich mit Reiseleiter Dr. Andreas Klute über den Münsteraner Marktplatz schlendere. Die Menschen scheinen entweder vom Segelboot oder aus dem Jura-Hörsaal zu kommen. Sie tragen rot, blau, weiß, Segelschuhe, karierte Blusen und Hemden. Viele von ihnen schieben einen Kinderwagen oder halten Kleinkinder an der Hand. 2004 wurde Münster zur lebenswertesten Stadt der Welt bis 750.000 Einwohner gewählt. Und weil sie das auch wirklich sei, wolle niemand wieder weg, erklärt mir Andreas, während die Gäste unserer Samstagstour die Münsteraner Filialen gängiger Geschäfte auf eigene Faust erkunden. »Viele Studenten bleiben nach Studienabschluss einfach hier, auch wenn der Arbeitsmarkt überschwemmt ist. Deswegen hat Münster unglaublich viele Anwälte, Ärzte und Lehrer«, ergänzt er, bevor er uns zwei Cappuccini an Wolles Marktstand bestellt.

Mit einem meiner ehemaligen Arbeitskollegen war Andreas zur Bundeswehr gegangen, bevor er erst in die Brauerei seiner Eltern einstieg und sich schließlich als Reiseleiter selbstständig machte. »Als Reiseleiter musst du gut organisieren können. Oft ändern sich die Pläne kurzfristig. Du musst darauf reagieren, um deine Gäste zufriedenzustellen«, erzählte Andreas mir bei einem ersten Briefing am Abend zuvor. Er war gerade von einer Fahrradtour mit etwas älteren Kunden zurückgekommen. Eine Frau war gleich zu Beginn mit dem geliehenen Elektro-Fahrrad umgefallen. Sie hatte sich zwar nicht verletzt, dafür aber so erschrocken, dass sie die Tour sowie die für den nachfolgenden Tag geplante Tour absagte. Nach dem Motto »Keiner bleibt zurück« entschied sich die ganze Gruppe dagegen, noch einmal auf das Fahrrad zu steigen. Was für Andreas wiederum bedeutete, ein Ersatzprogramm für den nächsten Tag auf die Beine zu stellen.

Und während dieses Ersatzprogrammes stehen wir also bei Wolle, trinken Cappuccino und beobachten das Treiben von Münsters Who's who. Mit einem Blick auf die Uhr deutet Andreas an, dass wir uns auf den Weg zum vereinbarten Treffpunkt machen müssen. Pünktlich geht es mit der neun Mann starken Reisegruppe vorbei am Wilsberg Antiquariat hin zur Lambertikirche. Zwischendurch hält Andreas an und erzählt Anekdoten aus der Geschichte der Stadt. Immer wieder wird er dabei von einem der Herren unterbrochen, der aus eigener Sicht über alles besser Bescheid weiß. »Einen Vorlauten hast du in jeder Gruppe dabei«, raunt mir Andreas beim Weitergehen ins Ohr. »Auf die musst du gut aufpassen, sonst machen sie dir unter Umständen noch die ganze Führung kaputt. Am besten bremst du die gleich am Anfang aus.« Mit Blick auf den vorlauten Siebzigjährigen muss ich lachen. Wahrscheinlich wusste er bereits in der Schule alles besser als seine Lehrer.

»Sehen Sie die Körbe, die am Turm der Lambertikirche hängen?«, fragt Andreas in die Runde. Die Gäste nicken. Hingegen der ersten Annahme, dass Verbrecher dort zur Strafe eingesperrt wurden, seien im sechzehnten Jahrhundert die sterblichen Überreste vom Wiedertäufer-König Jan van Leiden und seinen Komplizen in den Käfigen zur Schau gestellt worden. In stundenlanger Folter wurde den drei Männern zuvor mit glühenden Zangen das Fleisch von den Knochen gerissen. So endete das Schreckensregiment Jan von Leidens, unter dem Münster über ein Jahr zu leiden gehabt hatte. Die Folter galt dabei allerdings nicht als die schlimmste Strafe. Nach damaligem Glauben konnte niemand in den Himmel kommen, solange sein Leichnam nicht beerdigt wurde. Mit Einzug der Körperteile in die Käfige waren sie zwar dem Himmel nah, konnten aber niemals hinein.

Mit dem Bus geht es schließlich zwischen Maisfeldern hindurch weiter zu der Geburtsstätte der Dichterin Annette von Droste-Hülshoff, die einst in einem der vielen Schlösser im Münsterland zuhause war. Während ich das Bonbon lutsche, das mir einer der Herren aus der Reisegruppe angeboten hatte, frage ich mich, warum ich bisher noch nie im Münsterland war, obwohl es hier so schön ist. Andere Länder und andere Kontinente zogen mich bislang immer mehr an als die eigene Heimat. Warum eigentlich?

Der Tag klingt im Biergarten der Brauerei Klute aus, die inzwischen allerdings nicht mehr von Andreas' Familie betrieben wird. Syrer Murat hat das Brauhaus gepachtet. Die Stimmung im Restaurant ist gut, die Teller klappern, Leute lachen. Es gibt Schnitzel und westfälisches Bier. Draußen im Hof endet auch Andreas' und mein Tag. Wir sind umringt von gelben Maisfeldern. Die Bienen surren. Murat bringt uns ein Feierabendbier. Er ist bedrückt. Ich erfahre, dass Murat in den letzten Tagen und Wochen viele Verwandte im syrischen Bürgerkrieg verloren hat.

Auch der Sonntag ist ein Arbeitstag. Heute gibt es keine Ausreden, mit einer neuen Reisegruppe wird das Fahrrad unser wichtigstes Transportmittel. Zehn Räder laden wir auf den Anhänger und machen uns auf den Weg zum vereinbarten Treffpunkt. Auf einem Burger-King-Parkplatz begrüßen wir drei Paare und einen Alleinstehenden mittleren Alters zu der gebuchten Brauereitour. Wir fahren durch die Stadt, durch den Wald, über Feldwege und Landstraßen. Zwischendurch gibt es ein Picknick im Grünen. Andreas und ich halten uns während der Pausen etwas abseits der Gruppe auf und raten, wer mit wem verheiratet sein könnte. Es fängt an zu nieseln, und die Regenjacken werden ausgepackt. »Identische Regenjacken sind ein gutes Indiz für eine Ehe«, sagt Andreas und grinst. Nach der Pause wird die Umgebung hügelig, für mich Ostfriesin gar bergig. Ich kann nicht mehr. Meine Beine tun weh. Auch wenn ich mit Abstand die Jüngste in der Gruppe bin, scheint keiner außer mir aus der Puste zu sein. Wie kann das sein? Beim letzten Anstieg vor der Pause falle ich weiter und weiter zurück und sehe mich schon den Rest der Strecke schieben. Die Reisegruppe muss auf die Praktikantin warten. Ich muss dringend fitter werden.

Die Besichtigung eines Eiskellers in einem der umliegenden Dörfer steht als Nächstes auf dem Programm. Früher wurde der Eiskeller als Kühlraum für das Bier benachbarter Brauereien verwendet. Bevor es aber in die Kälte geht, darf das Wichtigste auf einer Fahrrad-Brauerei-Tour nicht fehlen: Bier. Andreas' Vater ist bereits da, als wir mit unseren Fahrrädern um die Ecke biegen, und sticht das Fass an. Prost! Nach geleerten Humpen folgen wir Andreas in die Eingangshalle des Eiskellers. Eine Frau unterhält sich mit dem Kassierer. Sie wird unsere Führung begleiten, um sich die Akustik anzuhören. Sie ist Märchenerzählerin von Beruf und sucht nach guten Plätzen, um ihre Geschichten aufzunehmen. Es gibt den Beruf der Märchenerzählerin? Kurze Zeit später stecke ich ihre Visitenkarte in die Tasche. Wir könnten uns ja

　　　　　　　　　　　Das Traumjob-Experiment

mal über die Möglichkeit eines Praktikums bei ihr unterhalten. Leider wird aus dieser Begegnung nichts. Mit jeder weiteren Etage, die wir tiefer in die Erde gehen, wird es kälter. Laut Andreas haben wir einen sehr lustigen Eiskeller-Führer erwischt, der ein besonderes Programm bietet. Und tatsächlich, zur Verdeutlichung der besonderen Akustik in den Gemäuern holt er eine Gitarre heraus und trällert ein Lied für uns. Zur Melodie von Westernhagens Song »Freiheit« singt er seinen eigenen Songtext mit dem Titel »Eiszeit«.

Am Abend lasse ich mich im Hof der Brauerei auf eine Bank fallen. Über vierzig Kilometer haben wir heute mit dem Rad zurückgelegt. Ich bin platt. Nach dem Abendessen und einem Feierabendbier fahre ich zurück zu meinem Schlafplatz in dieser Woche. Frische Luft und Bewegung waren schon immer eine gute Kombination. Um zweiundzwanzig Uhr fallen meine Augen zu. Zehn Stunden Schlaf auf der Luftmatratze einer Schulfreundin wirken Wunder.

Was es alles benötigt, um einen Tag mit einer Reisegruppe reibungslos ablaufen zu lassen und minutengenau den Plan einhalten zu können, erfahre ich am Montag und am Dienstag. Wir treffen uns in Andreas' Büro, das sich direkt neben dem Rathaus in Altenberge, einem Nachbarort von Münster, befindet. Ich bin überrascht, wie viel Planungsaufwand hinter den beiden Touren steckt, die ich die beiden Tage zuvor begleitet habe. Von den körperlichen Anstrengungen mal abgesehen, liefen die Touren aus meiner Sicht geschmeidig ab. Bei näherer Betrachtung frage ich mich, wie es Andreas geschafft hat, egal wie lange die Pausen und Aufenthalte dauerten, nie in Zeitdruck zu geraten und pünktlich zu Führungen, Tischreservierungen und Fassbieranstich am jeweils verabredeten Ort zu sein. »Das macht die Erfahrung«, sagt Andreas. »Aber ich bin jedes Mal wieder froh, wenn mein Plan aufgeht.« Ohne

Hilfe von seinem Vater wäre seine Selbstständigkeit als Stadt-führer allerdings nicht möglich. »Ich brauche jemanden, der zum Beispiel die Fahrräder wieder abholt, der Picknick oder Fassbier liefert. Jemanden, der mich zu meinem Auto am Startpunkt einer Tour zurückbringt.« Darüber hinaus enga-giert Andreas für die Touren Bus und Busfahrer, mietet Fahr-räder und reserviert Hotelzimmer und Restauranttische. Die Kosten trägt er selbst, so lange bis die Kunden ihre Gesamt-rechnung begleichen. Eine gute Preiskalkulation ist da wich-tig. Am Montag bereiten wir die Rechnungen für die Touren der letzten Tage vor. Andreas öffnet die Angebote, die er den Kunden vor einiger Zeit zugeschickt hat, und übernimmt die Daten. »Einer der älteren Herren hat übrigens um einen Dis-count gebeten, weil wir anstatt dem vereinbarten Fassbier nur Flaschenbier zum Picknick mitgebracht hatten. Das passiert öfter. Wenn es Abweichungen im Programm gibt, sind sie auch noch so klein, nutzen das viele als Argument, um einen Rabatt auszuhandeln. In diesem Fall ist die Anmerkung gerechtfertigt, deswegen werde ich der Gruppe entgegenkommen und etwas weniger berechnen«, erklärt mir Andreas und macht einen ent-sprechenden Vermerk auf der Unterlage.

Andreas zeigt mir die beiden Internetseiten, auf denen er seine Touren anbietet. »Ich bekomme mittlerweile zwar schon einige Anfragen, aber die Mehrzahl möchte Touren am Wochenende buchen. Unter der Woche habe ich recht sel-ten Gäste. Und im Winter ganz wenige. Das möchte ich gern ändern«, kommentiert Andreas seine Marketing-Aktionen im Internet. Stimmt, wovon leben Reiseleiter eigentlich im Win-ter?

Ob einem der Job mehr Spaß macht, wenn die dazugehö-rige Stadt oder Region besonders schön ist? Nein, beantwor-tet Andreas meine Frage. Er würde überall Reiseleiter sein, denn er habe einfach gern mit Menschen zu tun. »Während ich am Morgen noch mit fremden Menschen starte, verbinden uns am Abend bereits schöne Erlebnisse und Erinnerungen. Wenn ich dazu beitragen konnte, dass meine Gäste einen schönen Tag verbringen konnten, dann freue ich mich«, verrät er. Wie schnell er mit den unterschiedlichsten Menschen in Kontakt kommen kann, ist mir bei jeder Tour aufgefallen. Seine Fähigkeit, zu allen einen persönlichen Draht zu bekommen und sich voll und ganz auf die verschiedenen Bedürfnisse einzustellen, beeindruckt mich.

»Du siehst aber erholt aus«, begrüßt mich zuhause meine Mutter. Das habe ich schon seit Monaten nicht mehr gehört und dürfte an viel frischer Luft und Bewegung liegen. Mit den verschiedensten Menschen in der Natur und an historischen Orten unterwegs zu sein gefällt mir. Dennoch kann ich es mir nicht vorstellen, Stadtführerin oder Reiseleiterin zu werden. Bis man von diesem Job leben kann, bedeutet es viel Arbeit und Unsicherheit. Zudem benötigt man als Reiseleiter Unterstützung in der Logistik, sobald verschiedene Transportmittel, unterschiedlicher Start- und Ankunftsort oder Verpflegung während der Tour gebucht werden.

Für mich nehme ich aus Münster eine große Portion Motivation mit, endlich fit zu werden. Ich möchte mit dem Laufen anfangen, das kann ich schließlich überall machen. Dann bin ich hoffentlich zum letzten Mal von dreißig Jahre älteren Menschen überholt worden.

 **Für wen der Job etwas sein könnte:** Du bist gern an der frischen Luft, interessierst dich für die Geschichte deiner Stadt, verstehst dich mit den unterschiedlichsten Menschen und hast Freude daran, sie zu unterhalten. Finanzielle Unsicherheit macht dir nichts aus.

**Wer lieber die Finger davon lassen sollte:** Die Couch
ist dein liebster Ort, die Wochenenden sind dir heilig, und
nass wirst du auch nicht gern. Wenn eine Tour gebucht
ist, ist sie gebucht, ganz egal ob die Sonne scheint oder es
regnet und stürmt.

---

Eine Buchempfehlung des Reiseleiters:
Wovon ich rede, wenn ich vom Laufen rede – Haruki
Murakami

---

# 4
# Verkäuferin

Um elf Uhr an einem Montag schlage ich zur Spätschicht in der Lübecker Filiale der Modekette Vero Moda auf. Das Angebot für ein Praktikum kam über meine Bekannte Frederike zustande, die neben ihrem Studium hier als Verkäuferin arbeitet. Auch ihre Couch stellt sie mir für die Tage in Lübeck zur Verfügung. Fast wie ein All-inclusive-Urlaub. Immer wieder habe ich die Verkäufer bewundert, bei denen ich das Geschäft mit vollen Taschen wieder verlassen habe, obwohl ich eigentlich gar nichts hatte kaufen wollen. Jetzt möchte ich herausfinden, ob auch in mir eine gute Verkäuferin steckt.

Im Verkauf kann man auch ohne höhere Schulbildung Karriere machen. In vielen Unternehmen fangen die Führungskräfte als Verkäufer auf der Fläche an. Dort, auf der sogenannten Fläche, arbeite auch ich diese Woche und treffe dazu an der Kasse Store-Managerin Ulrike. »Kannst du bitte übernehmen, Elena?«, ruft Ulrike zu ihrer Kollegin hinüber. Elena eilt herbei und nimmt die Kleidungsstücke von einer wartenden Kundin entgegen, um sie zu entsichern und zu kassieren. Ich folge Ulrike durch das Lager in den Personalraum, wo sie mir den Spind zeigt. An der Wand hängen Plakate, auf denen Verkaufsstrategien zu lesen sind. Eines der Poster fordert die Verkäufer auf, offene Fragen zu stellen. Anstatt »Kann ich Ihnen helfen?« soll mit der Frage »Wie kann ich Ihnen helfen?« auf die Kunden zugegangen werden. Ein anderes zeigt die vier Phasen des Verkaufsgespräches. Gesprächseröffnung, Bedarfsermittlung, Angebot und Abschluss sind die jeweiligen Überschriften.

Ulrike gibt mir eine erste Einweisung: »Wenn du im Verkaufsraum bist, musst du immer beschäftigt sein. Schau einfach, dass alles ordentlich ist. Und wenn alles ordentlich ist, dann sortiere die Jeans nach Farben und Größen. Als Verkäuferin solltest du niemals herumstehen. Eine weitere Regel bei uns ist, jeden Kunden zu begrüßen und zu verabschieden, ganz egal, ob er etwas kauft oder nicht.« Alles klar, das kann ich mir merken. Bei Bedarf solle ich die Kunden direkt beraten, fügt Ulrike hinzu.

Die Verkäufer und Verkäuferinnen der Spätschicht setzen sich zu uns an den Tisch. »Wir gehen jetzt die Renner-Penner-Liste durch und besprechen die Tagesziele«, erklärt mir Ulrike und legt einen DIN-A4-Zettel vor sich auf den Tisch. Renner-Penner-Listen werden im Einzelhandel dazu genutzt, um gutlaufende Produkte und Ladenhüter zu identifizieren und um verkaufsfördernde Maßnahmen festlegen zu können. Ulrike liest vor, welcher Tagesumsatz am gleichen Tag ein Jahr zuvor erreicht wurde, wie das heutige Umsatzziel lautet und welche Produkte dazu in welcher Anzahl verkauft werden sollen. Alle nicken, hängen sich ihre Staff-Schilder um den Hals und stecken die Handys in die Taschen. Ich folge ihnen und finde mich bereits um elf Uhr fünfzehn, eine Viertelstunde nach Ankunft, auf der Verkaufsfläche wieder. Als ich die ersten Kunden begrüße, komme ich mir vor wie ein Scharlatan, der so tut, als wäre er Verkäufer, aber in Wirklichkeit keinen blassen Schimmer von seiner Tätigkeit hat.

Die Kunden kommen und gehen, aber keiner scheint mein »Hallo« und »Auf Wiedersehen« wahrzunehmen. Irgendet-

Das Traumjob-Experiment

was mache ich falsch. Bloß nicht rumstehen, denke ich immer wieder und suche nach Aufgaben. Ich bin für den Eingangsbereich zuständig und räume mit ein wenig Abstand den Kunden hinterher, von denen manche ein Feld der Verwüstung hinter sich herziehen. Immerhin habe ich so zu tun. Ich gehe von einem Kleiderständer zum nächsten, falte zum dreiundsechzigsten Mal das T-Shirt mit dem Eulen-Aufdruck, das nahezu jede Kundin vor sich in die Luft hält und begutachtet. Ich hänge Blusen ordentlich auf Bügel und lege Hosen auf Kante. Meine Füße tun weh und mein Rücken erst recht. Wie viel Zeit wohl vergangen ist? Ungläubig schaue ich auf die Uhr. Fünfundvierzig Minuten. Das fühlte sich eher nach zwei Stunden an. »Wie kann ich Ihnen helfen?«, frage ich eine ältere Kundin, die vor einem Mantel Halt gemacht hat und ihn ausgiebig mustert. »Ich suche einen Mantel oder eine längere Jacke. Wie finden Sie diesen hier?«, fragt die Kundin, während sie sich den besagten Mantel überstreift. Ui. »Sieht das so schlimm aus?«, hakt die Kundin nach, als sie meinen Blick sieht. »Gegebenenfalls könnte ein anderer Schnitt besser zu Ihnen passen«, versuche ich mich herauszureden. Die Kundin deutet an, dass ich ihr den Mantel von den Schultern nehmen soll. »Meine Schulter tut saumäßig weh, Schleimbeutelentzündung«, erzählt sie mir und klärt mich fünf Minuten über ihren Gesundheitszustand auf. Ich habe den Eindruck, dass es ihr mehr darum geht, ein Gespräch zu führen, als einen Mantel zu kaufen. Ich hangele mich weiter von T-Shirt-Stapel zu T-Shirt-Stapel und von Kunde zu Kunde.

Dann endlich dreißig Minuten Pause. Ich flitze in den Personalraum, hole mein Portemonnaie und besorge mir im Supermarkt um die Ecke etwas zu essen. Eine gemeinsame Mittagspause gibt es auch hier nicht. Im Laden muss immer genügend Personal sein. Auf einer Steinmauer in der Fußgängerzone esse ich und checke meine Mails. Dann ist die Pause auch schon wieder vorbei. Weitere Stunden Stehen und Gehen folgen, unterbrochen von einer weiteren Pause, dann ist es endlich neunzehn Uhr. Wir können schließen. Ich habe keine Lust mehr, und mein ganzer Körper schmerzt. Was Ulrike an diesem Job findet, ist mir ein Rätsel. Und wessen Körper macht das bitte auf die Dauer mit? »Du gewöhnst dich daran«, beruhigt mich Elena. »Die erste Woche ist immer schwer. Auch wenn ich aus dem Urlaub wiederkomme, muss ich mich erst einmal daran gewöhnen. Danach geht es aber.«

Dass wir nun aufräumen müssen, ist mir klar. Aber was alles zum Aufräumen dazugehört, habe ich unterschätzt. Die Basics, dazu zählen einfarbige Tops, T-Shirts und Langarm-shirts, werden nach Farbe und Größe sortiert und so gefaltet, dass sie gestapelt vorne und auf ihrer linken Seite miteinander abschließen. Die Kleidung auf dem Tisch mit den Sonderan-geboten, also den Pennern und Restbeständen, wird zusam-mengelegt und nach Farbe übereinandergestapelt. Bei über-einanderliegenden Blusen ist darauf zu achten, dass sich die Knopfleisten in der Mitte und in einer Linie mit allen ande-ren Knopfleisten befinden. Die Preisschilder von hängenden Kleidungsstücken werden in die Kleidung gesteckt. Die Bügel sind anschließend gerade zu klopfen, indem man mit der Hand auf die Seiten der Bügel haut, bis sie akkurat hinterein-anderhängen. Der Abstand muss regelmäßig sein, die Lücke ist je nach Platz in etwa einen Finger breit. Und ich dachte, ich hätte gleich Feierabend. Ein Kunde am nächsten Tag, und es sieht wieder aus wie vorher. Am liebsten würde ich mein Praktikum nach diesem Tag wieder beenden. Aber Aufhören gibt es nicht, und so setze ich mir zur Regel, dass ich jeden Job durchziehen muss, sobald ich ihn angetreten habe. »Fertig«, rufe ich nach einer gefühlten Ewigkeit zu Aushilfe Hella hinüber, die heute für Ordnung und Sauberkeit verantwortlich ist. Mit hinter dem Rücken verschränkten Armen geht sie wie eine Aufseherin zwischen meinen Kleiderständern und Tischen hindurch. Kritisch beäugt sie jedes Kleidungsstück, jeden Bügel. Zupft hier und zupft da. Ich bestehe den Test.

Am Dienstag steht die monatliche Inventur an. Ab fünfzehn Uhr legt das Inventurteam im Lager los. Ich bin Teil davon. Das Tagesgeschäft geht derweil auf der Ladenfläche weiter. Wie die Kollegen erhalte ich zum Zählen der Teile einen Handscanner. In der hintersten Ecke des Lagers scanne ich die ersten Barcodes der Klamotten ein. Nach und nach ziehe ich die Schilder aus den Stapeln heraus und bemühe mich, die Klamotten dabei nicht auseinanderzunehmen. Nach Ladenschluss geht es im Verkaufsraum weiter. Der Scanner in meiner Hand piept und piept. Der Zählerstand der gescannten Teile wächst kontinuierlich an. Gegen dreiundzwanzig Uhr sind wir fertig, und die Scanner werden ausgewertet. Das Ergebnis ist erschütternd: Ein Großteil des Bestandes fehlt. Ulrike druckt eine Liste aus, auf der Buchbestand und Inventurbestand der einzelnen Produkte aufgeführt sind, und drückt jedem von uns eine dieser Listen in die Hand. Eine gewisse Inventurdifferenz wird toleriert, aber der Fehlbestand nach unserer Zählung liegt deutlich über dieser Grenze. Jetzt heißt es »Teile suchen«. Feierabend gibt es erst, wenn genügend fehlende Teile gefunden wurden. Kleidungsstück für -stück taucht wieder auf. Sie verstecken sich in der Rücklage, in den Listen für den Personalverkauf oder wurden im Lager oder der Verkaufsfläche übersehen. Um kurz nach ein Uhr ist Ulrike zufrieden und entlässt uns in die Sommernacht. Zuhause zerschlägt sich mit einem Blick in Frederikes E-Mails unser Vorhaben, direkt ins Bett zu gehen. Wir holen eine Flasche Sekt aus dem Kühlschrank und stoßen an. Frederike hat eine Zusage für ihr Master-Studium erhalten.

Auch wenn die Inventur anstrengend und eintönig war, hatte sie doch etwas Gutes: Ich weiß jetzt, was Vero Moda alles im Sortiment führt und wo ich die Produkte finden kann. Deswegen werde ich am Mittwoch an die Umkleidekabine befördert. Im Detail bedeutet das, die Kleidung zu sortieren, zu falten oder aufzuhängen, die nach dem Anprobieren zurückgegeben wird, und sie wieder an ihren Platz zu bringen. Aber auch Kundenberatung. Ich laufe an den Kabinen vorbei. »Kann ich dir behilflich sein?«, rufe ich durch den Vorhang. Ein Mädchen kommt heraus. »Meinen Sie, die Hose ist zu eng? Ich sehe doch irgendwie fett aus.« Der Klassiker. Ich finde nicht, aber eine Nummer größer dürfte die Hose aus meiner Sicht schon sein. Ich flitze los und wühle mich durch die unzähligen Jeans, bis ich das richtige Modell in der richtigen Größe gefunden habe. Aber auch dieses Exemplar überzeugt die Kundin nicht. Mit der Zeit komme ich in Schwung. »Welche Lederleggings gefällt Ihnen besser?«, fragt mich eine Frau, deren Mann vor der Umkleidekabine wartet, und führt mir nacheinander die beiden Modelle vor. »Meinem Mann gefällt die schlichte besser und mir die mit dem Stoffeinsatz an den Seiten. Was meinen Sie?«

»Sie sollen sich wohl fühlen, aber auf den eigenen Mann zu hören ist manchmal auch nicht verkehrt«, sage ich.

Die Kundin kauft beide Leggings. Kurz darauf mache ich den Verkauf des Tages. Er ist sechsmal so hoch, wie der durchschnittliche Wert pro Bon heute sein soll. Langsam beginnt die Arbeit Spaß zu machen. Am Nachmittag wird der Laden neu dekoriert, die Suche nach den Kleidungsstücken beginnt von vorn.

Abends erwartet mich ein ganz besonderer Termin. Der

Idee einer Bekannten folgend hatte ich zwei Online-Magazinen mein Projekt als Berichtsthema vorgeschlagen. Während die *Brigitte* höflich ablehnte, wurde ich von *Spiegel Online* zu einem Interview eingeladen. Mein Plan ist es, neue Leser für meinen Blog zu gewinnen, durch viele Leser mehr Klicks zu generieren und schließlich mittels Werbebanner zumindest ein paar Euro dazuzuverdienen. Vor Projektbeginn hatte ich überschlagen, wie viel Geld ich pro Monat benötigen würde, und ausgerechnet, dass meine Ersparnisse für exakt ein Jahr ausreichen sollten. Um im Anschluss nicht unter Druck zu geraten, schnellstmöglich wieder einen Job antreten zu müssen, können ein paar zusätzliche Euros also nicht schaden. Ich mache mich auf nach Hamburg in das *Spiegel*-Gebäude. Eine freundliche Praktikantin empfängt mich und führt mich an Reportern vorbei in einen Besprechungsraum. Während ich ihr von meinem Projekt erzähle und ihre Fragen beantworte, tobt ein paar Stockwerke über uns ein Machtkampf um die Führungspositionen im Hause, wie ich tags darauf im Internet lese. Deswegen also die ganzen Reporter. Mein erstes Interview läuft dennoch gut, finde ich. Ob aber überhaupt ein Bericht darüber erscheinen wird, steht nicht fest.

Wieder zurück in Lübeck, verbringe ich auch meine letzten beiden Tage im Verkauf und an der Kabine. Das Stehen wird leichter, die Kunden hören mittlerweile mein »Hallo« und »Auf Wiedersehen«. Augenkontakt ist das Schlüsselwort. Ich freue mich über jedes Dankeschön von Kunden, die sich gut beraten fühlen. Das werde ich zukünftig auch öfter sagen, weil ich jetzt weiß, was es für den Job bedeutet.

Besonders aber freue ich mich über das Feedback einer Kollegin. »Es kommt mir vor, als würdest du schon immer zum Team gehören«, verabschiedet mich Julie am Freitag.

Mein Praktikum endet bereits am Freitag, weil ich mir als zweiten freien Tag zusätzlich zum Sonntag den Samstag ausgesucht hatte. Die festen Mitarbeiter müssen allerdings oft samstags arbeiten, da dann in der Regel die meisten Kunden kommen. Als Dankeschön für meine Mitarbeit darf ich mir ein Kleidungsstück aussuchen. Es wird eine Jeans, bei der ich immer an das Vero-Moda-Team in Lübeck denke, wenn ich sie trage. Nebenbei entdecke ich im Laufe der Woche mehr und mehr Kleidungsstücke, die sich gut in meinem Kleiderschrank machen würden. Und so endet meine Woche mit einem ordentlichen Einkauf und einer Erkenntnis: Meine beste Kundin war ich selbst.

Verkaufen ist eine Kunst für sich, die ich gern beherrschen würde. Als Verkäufer oder Verkäuferin hilft es, eine gute Ausstrahlung, Authentizität und Kommunikationsgeschick zu besitzen. Ob ich die Erfüllung im Verkaufen finden werde, bezweifle ich, denn die Ausrichtung an Verkaufszahlen liegt mir nicht.

 **Für wen der Job etwas sein könnte:** Den ganzen Tag auf den Beinen zu sein macht dir nichts aus. Du misst dich gern mit anderen. Du bist schnell, kannst gut mit Menschen umgehen und beherrschst eine gute Gesprächsführung.

**Wer lieber die Finger davon lassen sollte:** Bewegung  findest du furchtbar, und du sprichst nicht gern mit vielen und dann auch noch fremden Menschen. Du distanzierst dich von materiellen Dingen und meidest den Konsum.

# 5
# Headhunterin

Ich fahre nach München zu einem Vorstellungsgespräch. Für einen echten Job. Für einen Job, der vor einem Jahr ein Sechser im Lotto für mich gewesen wäre. Mein erster Gedanke, als ich die Einladung zum Gespräch vor Beginn meines Projektes erhielt, war: »Wenn ich den Job bekomme, dann kann sich mein Lebenslauf aber sehen lassen.« An dieser Stelle hätte mir bereits etwas auffallen müssen.

Um die Woche trotz meines Termins nutzen zu können, suche ich auf meiner Facebook-Seite nach einem Kontakt zu einem leidenschaftlichen Menschen in München, der mich für eine Woche aufnehmen würde. Beruf egal. Es meldet sich Stefanie. Stefanie kommt aus Wolfsburg und arbeitet bei dem Unternehmen, für das ich vor Kurzem auch noch hinter einem Schreibtisch saß. Stefanies Cousine Natascha lebt seit etlichen Jahren in München und ist Inhaberin und Geschäftsführerin einer Personalberatung für die Modebranche. Personalberater sind im Volksmund auch als Headhunter bekannt, zu Deutsch bedeutet das wiederum Kopfgeldjäger. Das macht die Sache schon spannender. Warum nicht meinen eigenen Berufszweig mal aus einem anderen Blickwinkel anschauen, denke ich und tippe Nataschas Telefonnummer in mein Handy ein. Nach einem kurzen Gespräch erhalte ich die Zusage.

Nicht ganz so einfach läuft es bei der Suche nach einer

Unterkunft. Ich scrolle mich durch Seiten von Couchsurfing-Profilen. Auf fast allen finde ich »Keine Anfragen für die Zeit während des Oktoberfests« und »Keine Copy-Paste-Anfragen«. Ein Indiz für viele Couchsurfing-Anfragen in München. Ich lese die Profile, die Referenzen und schaue mir die Fotos an. Ich möchte zwar kostengünstig, aber auch nicht bei irgendjemandem übernachten. Couchsurfing ist schließlich nicht als Hotelersatz gedacht. Ich will Kontakte knüpfen, Menschen begegnen und die Stadt durch die Augen Einheimischer sehen. Außerdem möchte ich abends nur ungern alleine sein. Ich versende etliche Anfragen, auf die es Absagen hagelt. Schließlich, ich hätte fast nicht mehr damit gerechnet, kommt die Zusage. Sie ist von Mehmet, vierundzwanzig Jahre alt, sympathisch, gute Referenzen. Ein Foto zeigt einen Billardtisch und trägt den Untertitel »Dein Schlafplatz«. Ich sage zu. Am Sonntagabend erreiche ich mit den öffentlichen Verkehrsmitteln die angegebene Adresse im Norden Münchens und trete in eine geräumige Ein-Zimmer-Wohnung. In der Mitte des Raumes der Billardtisch. Hoffentlich nicht, denke ich. Mehmet grinst und deutet auf das Sofa, das sich hinter dem Billardtisch versteckt: »Da kannst du diese Woche schlafen.« Er führt mich durch die Wohnung. Wohnraum, Bad und Küche, in der sich durch einen Vorhang abgetrennt die Dusche befindet. »Ich koche selten und habe nicht viel da. Aber an dem, was du findest, kannst du dich gern bedienen«, bietet er mir an. Mehmet ist nett. Ich habe ein gutes Gefühl. Ein paar Stunden später schlafen wir ein, nachdem wir uns aus den diagonal gegenüberliegenden Ecken ein »Gute Nacht« zugerufen haben.

Meine Arbeitswoche beginnt klassisch am Montag. Drei Mann stark ist die Beratung, die mir in dieser Woche einen Einblick in die Arbeit leidenschaftlicher Personalberater geben wird. Ich komme in ein schickes Büro, hohe Räume, stuckbesetzte Decken, Parkettboden. Der Assistent der Geschäftsführerin und Researcher Klaus Russ empfängt mich und zeigt mir meinen Arbeitsplatz. Während sich Natascha und Klaus vorrangig um die Besetzung von Führungspositionen in der Modebranche und das Finden geeigneter Talente kümmern, wird der dritte Schreibtisch von Personalberater Jochen genutzt, der sich gerade selbstständig macht im Bereich der Ärztevermittlung an das anrainende Ausland. Aus dem Personalbereich kommend, fühle ich mich nicht ganz so fremd wie in den vier Jobs zuvor und entspanne ein wenig. Auch wenn ich mich auf jeden Job freue, fühle ich mich an jedem ersten Tag wieder, als würde man mich mit verbundenen Augen durch ein Labyrinth schicken und mich dabei beobachten. Dieses Mal kenne ich zumindest die grobe Richtung. Während Klaus mir Einblick in das E-Mail-Postfach und damit die laufenden Aufträge gewährt, kommt Natascha mit ihrem Hund herein. Sie ist groß, schlank und braungebrannt, trägt ihre brünetten Haare zusammengebunden und lächelt selbstbewusst. Bereits während unseres ersten Gespräches bin ich schwer beeindruckt und leicht verunsichert. Sie fühlt mir und dem Hintergrund des Projektes auf den Zahn und scheint die Dinge schnell zu erfassen und einzuordnen, um sich ein Gesamtbild zu formen. Ich fühle mich wie ein offenes Buch, weiß aber nicht, ob der Leserin die darin geschriebene Geschichte gefällt. Dann ihr erstes Fazit: »Ich glaube gar nicht, dass der Personalbereich für dich so verkehrt ist. Vielleicht hilft dir einmal eine andere Perspektive. Die Personalarbeit in einem Unternehmen außerhalb der klassischen Konzernstrukturen könnte dir vielleicht mehr Freude bereiten.« Natascha liebt ihren Beruf und will ihn mir mitsamt der anderen Sparten im Personalbereich wieder näherbringen.

Unzufriedenheit im Job kann viele Ursachen haben, das

leuchtet mir ein. Ich erinnere mich an eine Mitarbeiterin aus der Kindertagesstätte meines ersten Jobs, die bereits ihren Traumjob gefunden hatte, bis ein neuer Chef ihr durch unfaire Behandlung die Freude daran nahm. Neben dem Chef können auch die Kollegen, das Unternehmensklima und konkrete Arbeitsinhalte entscheidend für die eigene Motivation sein. »Manchmal reicht es schon, einen Aspekt davon zu ändern«, sagte die Kollegin mir ein paar Wochen zuvor. Wenn ich nur wüsste, was mir fehlt, denke ich und wünsche mir einmal mehr, dass mir dieses Jahr Klarheit bringt.

Zurück aus dem Gespräch mit Natascha, zeigt mir Klaus das Herz der Beratung: die Datenbank mit den Kontakten in die Modewelt. Immer wieder werde ich in dieser Woche mit ihr arbeiten und potentielle Kandidaten für zu besetzende Stellen heraussuchen, neue Kontakte einpflegen und die Daten mithilfe der News aus der Textilwirtschaft und den eigenen Angaben von Kandidaten auf ihren Xing-Profilen aktualisieren. So weit zu den vorhandenen Kontakten. Aber wie kommt man an neue?

Das lerne ich am Dienstag. Jochen, der als selbstständiger Headhunter für eine ganz andere Branche tätig ist, sucht für eine Privatklinik in der Schweiz eine Gynäkologin oder einen Gynäkologen und bietet mir an, mich in die Kunst des Headhuntens einzuführen. Die einfachere Variante ist, die vorhandenen Kontakte um persönliche Empfehlungen zu bitten. Dabei spricht man einen ausgewählten Personenkreis persönlich an, erklärt, nach welchen Qualifikationen und Erfahrungen man sucht, und hofft, gute neue Verbindungen zu gewinnen. Das funktioniert in der Regel gut. Die etwas zeitaufwendigere Variante ist die Direktansprache von Kandidaten am Arbeitsplatz. Und da wartet meine heutige Aufgabe: Internetrecherche und telefonieren. Aber zuallererst einmal benötige ich ein

Pseudonym. Warum? Rufe ich bei der Telefonzentrale eines Unternehmens an und sage:»Hallo, ich bin Headhunter und möchte gern Ihrem besten Arzt ein Angebot machen«, werde ich wohl kaum an diesen Arzt weitergeleitet werden. Dennoch ist die Direktansprache am Arbeitsplatz rechtlich zulässig, erfahre ich, als ich meine Bedenken über die Vorgehensweise äußere. Aufgrund meines leicht norddeutschen Akzents werde ich also zu Steffi Jansen. Es muss ja passen. Und eine Geschichte benötige ich, um die Durchwahl zu erhalten und mit dem entsprechenden Gynäkologen oder der entsprechenden Gynäkologin persönlich sprechen zu können. Da ich mich mit Schwangerschaften nicht im Detail auskenne und Gegenfragen womöglich nicht beantworten könnte, muss jetzt noch eine Geschichte her, in der nicht ich die Schwangere bin. Steffi Jansen bekommt also eine minderjährige, versehentlich schwanger gewordene Schwester, die mit der Situation überfordert ist. Die große Schwester übernimmt. Im Internet finde ich schnell potentielle Ärzte und Ärztinnen.»Chefärzte kommen für uns nicht in Frage«, hilft mir Jochen bei der Auswahl weiter.»Für die ist unsere Stelle nicht unbedingt ein Anreiz. Aber halte mal nach Oberärzten Ausschau, und gucke, was du sonst noch über sie herausfinden kannst. Vielleicht findest du den Familienstand oder im örtlichen Telefonbuch eine private Telefonnummer heraus. Familien mit Kindern sind nur schwer zum Umziehen zu bewegen.« Ich notiere mir die Namen mehrerer Oberärzte und die zur Klinik gehörende Telefonnummer. Ich bin nervös, denn ich bin nicht gut darin, irgendwelche Geschichten aufzutischen. Es klingelt. Eine Dame aus der Telefonzentrale eines Krankenhauses nimmt ab.»Guten Tag, mein Name ist Stefanie Jansen, ist Frau Dr. Weinberg zu sprechen?«, sage ich meinen Text auf.»Worum geht es denn?«, fragt die Telefonistin freundlich, aber bestimmt. Ich erzähle nicht ganz flüssig meine Geschichte und lande schließlich im Sekretariat der Ärztin. Frau Dr. Weinberg ist allerdings nicht da, und die Durchwahl erhalte ich auch nicht. Aber ich könne es gern am nächsten Tag noch einmal versuchen. Hätte ich die Ärztin erreicht, wäre der Plan folgender gewesen: Ich hätte ihr ebenfalls von Steffis Schwester erzählt und um einen Termin für ein persönliches Vorabtelefonat mit ihr und der Schwester gebeten sowie um eine Durchwahl. Zum besagten Zeitpunkt hätte dann ein Kollege unter korrektem Namen angerufen und sie gefragt, ob Wechselinteresse besteht, und ihr das Angebot unterbreitet. So läuft es also. Auch nach weiteren Telefonaten bleibe ich erfolglos. Bis zu den Ärztinnen und Ärzten komme ich nie. Entweder sind sie im Urlaub, auf Tagungen oder in einer anderen Schicht. Irgendwie erleichtert mich das, denn wohl fühle ich mich bei der ganzen Sache nach wie vor nicht. Im Laufe der Woche höre ich immer wieder bei den Telefonaten meiner Kollegen zu und erfahre diverse Versionen ihrer angeblichen Lebensgeschichten. Oft muss ich mich zusammenreißen, nicht lauthals loszuprusten. Andere Male ist es dann wieder unspektakulär. »Guten Tag, hier spricht der Herr Lukas von Esprit«, zwitschert Klaus in das Telefon. »Der Herr Massinger hatte um einen Rückruf gebeten.« Hatte er zwar nicht, aber das weiß ja keiner. Klaus wird weitergeleitet: »Hallo, Herr Massinger, hier spricht der Herr Russ von Bendixen Consulting. Ich habe eine Position zu besetzen, die für Sie vielleicht interessant sein könnte.« Klaus dreht sich auf seinem Stuhl in Richtung Fenster. »Ach, Sie können gerade nicht so gut sprechen, verstehe. Wenn Sie mir eine Telefonnummer nennen, unter der Sie später gut zu erreichen sind, melde ich mich gern wieder«, sagt Klaus, notiert sich ein paar Ziffern auf einem Notizzettel und verabschiedet sich. »Genau so machen das die anderen Beratungen übrigens auch«, sagt er mir. »Eine

Das Traumjob-Experiment

ehemalige Assistentin wurde auch schon einmal von einem Mitarbeiter von S. Oliver angerufen, der mich sprechen wollte. Und als sie ihn auf mein Telefon durchgestellt hatte, war plötzlich ein Mitarbeiter einer anderen Beratung am anderen Ende der Leitung und wollte mich abwerben. Er konnte ja nicht wissen, dass ich mit der Kollegin in einem Büro saß.« Klaus lacht. »Ach übrigens, hier ist der Lebenslauf einer Designerin, die sich morgen bei uns vorstellt«, sagt er und reicht mir Unterlagen herüber. Bei dem Vorstellungsgespräch am Tag darauf darf ich dabei sein. Die selbstständige Designerin hat in der Vergangenheit bereits mit Donatella Versace zusammengearbeitet und sucht nun wieder eine Anstellung bei einem Modelabel. Sie zeigt uns ihre Entwürfe und ihr Lookbook, in dem Models in ihrer aktuellen Kollektion zu sehen sind. Diese Frau hat Talent, das wird sofort klar. »Solche Gespräche führe ich nur selten. Jemand, der selbst einen Headhunter ansprechen muss, um einen Job zu finden, zählt selten zu den Toptalenten. Aber sie ist tatsächlich gut«, fasst Natascha den Termin nach Abschluss zusammen.

Für mich geht es am Nachmittag zu meinem eigenen Vorstellungsgespräch. Auf der einen Seite wäre der Job eine große Anerkennung, eine große Herausforderung und der nächste logische Schritt in meiner bisherigen Job-Laufbahn. Auf der anderen Seite fange ich gerade an, mein Abenteuer und die neu gewonnene Freiheit zu genießen. Die Überwindung, die es mich gekostet hat, mein altes Leben loszulassen, habe ich doch nicht auf mich genommen, um mir nur einige Wochen später selbst wieder Fesseln anzulegen, oder? Aufgrund meiner Zweifel gehe ich allerdings ohnehin nicht davon aus, dass ich mit einer Zusage aus dem Gespräch komme. Ich kann meine Gefühle und Ansichten nicht gut verstecken. Und wie soll ich überhaupt mein Projekt erklären und gleichzeitig um einen festen Job bitten? Das Vorstellungsgespräch abzusagen kommt allerdings nicht für mich in Frage. Lieber eine Absage im Gespräch erhalten, als mir selbst vorwerfen zu müssen, ich hätte es nicht versucht. Außerdem drücken mir meine Familie und Freunde die Daumen. Ich erreiche das große, schicke Glasgebäude, das mir Zutritt zu einer neuen Konzernwelt verheißt. Während mich die Zweifel weiter plagen, fällt mir eine Methode ein, über die ich einige Monate zuvor einen Vortrag von Sozialpsychologin Amy Cuddy gesehen hatte: das Power Posing. Ein zweiminütiges Verharren in einer dominanten Pose soll demzufolge das Testosteron-Level steigern, das Stresshormon Cortisol reduzieren und die Risikobereitschaft erhöhen. Ich schaue auf die Uhr. Zwei Minuten sind drin. »Was tust du hier nur?«, frage ich mich selbst, als ich mich auf der Damentoilette einschließe, meinen Handy-Timer auf zwei Minuten stelle und mich breitbeinig und mit in die Seiten gestemmten Armen positioniere. Schultern zurück. Hoffentlich bemerkt mich niemand. Zehn Minuten später fasse ich meinen bisherigen Werdegang für die drei mir im Besprechungsraum gegenübersitzenden Menschen zusammen. Sie sind mir sympathisch und sagen, dass sie so jemanden wie mich gut gebrauchen könnten. Jemanden, der sich schnell in verschiedene Themen einarbeiten kann und an vielem Interesse hat. Die Aufgaben klingen prestigeträchtig und interessant. Gleich zwei Stellen sind zu besetzen. »Sie können auch diesen Job gern erst einmal testen. Möglichst ab sofort und gern auch mit Bezahlung. Den Festvertrag können wir später noch unterschreiben«, bietet mir einer der Herren an. Das klingt nach einer guten Lösung. Ich schlage ein. Ab Anfang Oktober werde ich also wieder in München sein. Grinsend verlasse ich das Gebäude und schalte mein Handy ein, um meiner Familie zu erzählen, wie das Gespräch gelaufen ist. Mein Handy summt. Dreiundachtzig ungelesene E-Mails, sieben WhatsApp-Nachrichten und drei verpasste Anrufe. In der letzten Stunde. Das kann nur eines bedeuten: *Spiegel Online* hat den Artikel über mein Projekt veröffentlicht. Meine Finger zittern, als ich die Internetseite des *Spiegels* aufrufe. Ob das Fazit zu meinem Projekt ein positives sein wird? Meine Augen fliegen über den Text, ich atme auf. Alles gut. Ich scrolle weiter zu den Kommentaren.

Mein Herz klopft mir bis zum Hals. Mit negativer Kritik hatte ich gerechnet. Aber mit so einem unsachlichen Feedback nicht. Bin ich tatsächlich undankbar und naiv? Nie hätte ich gedacht, dass anonyme Kritik so wehtun kann. Auf dem Rückweg stelle ich mein ganzes Projekt und meinen Blog in Frage. Ich habe bereits viel Persönliches preisgegeben. Mehmet bringt mich auf andere Gedanken. »Lust auf eine Stadtführung auf dem Motorrad?«, fragt er mich. Ich bin dankbar für seinen Vorschlag, setze den Helm auf und schwinge mich hinter ihm auf die Maschine. München ist schön.

Die restliche Woche unterstütze ich das Headhunter-Team, indem ich die Datenbank pflege, Lebensläufe ablege und mich um administrative Dinge kümmere. Zwischendurch checke ich immer wieder meine Mails und die Statistiken meines Blogs. Unter allen Wordpress-Blogs landet mein Blog im weltweiten Ranking kurzzeitig auf Platz eins. In meinen Mails finde ich Zuschriften von Menschen, denen es genauso geht wie mir und die sich für meine Offenheit bedanken. Darüber hinaus erhalte ich unzählige Anfragen von Zeitungs- und Radiojournalisten, die um ein Interview bitten, bekomme Fernseh-Anfragen und Praktikumsangebote. Und Anfragen von Buchverlagen. Währenddessen ist die Diskussion unter dem *Spiegel-Online*-Artikel weiter in vollem Gange. Die überwiegende Anzahl der Kommentatoren ist der Meinung, ich habe keine Ahnung vom

Leben, sei undankbar und planlos und ohnehin eine Fehlbesetzung für meinen bisherigen Job gewesen. Goethes Ausdruck »himmelhoch jauchzend, zum Tode betrübt« trifft meinen Gefühlszustand in diesen Tagen gut. Ich freue mich, bin verletzt und fühle mich gleichzeitig überfordert, Entscheidungen zu treffen. Die Konsequenzen, die der Artikel mit sich bringt, hatte ich so nämlich nicht kommen sehen.

Am Ende meiner Woche in der Personalberatung steht für mich fest, dass ich den Personalbereich noch nicht ganz aufgeben möchte. Mit Menschen habe ich nämlich grundsätzlich gern zu tun. Ein weiteres Praktikum im Personalbereich werde ich auf meine Liste setzen, denn der Beruf der Headhunterin scheidet für mich aus. Das Arbeiten mit Pseudonymen ist für mich befremdlich und der Telefonanteil zu hoch.

Wer selbst einmal Angebote von einem Headhunter bekommen will, sollte sich auf jeden Fall ein Xing- und bei internationaler Ausrichtung zusätzlich ein LinkedIn-Profil zulegen. Mit regelmäßigen Aktualisierungen kann man sein Profil den Personalberatern immer wieder anzeigen und sich ins Gedächtnis rufen lassen.

 **Für wen der Job etwas sein könnte:** Du bist ein Netzwerker, sprichst gern mit Menschen und kannst sie gut einschätzen. Du telefonierst für dein Leben gern. Du hast einen langen Atem, wenn keiner deiner vorgeschlagenen Kandidaten deinem Kunden gut genug zu sein scheint.

**Wer lieber die Finger davon lassen sollte:** Du gibst  dich nicht gern als jemand anderes aus oder hast keine besonders ausgeprägte Menschenkenntnis.

# 6

# Lehrerin

Ich bin wieder in der Schule! Nach dem Abitur ahnte ich noch nicht, dass ich ein Schulgelände eines Tages wieder freiwillig betreten würde.

Über meine Mutter, die als Lehrerin an einer integrierten Gesamtschule arbeitet, erhalte ich den Kontakt zum Direktor. Einen ersten Eindruck von der Schule gewinne ich bereits im Juni. Für ein kurzes Vorstellungsgespräch überquere ich in der großen Pause den Schulhof. »Sind Sie Lehrerin?«, ruft mir ein Junge zu, der mit Mitschülern auf der Grundstücksmauer des Schulgeländes sitzt und ein Handy in der Hand hält. Ich freue mich, dass ich direkt wahrgenommen werde, registriere aber auch, dass ich mittlerweile ganz offensichtlich auf der anderen Seite zu stehen scheine. Als ich verneine, nimmt das Interesse so schnell ab, wie es gekommen ist. Diese Begrüßung erschließt sich mir während meiner Praktikumswoche im September: Auf dem Schulhof ist Handyverbot, und die Frage galt wohl lediglich der Absicherung einer sanktionsfreien Handynutzung.

»Was sind denn Ihre Lieblingsfächer, Frau Stöhr?«, fragt mich der Direktor Herr Boumann*. »Sprachen auf jeden Fall und Politik. Erdkunde gefällt mir mittlerweile auch gut«, ant-

---

* Alle Namen geändert

worte ich nach einer kurzen Bedenkzeit. Er macht sich Notizen und verspricht mir für mein Praktikum die Berücksichtigung meiner Interessen.»Und wenn Sie so eine gute Lehrerin wie Ihre Mutter werden, dann können Sie sich gern nach Ihrem Studium bei mir melden«, sagt er scherzend. Wir wissen beide, dass er zu diesem Zeitpunkt bereits in Rente sein wird.

Am Wochenende bekomme ich den Stundenplan für meine Woche als Lehrerin. Fünfte Klasse Mathe, achte Bio, Deutsch in der neunten. Ein bunter Mix aus verschiedenen Unterrichtsfächern, Lehrkräften, Jahrgängen und Schulstandorten. Am Montagmorgen bahne ich mir den Weg im Slalom zum Lehrerzimmer. Die Flure sind voller Kinder und Jugendlicher. Der Lärmpegel ist beachtlich. Im Lehrerzimmer angekommen, bittet mich meine Ansprechpartnerin Frau Bittner, mich dem Kollegium vorzustellen.»Guten Morgen, ich heiße Jannike, bin die Tochter von Gabi und mache diese Woche ein Praktikum an eurer Schule«, fange ich an. Niemand scheint mir richtig zuzuhören. Die Kollegen kramen in ihren Taschen und quatschen mit ihren Sitznachbarn. Ein Vorgeschmack auf das, was mich gleich erwartet.

Eine Lehrkraft ist kurzfristig ausgefallen, ich finde mich einige Minuten später also als Betreuerin einer Englisch-Lernzeit im Klassenraum einer neunten Klasse wieder. Das Lehrerpult finde ich an der Fensterfront mittig im Klassenraum vor. Ich bin von Schülern umzingelt. Dreiundzwanzig Jugendliche im Alter von vierzehn oder fünfzehn finden an Gruppentischen und zwei Einzeltischen im Klassenraum Platz. Die Pubertät ist ihnen anzusehen. In der Lernzeit bearbeiten die Schüler selbstständig ihre Aufgaben aus den vorangegangenen Unterrichtsstunden, sodass ich die Betreuung auch als ungelernte Kraft übernehmen kann. Die Klassenlehrerin stellt mich zu Beginn der Stunde vor: »Frau Stöhr macht diese Woche ein Praktikum an unserer Schule und hat ein ganz spannendes Leben! Ihr könnt sie gern ausfragen, oder, Frau Stöhr?« Na klar. In Kurzfassung berichte ich über mein Projekt und mein Leben davor. Normalerweise werde ich Dinge gefragt wie »Warum machst du das?«, »Wie finanzierst du das?«, »Und, wie ist es so?« und »War schon ein vielversprechender Job dabei?«. Heute nicht.

»Frau Stöhr, Sie waren doch mal in China, oder?«

»Ja!?«

»Sprechen Sie Chinesisch?«

»Ich kann mich verständigen, bin aber Analphabetin. Chinesische Schriftzeichen lesen und schreiben kann ich leider nicht.«

»Haben Sie schon einmal Hund gegessen?«

»Nein, dafür aber Skorpion.«

»Wie schmeckt der?«

»Neutral.«

»Wie alt sind Sie?«

Und damit ist die Fragerunde dann wieder beendet. Die Schüler widmen sich vorbildlich ihren Aufgaben. Die Klassenlehrerin steht mit glänzenden Augen nehmen mir. Ganz toll entwickelt hätten sich die Schüler in den letzten Jahren. Sie verspricht, hin und wieder nach dem Rechten zu sehen, bevor sie den Klassenraum verlässt. Ich schlendere durch die Reihen und schaue den Schülern über die Schulter. »Ich kann immer noch keine Vögel malen«, vernehme ich irgendwo hinter mir. Ich drehe mich um. »Mach einfach so mit zwei Halbkreisen eine Möwe«, erwidert ein Junge seinem Tischnachbarn. »Was? Wenn das scheiße wird, machst du das nochmal!«, antwortet der Tischnachbar. Ich verstehe nur Bahnhof.

Es klingelt. Noch nicht einmal in der Schulzeit hatte ich

Lust, in der Pause auf den Schulhof zu gehen. Ich freue mich daher auf einen Kaffee im Lehrerzimmer. Dort lerne ich Melanie kennen. Sie unterrichtet als Frau Fricke gleich Mathe in einer achten Klasse und wird mich mit in ihren Unterricht nehmen. Ich stürze den letzten Schluck Kaffee hinunter, als es zur nächsten Stunde klingelt und die Schüler wieder in die Flure strömen. Das Thema im Matheunterricht trägt den schönen Namen »Gleich, gleicher, Gleichung«.

»Gleicher gibt es nicht«, ruft Max, einer der Schüler. »Man kann gleich nicht steigern!«

»Doch kann man! Gleich und gleicher«, erwidert Marvin.

»Nein! Wie willst du ein Nomen denn steigern? Apfel, apfeliger, am apfeligsten?« Max schaut triumphierend zu Marvin hinüber. Schachmatt, dem Argument wird er nichts entgegensetzen können. Zum Glück sind wir nicht im Deutschunterricht. Frau Fricke wiederholt mit den Achtklässlern die Vorkenntnisse zu *Termen*, erklärt mit Hilfe des Bildes einer Waage, was Gleichungen sind, und errechnet dann mit den Jugendlichen die ersten Unbekannten. Eine Förderlehrerin sitzt aufgrund von Inklusion ebenfalls mit im Unterricht. Es gibt drei Förderschüler in dieser Klasse, von denen zwei aber schon weniger Hilfe benötigen. Beim selbstständigen Aufgabenlösen melden sich einige Schüler. Jetzt kann ich auch etwas tun. Ich erkläre einem Jungen, »wie man das x herausbekommt«. Aus dem Augenwinkel sehe ich später, wie er seinem Sitznachbarn die Aufgaben erklärt. Dass er es verstanden zu haben scheint, macht mich ein wenig stolz. Als wir den Klassenraum nach Stundenschluss verlassen und Melanie die Tür abschließt, gesellt sich einer der Schüler zu uns. »Frau Fricke?«, heischt er um die Aufmerksamkeit seiner Lehrerin. Melanie schaut zu ihm hinüber. »Möchten Sie, dass Ihr Gehirn später in einen Androidenkörper gepflanzt wird oder

Das Traumjob-Experiment

in einem Glas aufbewahrt wird?«. Frau Fricke wählt den Androidenkörper.

Am Dienstag begleite ich Jahrgangsleiter und Klassenlehrer Stefan in seine neue fünfte Klasse. Laut ist es auch hier, aber die Themen, die die Schüler bewegen, sind etwas andere. An einem Gruppentisch bricht Streit aus. »Herr Jung, in der Pause wurde ich in einen Mülleimer gesteckt, und jetzt machen sich alle über mich lustig und erzählen es weiter«, jammert ein Schüler, als Stefan dazwischengeht. »Das ist überhaupt nicht lustig«, belehrt Stefan die Jungs am Gruppentisch. »Niemand möchte in eine Mülltonne gesteckt werden, und niemand möchte, dass sich andere über ihn lustig machen. Also hört bitte damit auf.« Es kehrt Ruhe ein. Stefan erklärt, worum es in der Unterrichtsstunde gehen wird, und stellt ein paar Fragen. Schließich geht es ans Aufgabenlösen. Zwei Schülerinnen teilen die Arbeitsblätter an ihre Klassenkameraden aus. »Man erkennt recht schnell, wer sich zuhause an Regeln halten muss und wer nicht«, erklärt mir Stefan. Einer der Jungs fällt im Unterricht bereits auf. »Regeln einzuhalten muss er noch lernen. Das ist viel Arbeit.« Die meiste Aufmerksamkeit fließt zu den Störern. Das strengt an, genauso wie die generelle Lautstärke, manche Elterngespräche, oder die Aufmerksamkeit der Schüler zu behalten. Ein Schüler fläzt sich auf seinem Stuhl, steht dann während des Unterrichtes auf und benimmt sich auch sonst aus meiner Sicht auffällig. Ich würde ihm das nicht durchgehen lassen, denke ich. In der Pause frage ich Stefan, warum er nicht eingegriffen hat. »Jeremy ist das Alphatier. Er kann sich zum Zugtier entwickeln und die Klassengemeinschaft nach vorne bringen. Aber daran, ein positives Vorbild zu werden, arbeiten wir noch.« Die Antwort vom Klassenlehrer überrascht mich. Ihn einsetzen als Zugtier? Sein Verhalten positiv zu entwickeln und ihm ein Gefühl dafür vermitteln, was für seine Klassenkameraden vorbildhaft ist und was nicht? Langsam beginne ich zu begreifen, dass mehr hinter dem Lehrerberuf steckt, als Frontalunterricht zu halten, Klassenarbeiten zu korrigieren und in die Ferien zu fahren.

Einen Tag lang darf ich zur Halbzeit meines Schulpraktikums die schuleigene Sozialpädagogin Anja begleiten. Anja bietet Pausenbetreuung, Bewerbertraining und Arbeitsgemeinschaften an Nachmittagen an, für die Kinder, deren Eltern dann noch nicht zuhause sind. Darüber hinaus steht sie den Kindern und Jugendlichen bei Fragen und Sorgen zur Seite. Auch Anja liebt ihren Job. »Er ist sehr anstrengend, da die Kinder immer wieder ihre Grenzen austesten und unglaublich laut sind. Der Job ist aber auch sehr abwechslungsreich und sinnvoll.« Auch in ihrem Büro, das durch eine Glastür mit einem Pausenraum verbunden ist, könnte ich Ohropax gebrauchen. Ich bin beeindruckt, wie souverän Anja sich durchsetzt. Sie lässt keinen Zweifel daran, dass sie meint, was sie sagt. »Oft fragen mich Schülerinnen um Rat, deren beste Freundin ihnen gerade die Freundschaft gekündigt hat. In anderen Fällen geht es um Liebeskummer oder um schwierige Situationen zuhause. Das kann Liebesentzug sein, mangelndes Interesse, leider aber auch Gewalt«, sagt Anja. Ich kann spüren, wie sehr sie sich mit den Kindern verbunden fühlt. Sie erzählt von einem Mädchen, das zwei Stunden vor ihrer Einschulung bereits ganz allein vor der Schule auf einem Treppenabsatz saß und wartete. Eine Schultüte hatte sie nicht bekommen. Anja hatte damals das Mädchen an die Hand genommen und gemeinsam mit ihr die Zeit bis zur Klassenzuteilung verbracht. Ich verstehe mehr und mehr, warum Anja ihren Job als sinnvoll empfindet. Einem Kind, wenn auch nur für einen Moment, das Gefühl zu geben, nicht alleine zu sein, das ist etwas Schönes.

Auf dem Flyer der Sozialpädagogin finde ich ein Zitat

Das Traumjob-Experiment

unbekannter Herkunft: »Kinder sind Reisende, die nach dem Weg fragen, wir wollen ihnen gute Begleiter sein.« Einige Kinder scheinen keine Eltern zu haben, die sie nach dem Weg fragen können, keine Eltern, die sich für sie interessieren oder die für sie da sind. Wen sollen diese Kinder nach dem Weg fragen? Woran sollen sie sich orientieren? »Ich versuche, so gut ich kann, Hilfestellungen zu geben, einfach nur zuzuhören oder neue Blickwinkel zu geben«, sagt Anja und seufzt. »Oft kann man aber auch einfach nicht helfen. Das muss man akzeptieren, selbst wenn es schmerzhaft ist. Hin und wieder muss ich Fälle an das Jugendamt weitergeben.«

Um Orientierung geht es auch in der neunten Klasse von Frau Bothe. Auf einem Arbeitsblatt sollen die Schüler die Top drei ihrer Berufswünsche notieren. Für einige von ihnen wird es nämlich in nicht allzu ferner Zukunft in die Ausbildung gehen. Ich komme mit einem Mädchen ins Gespräch, zu deren Berufswünschen Bankkauffrau, Mediengestalterin und Bürokauffrau zählen. »Das klingt jetzt vielleicht albern und ist auch eher so ein Traum von mir, aber eigentlich würde ich gern Pferdezuchtwirtschafterin werden. Ich bin jeden Tag im Stall bei den Pferden. Das macht mir einfach Spaß. Aber das ist ja kein echter Beruf«, erzählt sie mir und widmet sich wieder ihrem Arbeitsblatt. Die Worte des Mädchens stoßen eine Gedankenkette in meinem Kopf los. Warum will sie sich mit ihren fünfzehn Jahren schon gegen ihren Traum entscheiden und für die Sicherheit? Und hat sie damit recht? Würde unsere Gesellschaft noch funktionieren, wenn jeder seinen Traum leben würde? Und wann und warum verlieren wir unsere Träume aus den Augen? Hatte auch ich einmal einen Traum, den ich mittlerweile aber vergessen oder unter Schichten von Erwartungen und Ängsten vergraben habe? Der Pausengong unterbricht meine Gedanken.

Lehrerin                                                                    63

Am Ende meiner Schulwoche bin ich begeistert. Allerdings fürchte ich, dass ich den Lehrerberuf noch nicht richtig einschätzen kann. Durch das Begleiten verschiedener Lehrer in unterschiedliche Jahrgänge und Fächer habe ich viele Eindrücke gewonnen, die allerdings nicht für ein Gesamtbild ausreichen. Außerdem beschränkt sich der Lehrerjob nicht nur auf die Schule, sondern geht zuhause weiter.

Den Schülern etwas beizubringen und vor allem Lust auf das Lernen und auf das Leben zu wecken, das könnte mir schon gefallen. Nachdem ich den Lehrerberuf anfänglich als Traumjob in Betracht ziehe und ich über ein zweites Praktikum an einer weiteren Schule nachdenke, wird mir erst einige Wochen später klar, was mir in der Schule so gut gefallen hat. Mich treibt die Suche nach Orientierung an. Ein abwechslungsreicher Alltag und das Lernen neuer Dinge. Das weiterzugeben erfüllt mich. Auch wenn das alles Aspekte des Lehrerdaseins sind, ist es nicht der Kern. Meine Suche geht weiter.

 **Für wen der Job etwas sein könnte:** Du beschäftigst dich lieber mit der Frage, ob dein Gehirn in einen Androidenkörper gepflanzt oder in einem Glas aufbewahrt werden soll, als mit der Frage, wie du am effektivsten Erträge erwirtschaftest. Du bist selbstbewusst und traust dir zu, schreiende Kinder und pubertierende Jugendliche in Schach zu halten und ihnen gleichzeitig Wissen zu vermitteln.

**Wer lieber die Finger davon lassen sollte:** Du hast es  gern ruhig, arbeitest nicht gern an Wochenenden oder Abenden, Kinder sind dir zuwider, und du wiederholst dich nicht gern.

# 7
## Bäuerin

»Du willst doch nicht ernsthaft Bäuerin werden, oder?«, fragt mich meine Freundin Sara am Telefon, bevor ich in meinen siebten Job als Biobäuerin starte. Nein, das kann ich mir tatsächlich nicht vorstellen. Es gibt dennoch gleich zwei Gründe, warum ich das Praktikum unbedingt antreten möchte. Zum einen möchte ich mindestens einen klassischen Beruf austesten, und der urtümliche Job des Bauern ist einer der ersten, der mir dazu einfällt. Außerdem möchte ich mein Praktikum unbedingt auf einem Biobauernhof machen. Mit Bio verbinde ich Nachhaltigkeit und gesunde Ernährung. Zwei Dinge, die ich grundsätzlich als sinnvoll erachte, auch wenn ich nicht konsequent nach ihnen lebe. Deswegen versuche ich mich der Suche nach dem Traumjob nun von einer anderen Seite zu nähern und stelle diese Woche nicht die Frage, »Was könnte mir Spaß bereiten?«, sondern »Was ist mir wichtig?«. Möglicherweise führt mich ja die Sinnfrage zu meinem Traumjob.

In alten Klamotten, ungeschminkt und mit Gummistiefeln im Gepäck fahre ich am Montag mit dem Fahrrad zum Biobauernhof. Der Wind bläst mir über die flachen Felder ins Gesicht. Kaum habe ich mein Fahrrad abgestellt, da winkt mich Bauer Karl-Heinz bereits hinauf auf den Kartoffelroder. Karl-Heinz zieht die Erntemaschine mit seinem Trecker in Richtung Kartoffelfeld. Mitarbeiter Joke, Karl-Heinz'

Schwester Ingrid und ich stehen oben auf dem Roder. Die letzten Kartoffeln der Saison wollen vom Feld geholt werden. Nach einigen hundert Metern streikt die Maschine. Zeitgleich landen die ersten Regentropfen auf meiner Haut. Der Himmel lässt mehr vermuten. Die Kartoffelernte muss also auf später verschoben werden. Zurück auf dem Hof, werde ich zum Zwiebelputzen eingesetzt. Dabei dreht man der erdigen Zwiebel mit zwei bis drei Handgriffen die äußere Schale ab. So sauber, wie wir sie aus dem Supermarkt kennen, kommen die Zwiebeln nämlich nicht aus der Erde. Bio hin oder her, auch hier soll die Ware den Kunden so ansprechend wie möglich präsentiert werden, und deswegen stehe ich die nächste Stunde unter dem Scheunendach und ziehe den Zwiebeln Kiste um Kiste ihre Kleider aus. Mit jedem weiteren Griff schmerzen meine Hände mehr. Ich jammere schon einmal vorsorglich: Eine Sehnenscheidenentzündung ist sicher vorprogrammiert.

Um Viertel vor zehn Uhr steht bei der einundneunzigjährigen Oma des Hofes Frühstück mit Tee und belegten Brötchen an. Zu fünft sitzen wir rund um den Küchentisch, Oma und mich mitgezählt. »Stell mal Gläser auf den Tisch«, bittet Oma ihre Tochter Ingrid. Prompt ergänzt ein fünfzigprozentiger Kräuterschnaps mein Frühstücksgedeck. »Auf die bisher erfolgreiche Kartoffelernte«, Oma kippt den Schnaps hinunter. Zu besonderen Anlässen, erfahre ich später, gibt es auch einmal einen Schnaps am Morgen. Wenn eine der acht Kühe ein Kälbchen geboren hat zum Beispiel. Oder eben wenn die Kartoffelernte der Saison erfolgreich war. Und die restlichen Erdäpfel kriegen wir sicher auch noch aus dem Feld.

Nach ein paar weiteren Kisten geputzter Zwiebeln lässt sich die Sonne wieder blicken, und als der Kartoffelroder die ersten gesunden Töne von sich gibt, ist auch der Boden wieder trocken genug, um ein zweites Mal auf das Feld zu ziehen. Wenn der Boden feucht ist, kommen die Kartoffeln zu dreckig aus der Erde, und man hat zu viel Arbeit nach der Ernte. Dieses Mal fährt Joke den Trecker. Ingrid, der polnische Erntehelfer Adrian und ich stehen oben auf dem Roder. Mit einem Pflugschar, der Schneide des Pfluges, werden Kartoffeln, Erde und Unkraut aus dem Boden auf ein Siebband gehoben. Über das Siebband werden die Kartoffeln nach oben transportiert und von hinten auf das Fließband geworfen, wo sie dann per Hand nachsortiert werden. Über das Fließband laufen die Kartoffeln in Richtung des Auffangbehälters, der sich zwischen uns und dem Trecker befindet. Die ersten Kartoffeln purzeln auf das Fließband. Ihnen folgen einige Kluten, also Erdklumpen. Vor einigen Jahrzehnten war an diesem Ort noch Wattenmeer, nach und nach wurde aus dem Gebiet allerdings Land gewonnen – Marschland mit einem sehr lehmigen Boden. Wenn ich mir das Fließband anschaue, kann ich mir das bildhaft vorstellen. Die Anzahl an Kartoffeln und an Lehmklumpen scheint sich die Waage zu halten. Je schneller Joke fährt, desto schneller laufen Kartoffeln und Kluten über das Band. Wir sortieren in Windeseile, kommen aber selbst im Schritttempo kaum hinterher. Adrian, der polnische Erntehelfer, ist doppelt, wenn nicht sogar dreimal so schnell wie ich. Ohne ihn wären wir aufgeschmissen. Die Aufgabe erinnert mich an die Art von Handyspielen, bei denen man ein bestimmtes Teil unter ähnlichen Gegenständen finden muss, während die Zeit rückwärtsläuft. Nur hier ist es ernst, und ich muss nicht nur ein Teil finden und aussortieren, sondern dutzende. In meinem Kopf läuft Tetris-Musik. Ich atme auf, als wir die erste Bahn geschafft haben und nur wenige Kluten im Erntecontainer zu sehen sind. Der Trecker wendet und steuert auf die nächste Bahn zu. Wenn die Kluten überhandnehmen, schreien Adrian oder ich »Stopp!«, Joke hält an, und wir haben etwas Zeit, nachzuarbeiten. Eine Bahn nach der anderen ernten wir während der nächsten drei Stunden ab. Dann ist Feierabend für mich und die Kollegen. Bauer Karl-Heinz wird noch einige Stunden weiterarbeiten.

Mein erster Gang zuhause führt mich unter die Dusche. Der Sand klebt mit dem Schweiß auf meinem Körper und meiner Kopfhaut. Der zweite Gang führt mich zum Kühlschrank und der dritte und letzte ins Bett. Ich bin unglaublich erschöpft. Alles, was ich in den letzten Wochen an Anstrengung erlebt habe, wurde heute übertroffen. Ich wusste, dass mich körperlich harte Arbeit erwarten würde. Allerdings wusste ich nicht, wie sie sich am eigenen Leib anfühlt. Anstatt mich zu erholen, werde ich in der Nacht unangenehm aus meiner Tiefschlafphase gerissen. Das ganze Zimmer um mich herum dreht sich. Mein Bett schlingert wie ein Schiff im Sturm. Das ist nicht das erste Mal in den letzten Wochen und Monaten. Ich atme tief ein und aus, meine Umgebung wird langsam ruhiger. Meine Augen fallen zu.

Der zweite Tag beginnt um halb sieben auf dem Wochenmarkt. Karl-Heinz ist schon seit vier Uhr auf den Beinen und hat das Gemüse vom Kühlhaus in den Marktwagen geladen. Eine der Verkäuferinnen des Marktstandes und ich helfen beim Aufbauen. Die Wände des Anhängers, der zum Stand umgebaut werden wird, lassen sich hochklappen und dienen als Überdachung. Wir entladen dutzende Gemüsekisten, fädeln Planen in die am Dach befestigten Ösen ein und schaffen dem Stand damit Wände. Wir packen Paprika, Zwiebeln und Tomaten um, sodass sie ansehnlich präsentiert werden. Stellen Kartoffeln, Mohrrüben und Gurken an ihren Platz. Bauen eine Obstsektion auf und ordnen die Preisschilder der Ware zu. Eine zweite Verkäuferin stößt zu unserem kleinen

Team hinzu. Zeit für Karl-Heinz und mich, zu einer Liefertour aufzubrechen. Wir verladen mein Fahrrad hinten im Bulli und machen uns auf den Weg zu verschiedenen Schulen und Einrichtungen, die Karl-Heinz seit einiger Zeit beliefert. Kästen mit Milch in Glasflaschen und Kisten mit Obst und Gemüse tragen wir in Schulen und Kindergärten, bis wir schließlich wieder auf Kehls Hof ankommen. »Du kannst mir gleich helfen, das Getreide vom Hof in die Silos zu verladen«, begrüßt Joke mich. Ich folge ihm zu einem Anhänger voller Getreidekörner, der sich in Schräglage befindet. An seinem unteren Ende ist ein Getreidegebläse angeschlossen. Die Körner können so langsam über ein Rohr in das Gebläse rutschen und durch einen breiten Schlauch in ein Bigbag geblasen werden. Das Bigbag ist ein flexibler Schüttgutbehälter aus Kunststoffgewebe, der tausend bis tausenddreihundert Kilo fassen und tragen kann. Die untere Öffnung hat Joke mit Spezialknoten verschlossen und das Bigbag dann an seinen Schlaufen an das Hubgerüst seines Gabelstaplers gehängt. Von oben wollen wir es nun mit dem Getreide füllen, um es dann auf umgekehrtem Wege in das Innensilo des Bauernhofes zu befördern. Joke drückt mir einen Besen in die Hand. »Klettere mal in den Anhänger, und schiebe die Körner nach unten in das Gebläse. Aber pass auf, dass du nicht ausrutscht«, sagt er. Über den benachbarten, weniger hohen Anhänger springe ich in den Getreideberg und ziehe mit der flachen Seite des Besens nach und nach die Körner zu mir herunter. Die Arbeit beansprucht meinen ganzen Körper. Schließlich ist das Bigbag voll. Am Hubgerüst hängend fährt Joke das Getreide zum Silo und positioniert es über dem Trichter eines weiteren Getreidegebläses. »Kannst du mal den Sack öffnen?«, ruft Joke vom Gabelstapler zu mir herüber. Ich greife das Band unter dem Bigbag und ziehe. Hunderte Kilos setzen sich über mir in Bewegung. Wahnsinn, wie diese Menge von einem kleinen Band gehalten werden konnte. Die Körner rattern durch die Rohre nach oben in das Silo.

Nach der Mittagspause geht es wieder raus auf das Kartoffelfeld. Nicht alle Bahnen sind schon abgeerntet. Karl-Heinz hilft den Verkäuferinnen derweil beim Abbau des Marktstandes und bringt den Anhänger zurück auf den Hof. Zu dritt entladen wir den Hänger und bringen das Gemüse zurück in den Hofladen oder in den Kühlraum. Karl-Heinz besprüht das Gemüse mit Wasser, bevor er es einpackt und in die Kühlung bringt. »So bleibt das Gemüse etwas länger frisch«, verrät er mir. Um neunzehn Uhr ist für mich Feierabend. Für die anderen ist der Tag noch nicht vorbei. »Während der Kartoffelernte herrscht bei uns Ausnahmezustand«, erklärt mir Bäuerin Elke. Um die Familie ernähren zu können, arbeitet Elke als Teilzeit-Lehrerin an einer Schule. An den schulfreien Tagen schmeißt sie den Hofladen. Der Bauernhof wirft nicht genug ab. Und das, obwohl Karl-Heinz als studierter Ingenieur achtzig bis neunzig Stunden pro Woche arbeitet. »Ich schlafe pro Nacht circa vier Stunden, manchmal auch weniger. Und das nun schon seit Jahren«, erzählt mir Karl-Heinz. »Mittags versuche ich noch einmal eine halbe Stunde bis Stunde zu schlafen.«

Das Thema Schlaf beschäftigt mich auch in dieser Nacht wieder auf eine besondere Weise. Wieder wache ich vor lauter Schwindel auf, nur dieses Mal bleibt er und wird begleitet von einer penetranten Übelkeit, die auch bis zum frühen Morgen nicht nachlässt. Auch Kopfschmerztabletten, die ich mir mittlerweile wie M&Ms einwerfe, helfen heute nicht weiter. Anstatt Kartoffeln zu ernten, suche ich heute einen Arzt auf. Von Kopf bis Fuß werde ich durchgecheckt. Nichts zu finden. Ich lasse ein paar Kanülen Blut in der Praxis. Viel-

Das Traumjob-Experiment

leicht gibt ein großes Blutbild Auskunft über meinen Gesundheitszustand. »Hier, nehmen Sie diese Tabletten gegen den
Schwindel«, sagt mein Arzt und drückt mir ein Rezept in die
Hand. »Das ist keine dauerhafte Lösung und nur für die aku-
ten Tage.« Den Rest des Tages verbringe ich im Bett. Ich
fühle mich elend und erschöpft. Normalerweise wirft mich
so schnell nichts aus der Bahn. Auch wenn ich mich mal ein
wenig krank fühlte, war das bisher selten ein Grund, zuhause
zu bleiben. Heute kann ich einfach nicht.

Einen Tag später stehe ich wieder halbwegs fit mit zwei
Aushilfen im Hofladen. Die Bio-Kisten müssen gepackt werden. Sie sollen am Nachmittag an die Kunden ausgeliefert
werden, die ein Bio-Kisten-Abo abgeschlossen haben. Beim
Bio-Kisten-Abo in Kehls Hofladen gibt es verschiedene Vari-
anten: Die Kunden bestellen für einen bestimmten Betrag und
erhalten ein Überraschungspaket aus Obst und Gemüse, sie
geben die grobe Richtung ihrer Wünsche an, oder sie bestellen ganz konkret, was zu ihnen geliefert werden soll. »Das ist
natürlich ein hoher Aufwand beim Packen, aber wir haben so
einen höheren Umsatz. Deswegen nehmen wir das in Kauf«,
erklärt mir Elke vorab. Ich nehme einen Bestellzettel und
mache mich auf die Suche nach dem angeforderten Obst
und Gemüse. »Lauch hat die Nummer hundertsieben«, ruft
mir eine der beiden Aushilfen zu, als sie sieht, wie ich auf der
Waage nach der richtigen Nummer suche, um den Lauch zu
bongen. Ich packe, wiege, bonge und stelle Kiste um Kiste in
den Kühlraum. Für meine Familie packe ich heute auch eine
Kiste. Mit der Aushilfe fahre ich am frühen Nachmittag nach
Hause. Ich darf mich noch schonen, für Karl-Heinz geht es
bis zum späten Abend weiter. »Und, was hast du heute Nachmittag noch vor?«, frage ich die Hofladen-Aushilfe im Auto,
die mich freundlicherweise mit in meinen Stadtteil nimmt.

»Ich fahre jetzt in eine Schule, da putze ich nachmittags immer. Und auf dem Markt morgen arbeite ich beim Metzger. Auf dem Markt bin ich echt gern, das ist mein Ding. Die Arbeit in der Schule ist okay, aber nicht toll. Aber ich brauche das Geld. Für einen festen Job am Band in einer Produktion würde ich alles tun«, erzählt sie mir. Ihre Antwort macht mich betroffen. Ist es ein Trugschluss, dass Arbeit einen erfüllen sollte? Wieder einmal wird mir bewusst, wie gut meine Ausgangssituation ist.

Meine Schätze in der Bio-Kiste enttäuschen mich nicht. Die Tomaten schmecken nach Sonne, und die Birne ist saftiger als alle anderen Birnen meines Lebens zusammen. Selten habe ich so leckeres Obst und Gemüse gegessen. Wenn der Preis nur nicht wäre. Aber auch den kann ich mir mittlerweile erklären. Das Geld zahlt man in erster Linie für den Arbeitsaufwand, nicht dafür, dass der Biobauer reich wird. Und ein paar Pestizide weniger im Körper sollten mir das schon wert sein.

»Wenn du selbstständiger Bauer bist, dann führst du dein eigenes Unternehmen. Man ist zwar sein eigener Herr, aber es steckt viel Arbeit dahinter«, erzählt mir Karl-Heinz, als wir an meinem letzten Arbeitstag wieder gemeinsam den Marktstand aufbauen. Dreimal in der Woche verkauft er seine Ware auf dem Markt. Das heißt dann auch dreimal den Wagen ab vier Uhr nachts beladen, dreimal um halb sieben den Marktstand aufbauen, dreimal verkaufen, dreimal den Marktstand wieder abbauen und dreimal die Ware wieder in die Kühlräume bringen. Lohnt sich die ganze Arbeit? »Einen Unternehmensberater darfst du nicht über meinen Hof schicken. Ich müsste vieles ändern und optimieren, das weiß ich. Manchmal schaffe ich es über Wochen aber noch nicht einmal, die Rechnungen zu schreiben. Hauptsache, raus mit dem Gemüse,

Hauptsache, ich schaffe die Auslieferungen«, beantwortet der Biobauer meine Frage. »Außerdem sind wir Demeter-zertifiziert. Das sind strenge Richtlinien für den Bio-Anbau, die wir erfüllen und deren Einhaltung wir immer wieder belegen müssen. Du ahnst nicht, wie viel Papierkram das ist«, sagt er und seufzt. »Manchmal würde ich lieber auf das Zertifikat verzichten, aber dann bekomme ich nicht mehr genügend Geld für mein Gemüse. Und mit Pestiziden möchte ich nicht arbeiten. Unser Hof am Dollart ist Biobauernhof in zweiter Generation. Das ist sehr selten. Nach dem Krieg wurde fast ausschließlich mit Pestiziden gearbeitet. Unsere Felder aber haben noch nie welche gesehen.« Ich bin beeindruckt, was Karl-Heinz alles in Kauf nimmt, um die Dinge, die für ihn wichtig sind, zu verteidigen und für sie einzustehen. Er ist Biobauer aus Überzeugung.

Heute darf auch ich verkaufen. Tomaten, Radieschen, Kartoffeln, Salate und geputzte Zwiebeln wiege und bonge ich, bevor ich sie in die Taschen der Kunden verstaue. Das gehört zu unserem Service dazu. Die wenigsten Kunden nutzen Plastiktüten. Logisch unter dem Bio-Aspekt. »Einen Salatkopf oder ein Bund Petersilie solltest du schon in einer einzelnen Tüte verpacken. Sonst kommen sie nicht heil in den Küchen der Kunden an. Aber achte darauf, so wenig Tüten wie möglich zu verwenden«, erklärt mir Verkäuferin Tina. Beim Zusammenstellen eines Suppengemüses packe ich eine Steckrübe in die Tasche einer Kundin. Die beäugt mich skeptisch. Schnell korrigiert Tina meinen Fehler. Für mich sah das aus wie Sellerie.

Am späten Nachmittag entlässt mich Karl-Heinz mit einer Bauernweisheit. »Woran erkennt man bei schlechtem Wetter, aus welcher Richtung der Wind kommt?«, fragt er mich, und fast rechne ich mit einem Ostfriesenwitz. »An den Hintern der Kühe auf dem Feld«, lautet die Antwort. Ist es stürmisch, stellen sich die Kühe nämlich in einer Reihe mit dem Hintern voran in den Wind. Ich werde darauf achten. Für mich steht fest: Bio hin oder her, Bäuerin werde ich nicht. Die körperliche Anstrengung, die wenige Freizeit und den geringen Ertrag will ich mir nicht zumuten. Allen Bauern gilt mein höchster Respekt für ihre Arbeit. Einen kleinen Beitrag, den ich zur Verbesserung der Situation der Bauern leisten kann, sehe ich darin, möglichst lokale Produkte zu angemessenen Preisen zu kaufen. Das möchte ich in Zukunft tun, denn gute Arbeit muss bezahlt werden.

 **Für wen der Job etwas sein könnte:** Du bist gern in der Natur und verbringst deine Zeit gern mit Tieren. Pflanzen vom Saatkorn bis zum reifen Gemüse wachsen zu sehen, fasziniert dich. Du findest, Freizeit ist was für Anfänger und verbringst daher den Großteil deiner Zeit gern mit Arbeit.

**Wer lieber die Finger davon lassen sollte:** Du scheust  dich vor harter körperlicher Arbeit oder bist gesundheitlich nicht in der Lage dazu. Du kannst keine Landmaschinen reparieren und willst das auch nicht lernen. Du trennst strikt zwischen Arbeit und Privatleben und hast gern Urlaub.

# 8
# Winzerin

»Wenn ich mal alt bin, dann möchte ich auf einem Weingut leben und als Winzer arbeiten.« Den Satz habe ich oft gehört, wenn ich mich bisher über Traumjobs unterhalten habe. Was macht den Beruf des Winzers so attraktiv? Ist es die Natur, die einen als Winzer umgibt, die Weinproben oder etwas ganz anderes? Ich möchte es herausfinden. In den letzten Septembertagen mache ich mich also auf in das Land der Weinköniginnen und Weinkönige. In ein Land, in dem bereits die Römer Geschichte schrieben und in dem es immer etwas zu feiern gibt. Knappe fünfhundert Kilometer geht es für mich nach Südwesten, nach Trittenheim in Rheinland-Pfalz. Die letzten Kilometer folge ich der wunderschönen Mosel, die von Weinbergen umrandet wird, entlang auf kurvigen Straßen. Es ist ein sonniger Sonntagabend, als ich auf dem Parkplatz des Seminarhofes eintreffe. Den Kontakt vom Winzerehepaar Birgit Hermes und Franz-Josef Bollig hatte ich über eine ehemalige Mitschülerin aus meiner Ausbildung bekommen. Sie war bereits vor einigen Jahren der Liebe wegen nach Trier gezogen und ist mit Winzer-Tochter Katharina befreundet.

»Wir haben ein Weingut mit zwei Gästehäusern, ein Restaurant, mehrere Weinberge und einen Weinkeller« erzählt mir Franz-Josef, während er die Tür zu Gästezimmer »Riesling« aufschließt. »Hier kannst du die Woche über bleiben.

Fühl dich wie zuhause.« Ich trete in ein frisch renoviertes Doppelzimmer ein, mit Flatscreen-TV, eigenem Bad und Balkon mit Blick auf die Weinberge. »Um sieben Uhr starten wir unten mit einem gemeinsamen Frühstück in den Tag. Du bist natürlich auch eingeladen. Komm einfach dazu«, bietet Franz-Josef mir an, bevor er sich verabschiedet. Einen Tipp für ein Abendessen gibt er mir auch noch. Der Nachbarort feiere ein Weinfest, und an den Ständen seien sicher noch Federweißer und Zwiebelkuchen zu holen.

Bevor ich am Montagmorgen aber Franz-Josef und seinen Sohn Lukas in den Weinkeller begleite, steht noch ein Anruf bei meinem Arzt aus. Meine Blutwerte sind da. »Frau Stöhr, laut der Blutuntersuchung sind Sie topfit«, sagt mein Arzt. »Ihr Schwindel ist daher aller Wahrscheinlichkeit nach psychisch bedingt. Fühlen Sie sich gestresst? Sie sollten auf jeden Fall einmal über eine Pause nachdenken.« Was soll ich? Eine Pause machen? Soll ich jetzt ernsthaft von der Pause eine Pause machen? Wenn ich aber so darüber nachdenke, stimmt es schon: Die letzten Jahre meines Lebens waren aus den verschiedensten Gründen kräftezehrend. Ob es die jahrelange Doppelbelastung von Beruf und Studium war, Liebeskummer, private Herausforderungen bis hin zur Krebsdiagnose meines Vaters. Die letzten Monate bis zu seinem Tod, in denen wir meinen Vater zuhause pflegten, wurden zu einer Kraftprobe für unsere Familie. Eigentlich sollte ich erleichtert sein, gesund zu sein, aber ich fühle mich, als hätte ich eine Hiobsbotschaft entgegengenommen. Eine klare Diagnose wäre mir lieber gewesen, wie: »Frau Stöhr, Sie haben zu wenig Eisen im Blut. Nehmen Sie die Tablette XY, und Sie werden schon bald keine Beschwerden mehr haben.« Jetzt liegt es an mir, wieder gesund zu werden. Nur wie soll ich das machen? Bereits in der nächsten Woche starte ich in mein Praktikum in München, bei dem ich mit einer Übernahme rechne. Die Stelle muss schließlich bis Ende des Jahres besetzt werden. Und ich habe bereits ein Zimmer in München gemietet. Wann soll ich also eine Pause machen? Und was sollte ich in einer Pause überhaupt machen? Im Bett liegen und fernsehen?

Meine Laune bessert sich beim Frühstück und einer Tasse Kaffee. Das Frühstücksbuffet ist gleichermaßen für die Angestellten und Gäste. Schokocroissants, gekochte Eier, Käseplatte, was will man mehr? »Pack dir ein paar Sachen für das Mittagessen ein«, sagt Birgit und stellt mir einen Joghurt hin. »Die Männer nehmen sich immer etwas mit und essen unterwegs.« In festen Schuhen, robuster Kleidung und meinem Rucksack mit Kamera, Notizblock und Lunchpaket steige ich wenig später zu Franz-Josef in den Kleintransporter. Es geht zum Weinkeller. In meiner Vorstellung befindet sich der Weinkeller im Kellergeschoss des Weingutes. Er ist gepflastert und mit Rundbögen ausgestattet. Kerzen erleuchten die hölzernen Weinfässer und Weinregale, während der Wein gärt. Stattdessen parkt Franz-Josef vor einer großen Halle, etwas abseits von Trittenheim. Wir steigen aus und nähern uns der Eingangstür. »Warte kurz hier draußen«, weist mich Franz-Josef an, schließt die Tür auf und öffnet von innen das riesige Hallentor. »Wir müssen erst einmal lüften.« Durch das Tor sehe ich eine alles andere als romantische Halle mit riesigen, metallenen Weintanks, vielen Maschinen, Pumpen und Schläuchen. Es ist laut, und es stinkt. »Das sind die Gärgase«, sagt Franz-Josef. »Zu viel von diesen Gasen, und du wirst bewusstlos.« Im gleichen Ort hatte einige Jahre zuvor mal eine ganze Familie einer nach dem anderen das Bewusstsein verloren beim Versuch, den jeweils Vorangegangenen zu retten. Gerade noch rechtzeitig rückte die Feuerwehr mit Atemschutz an und befreite die Familie aus dem Keller.

Zur Weinherstellung gehören viele verschiedene Arbeitsschritte. Grob gesagt, entsteht Wein folgendermaßen: Die Trauben werden geerntet, maschinell von ihrem Stilgerüst befreit und zermatscht. Heraus kommt eine dickflüssige Brühe, die sich Maische nennt. Sie wird einen Tag stehen gelassen, damit sich der Geschmack aus den Schalen entfalten kann. Anschließend wird sie in eine Presse gefüllt. In dieser Presse befindet sich wiederum ein Sack. Mit Luftdruck wird nun der Sack mitsamt Maische zusammengequetscht, sodass der Saft durch den Stoff läuft. Keltern nennt sich dieser Vorgang. Das wird deswegen so gemacht, damit die Traubenkerne nicht beschädigt werden, die sind nämlich ganz schön bitter. Der Traubensaft, in Fachsprache Most, wird nun noch einmal in einen Metalltank umgefüllt. Zugeführt werden dem Saft Hefebakterien, Schwefel und manchmal auch Zucker. Die Bakterien haben im Tank nicht genug Luft zur Zellatmung und fangen deswegen an, den Fruchtzucker in Energie umzuwandeln, um zu überleben. Aus dem Zucker entstehen Alkohol und Kohlenstoffdioxid. Und Kohlenstoffdioxid lässt dann bei schlechter Durchlüftung die Winzer in den Weinkellern umkippen. Der Schwefel wiederum sorgt dafür, dass nur die richtigen Bakterien arbeiten und dass sich kein Bestandteil des Weines mit Sauerstoff verbindet. Der Zucker soll sicherstellen, dass genügend Stoff zur Alkoholproduktion vorhanden ist, wird allerdings nur selten dazugegeben. Irgendwann hört dann die Gärung auf oder wird unterbrochen. Je länger der Wein gärt, desto mehr Zucker bauen die Bakterien ab und desto trockener und alkoholhaltiger wird der Wein. Je früher man die Gärung unterbricht, desto süßer ist der Wein, hat aber auch ein paar Prozentpunkte weniger Alkohol. Nach der Gärung wird der Wein schließlich gefiltert und darf noch einige Monate in aller Ruhe reifen. Fast allen Stadien des Weines werde ich in dieser Woche begegnen.

Das Traumjob-Experiment

In meiner ersten Unterrichtsstunde lerne ich, wie man den Zuckergehalt eines Weines misst, den sogenannten Öchslegrad. Einen schmalen, hohen Messzylinder lasse ich unter dem Zapfhahn des Gärbehälters voll Wein laufen und lasse anschließend die Öchslewaage langsam hineinrutschen. Die Öchslewaage sieht aus wie ein Fieberthermometer, nur deutlich größer. Das Thermometer schaut einige Zentimeter aus dem Messzylinder heraus. Auf Höhe des Flüssigkeitsspiegels kann ich den Öchslegrad ablesen. Fünfzig Grad zeigt mir das Gerät an. »Der Öchslegrad zeigt an, um wie viele Gramm der Wein schwerer ist als Wasser. Um fünfzig Gramm in diesem Fall. Je schwerer der Wein ist, desto höher ist sein Zuckeranteil. Dieser Wein kann also noch ein bisschen weitergären«, erklärt mir Franz-Josef und lässt mich die Ergebnisse mit einem abwischbaren Stift auf eine laminierte Übersichtstabelle eintragen.

Vom Öchslegrad-Messen geht es zum Traubenstampfen. Allerdings muss ich dazu nicht barfuß in den Bottich steigen, sondern erhalte einen Stampfer, einen langen Stab, an dessen Ende eine gelöcherte Metallplatte angebracht ist. Mit jedem Stoß in den Traubenbottich brennt mein Hals mehr, die Atemluft wird weniger. Ich kämpfe mit den Tränen und muss schließlich aus der Halle an die frische Luft flüchten. Neben dem Bottich steht der Schwefel-Tank, aus dem Franz-Josef kurz zuvor abgefüllt hatte. Franz-Josef können die Schwefelreste und Gärgase kaum etwas anhaben. Seine Atemwege sind das gewohnt. In Etappen geht es weiter. Stampfen, frische Luft schnappen, stampfen. Als wieder alle Trauben im Bottich mit Flüssigkeit bedeckt sind, bin ich erschöpft. Im Freien atme ich auf. Dieser Vorgang ist eine Alternative zum maschinellen Pressen und muss mehrmals in der Woche wiederholt werden. Hat man nur wenige Trauben einer Sorte, wird schon einmal auf die gute, alte Handarbeit zurückgegriffen. Ohne Schwefel in der Luft ist die Aufgabe übrigens nicht einmal halb so schlimm, stelle ich einige Tage später fest.

Den Großteil des Tages jagen wir irgendwelche Flüssigkeiten durch Pumpen und Schläuche. Zigtausende Liter füllen wir von einem Behälter in den anderen und umgekehrt. Aus einer zweiten Halle füllen wir in Fünfhundertliter-Containern weitere Chargen Wein in der Gärung ab, um sie in der anderen Halle wieder in einen Metallbehälter zu geben. Ich führe aus, was mir gesagt wird, aber ich verstehe nicht, was ich tue. Zwischendurch setzen wir vereinzelt Schwefel bei, filtern und keltern. Bevor wir am späten Nachmittag Feierabend machen, fahren wir mit dem Transporter durch die Weinberge. Franz-Josef will sehen, welche Trauben seiner Hänge angefangen haben zu faulen. Diese müssen dann als Nächstes von den Helfern geerntet werden. »Außerdem will ich schauen, ob die Trauben von Essigfliegen befallen wurden. Dann müssen wir die Reben schnell zurückschneiden, bevor die Fliegen auch die Nachbarreben angreifen. Manchen Winzer hat das schon die Ernte ganzer Weinberge gekostet«, sagt Franz-Josef und springt aus dem Auto. Essigfliegen legen ihre Larven in die Trauben. Die Larven verwandeln dann das Innere mittels mitgebrachter Bakterien in Essig und verderben sie. Auf den Weinbergen des Seminarhofes ist aber alles im grünen Bereich.

Mit den sechs polnischen Erntehelfern, von denen zwei Deutsch sprechen, stehe ich tags darauf auf einem der vielen Weinberge des Weingutes. Die Weinberge verteilen sich in kleinen Parzellen auf die verschiedenen Hänge, die die Mosel säumen. »Warum habt ihr eigentlich so viele kleine Weinberge?«, frage ich Franz-Josef, der mich bei den Erntehelfern absetzt. »In der Regel übernehmen die Kinder eines Winzers

Das Traumjob-Experiment

dessen Weinberge. Die Weinberge werden dann aufgeteilt und so die Flächen über die Generationen immer kleiner. An anderer Stelle kauft man sich dann wieder ein Stück dazu. Hin und wieder kommt es aber zur Flurbereinigung. Alle Weinberge werden dann zusammengelegt und nach Quadratmeterzahl neu zugeteilt. Dann hat man wieder zusammenhängende Flächen und kann die Weinberge leichter bestellen.« Ich geselle mich mit meiner Sozialversicherungsnummer in der Hosentasche zu meinen polnischen Kollegen. Birgit hatte mir im Vorfeld des Praktikums mitgeteilt, dass die Arbeiter auf den Weinbergen oft kontrolliert würden und ich deswegen die Sozialversicherungsnummer bei mir tragen solle. Mit einer Gartenschere bewaffnet, lege ich los. Auf Handschuhe verzichte ich, denn ich möchte nicht zimperlich wirken. Jacek zeigt mir, an welcher Stelle ich die Trauben vom Ast schneiden sollte. Einzelne faule Trauben lassen sich aus der Rebe herausschütteln, ganz faule Reben müssen aussortiert werden. »Kann ich doch Handschuhe bekommen?« frage ich meine Kollegen kurze Zeit später, als ich feststelle, dass es zwar keine sonderliche Verletzungsgefahr gibt, dafür der Traubensaft aber äußerst klebrig ist. Rebe um Rebe lasse ich in meinen Eimer fallen, während mir die Kollegen polnische Wörter beibringen. Zwischendurch entleere ich meinen Eimer in einen großen Container, der auf einer Art Gabelstapler mit uns den Weinberg hinaufgefahren wird. Unsere Mittagspause machen wir in einem überdachten Anhänger, der mit Bierbänken und einem Tisch ausgestattet ist und uns vor der Sonne schützt. Es gibt Tee, hartgekochte Eier, rohe Zwiebel und Brot mit Ketchup. Die Stärkung vor der zweiten Ernterunde des Tages tut gut. Mit der Zeit kann ich nachvollziehen, warum manche Menschen im Urlaub, anstatt am Strand zu liegen, lieber Wein ernten. Die Ernte hat beinahe etwas

Meditatives. Nach Ernteschluss bin ich erschöpft und zufrieden. Zurück im Hotelzimmer, bahnt sich die Grübelei wieder ihren Weg in meinen Kopf. Meine Gesundheit und der Ausblick auf die nächsten Wochen bereiten mir Unbehagen. Das kann doch alles irgendwie nicht richtig sein. Irgendetwas mache ich falsch. Ich habe mir eine Auszeit genommen und bin jetzt von der Auszeit gestresst, oder wie? Vielleicht sollte ich das Praktikum und den Job in München einfach absagen? Ich bespreche den Gedanken mit meiner Familie und einer Freundin. »Ich würde den Job an deiner Stelle auf jeden Fall antreten. So eine Chance bekommt man nicht jeden Tag. Aber du wirst wissen, was für dich das Richtige ist«, ist die einhellige Meinung. Ich nehme eine Kopfschmerztablette. Der Schwindel war in den letzten Tagen etwas weniger geworden. Die Kopfschmerzen dagegen begleiten mich wie gehabt und fallen mir schon gar nicht mehr als etwas Unnatürliches auf.

Die restliche Woche verbringe ich mit Franz-Josef und Lukas im Weinkeller. Most und Trauben werden immer wieder durch verschiedene Maschinen geleitet, in unterschiedliche Behälter gefüllt und auf dem Gabelstapler hin und her gefahren. Zwischendurch heißt es stets: saubermachen. Mit dem Wasserschlauch spritze ich den Boden, die Container und die Fässer sauber, um den Schlauch dann wieder an einer Pumpe anzuschließen. Auch auf den Gabelstapler darf ich. Während Lukas in einem der Metallfässer einen Meter über dem Boden steht und die Traubenreste aus dem Fass in einen Container gekehrt hat, sitze ich am Lenkrad des Gabelstaplers und warte auf Lukas' Anweisungen. Ich soll die Kiste, die unter dem Fass die Traubenreste aufgefangen hat, anwinkeln und unter dem Fass zurückziehen, damit Lukas wieder aus der Tonne klettern kann. Einmal im Kreis zu fahren hätte mir für mein erstes Mal am Gabelstapler auch gereicht. Ich betä-

Das Traumjob-Experiment

tige mit schweißnassen Händen den Hebel. Das Hubgerüst schießt ein Stück nach oben. Gerade noch rechtzeitig lasse ich den Hebel wieder los. Lukas steht schon längst neben mir, als ich die Kiste endlich dort habe, wo er sie haben wollte. Gabelstaplerfahren muss ich noch einmal üben.

Die Tage vergehen wie im Flug. Den Zugang zum Beruf des Winzers zu finden fällt mir allerdings schwer. Und dazu trägt nicht nur der komplexe Prozess der Weinherstellung mit seinen vielen Einzelheiten bei. Denn die Arbeit in der Erntezeit, der Hochsaison des Winzers, stellt nur einen Bruchteil dar. Je nach Saison widmet er sich nämlich unterschiedlichen Aufgaben. Das reicht vom Rebschnitt über das Biegen und Binden des Rebstockes, die Weinverkostung bis hin zum Verkauf vor Weihnachten und der anschließenden Logistik. Im Seminarshof ist es zum Beispiel Tradition, die Ware selbst an alle Kunden in Deutschland auszuliefern.

Ich habe diese Woche wieder viel gelernt. Zum Beispiel, dass bei der Weinernte Freilicht-Toiletten benutzt werden – auf dem Nachbarweinberg, versteht sich. Und dass man dort besser nicht nur flüchtig schaut, ob Brennnesseln im Umkreis stehen. Dass eine kleine rote Blume ausreicht, um unter polnischen Erntehelfern Romantik zu entfachen. Und dass die Gastfreundschaft der Moselaner unglaublich groß ist. Wer Interesse an einem eigenen Weinberg hat, braucht dazu übrigens nicht unbedingt Winzer zu werden und einen Stapler-Führerschein zu machen. Denn es gibt mittlerweile Weinstock-Patenschaften, bei denen man bei der Ernte mithelfen kann und seinen eigenen Wein mit nach Hause nehmen kann. Zum Ende meiner Winzer-Woche steht für mich aber auch fest, dass ich mir eine Pause verordnen und den Job in München absagen werde. Ich bin mir bewusst, dass ich diese Tür damit endgültig schließe, und fühle mich schlecht, als ich meinen Entschluss in München mitteile. Als ich auflege, atme ich auf. Wie richtig und wichtig diese Entscheidung war, wird mir erst im Nachhinein auffallen. Mein erster Gedanke zu diesem Job kommt mir in den Sinn: »Wenn ich den Job bekomme, dann kann sich mein Lebenslauf aber sehen lassen.« Ich hätte ihn gemacht, um anderen zu beweisen, wie gut und erfolgreich ich bin. Um mir von außen meinen Wert bestätigen zu lassen. Ich hätte ihn nicht gemacht, weil er meinen Überzeugungen, Neigungen und Talenten entspricht. Deswegen wäre ich dort auch nicht glücklich geworden und wäre auf der Suche nach Anerkennung selbst wieder in das Hamsterrad gesprungen. Auf dem Weg nach Hause bleibt mein geliehenes Auto liegen. Der Motor qualmt. Nicht schlimm, denke ich, denn ich habe keinen Zeitdruck mehr. Der ADAC hilft, der Schaden ist gering. Zuhause packe ich meinen Reiserucksack und fliege nach Irland. Drei Wochen allein und ohne Internet im Wohnmobil an den irischen Küsten unterwegs zu sein ist meine Antwort auf den Schwindel. Sie ist mir während der Weinernte gekommen. Die drei Wochen sind schmerzhaft, voll von Stille, voller Trauer und lauter Erkenntnissen.

 **Für wen der Job etwas sein könnte:** Du fühlst dich mit den Weinregionen verbunden oder bist dort aufgewachsen. Du liebst Wein und Weinfeste, bist gern in der Natur und interessierst dich für chemische und technische Prozesse. Du bist ein Verkaufstalent und pinkelst gern im Freien.

**Wer lieber die Finger davon lassen sollte:** Du trinkst  keinen Alkohol und bevorzugst eine ruhige und angenehm duftende Umgebung. Du bist nicht gern örtlich gebunden.

# 9

# Beraterin für Selbstentwicklung

Irland ist ein Reset. Den Job sausen zu lassen und mir eine Auszeit zu nehmen ohne Menschen, ohne Internet und sonstige Versuchungen erleichtert mich mehr, als ich erwartet habe. Schwindel und Kopfschmerzen sind verschwunden. Ich ahne, dass es in meinem Projekt um weit mehr als den Traumjob geht. Pausen einzulegen und innezuhalten hatte ich verlernt. Hätte ich die Zeichen meines Körpers weiter ignoriert, wäre ich wohl früher oder später sehenden Auges in einen Burnout gelaufen. Eine Expertin für die menschliche Regeneration, auf die ich während meiner Reise zufällig treffe, erklärt mir die Zusammenhänge später folgendermaßen: »Stell dir vor, du bist in einem Auto unterwegs. Beim Fahren nutzt du sowohl Gas- als auch Bremspedal. Wenn deine Bremse nicht mehr funktioniert: Wie fährst du nach Hause?«

»Sehr, sehr langsam«, sage ich.

»Und genauso verhält es sich mit deinem Körper. Wir haben unser Gaspedal, das sympathische Nervensystem, und unser Bremspedal, das parasympathische Nervensystem. Wenn beide Systeme im Einklang sind, dann sind wir am leistungsfähigsten. Wenn wir aber nur auf das Gas drücken und uns nie eine Pause gönnen, dann funktioniert unsere Bremse irgendwann nicht mehr. Und dann können wir fast gar nichts mehr leisten«, erklärt sie mir und ergänzt: »Viele Menschen haben verlernt, sich zu regenerieren.«

Wenn meine Regeneration in Irland schon so erfolgreich war, werde ich bei jemandem, der genau das und noch viel mehr beherrscht, mit frischem Elan gleich weitermachen. Ich statte Martin Busch, einem Berater für Selbstentwicklung, einen Besuch auf seinem Hof in der Nähe von Rottweil ab. Dieses Mal geht es mir weniger um den Job als um die Person. Unter der Jobbezeichnung kann ich mir nämlich noch nichts vorstellen. Empfohlen wurde mir Martin von einer ehemaligen Arbeitskollegin. »Als du nach Menschen fragtest, die ihrem Beruf leidenschaftlich nachgehen, ist mir Martin direkt eingefallen«, sagte sie mir am Telefon. Über Couchsurfing erhalte ich eine Einladung von Birgit und Lothar, einem Ehepaar in den Fünfzigern, die in einem Blockhaus in der Nähe von Rottweil leben.

Ein langhaariger Mann mit Mittelscheitel öffnet mir am Sonntagabend die Tür, aus den Lautsprechern im Hintergrund tönen die Rolling Stones. Ich erkenne Lothar vom Foto aus dem Internet wieder. »Hallo, Jannike, hast du gut hergefunden? Komm doch rein«, empfängt er mich herzlich. Seine Frau Birgit treffe ich im Wohnzimmer des gemütlichen Holzhauses, das Lothar selbst gebaut hat. Im ehemaligen Kinderzimmer ihrer erwachsenen Tochter darf ich diese Woche verbringen und habe sogar ein eigenes Badezimmer. »Mach am besten heute Nacht deine Zimmertür zu. Unsere Katze schläft sonst gern mit im Bett«, empfiehlt mir Lothar vor dem Schlafengehen. Wieder bin ich bei offenen und warmherzigen Menschen gelandet. Ich bin ein Glückspilz.

Ausgeschlafen mache ich mich am Montagmorgen auf den Weg zu meinem Job als Beraterin für Selbstentwicklung. Mit dabei habe ich Kirschkuchen in einer Tupperdose. Lothar hat am Wochenende gebacken. Unterwegs halte ich an einer Tankstelle, betanke das Auto und finde einen Euro auf dem Boden. Weit und breit niemand zu sehen. Ich kaufe mir davon die beste Butterbrezel, die ich je gegessen habe. Das Leben ist schön. In der Kurve einer Landstraße steht ein mehrstöckiges Fachwerkhaus, genau wie es mir Frau Busch vorab am Telefon beschrieben hatte.

»Ich bin Irmtraud, aber alle sagen Irm zu mir. Herzlich willkommen«, begrüßt mich Martins Frau an der Haustür. Martin komme erst am Dienstag von einer Tagung wieder, aber bis dahin könne ich alles in Ruhe kennenlernen. Das Fachwerkhaus entpuppt sich als Praxis, Seminarherberge, Bauernhof, Büro, ehemaliges Kinderheim und Zuhause der Familie Busch. Ich fühle mich direkt wohl in diesem riesigen Haus mit den unzähligen Stockwerken, Zimmern und Winkeln. Zum Hof gehören zwei Hunde, etliche Hühner, Kühe und Rinder sowie zwei Pferde. »Cornelia striegelt gerade die Pferde, ich wollte ihr helfen. Kommst du mit?«, fragt mich Irm.

Das Wort Berater klang für mich nach Büro, ich tausche also erst mal meinen Blazer gegen einen Blaumann. Mit dem Gesicht klebe ich an der Flanke eines Pferdes, als ich versuche, den Bauch zu striegeln. Eine innige Angelegenheit und ein ganz schön großes Tier. Wirklich sehr groß. Die Tierhaltung auf dem Hof stammt noch aus den Zeiten, in denen Martin und Irmtraud benachteiligten Kindern ein Zuhause boten. Sie sollten sich in einer möglichst naturnahen Umgebung entwickeln können und lernen, Verantwortung für sich selbst und ihre Umwelt zu übernehmen, auch für die Lebewesen, die am Ende auf ihren Tellern landeten. Bis auf die Rinder werden alle Tiere auf dem Hof geschlachtet. Einer der jungen Ochsen hat bald seinen Termin.

»Der Rico sollte eigentlich schon vor zwei Wochen

geschlachtet werden, aber er wollte nicht und war einfach nicht aus dem Stall zu bekommen«, erzählt mir Cornelia. Cornelia ist eine kleine, zierliche Rentnerin und arbeitete bis vor kurzem noch als Zahnärztin. Mit Eintritt in die Rente ist sie aus ihrem einige hundert Kilometer entfernten Heimatort in die Nähe des Hofes gezogen, um hier zu helfen. »Ich wollte schon immer mal ohne Geld arbeiten«, sagt sie und lacht. Gemeinsam mit Cornelia miste ich schließlich auch den Kuhstall der Jungkühe und -bullen aus. Ich behalte die rund ein Dutzend Tiere stets im Blick, während ich mit einer Schippe den Mist zusammentrage. Ihre Hörner sind beachtlich. Kurze Zeit später bin ich umzingelt. »Die wollen nur schmusen«, ruft Cornelia und grinst. Ein junger Bulle leckt mit seiner dicken Zunge an meinem Arm. Ich kraule ihn hinter seinen Hörnern. Nachdem wir frisches Heu im Stall verteilt haben, streifen wir unsere Arbeitskleidung ab und gehen in die Küche. Zwei Mitarbeiterinnen stehen am Herd und kochen in riesigen Töpfen und riesigen Pfannen. Am Küchentisch finden ohne Problem zwanzig Personen Platz. Ich kann mir gut vorstellen, wie hier einst die Kinder um den Tisch gesprungen sind und für Chaos gesorgt haben. Mittlerweile sind die Buschs aus dem Alter von Pflegeeltern heraus und nutzen den Hof unter anderem für ihre Seminare. Zu den Mahlzeiten sitzen alle an einem Tisch. Die Familie, die Angestellten und die Gäste. Anne, die als Kind auch einige Jahre im Kinderheim der Buschs verbracht hat, ist mit ihrem Verlobten da. Nach dem Essen lässt sie mich an ihrer Kindheit im großen Fachwerkhaus teilhaben und arbeitet sich mit mir durch etliche Fotoalben. Sechsunddreißig Kinder wuchsen über die Jahre auf dem Buschhof auf. Aus den Erzählungen höre ich heraus, dass es ihnen schon immer ein Anliegen war, gerade benachteiligten, vielleicht sogar von den Ämtern abgeschriebenen Kindern dabei zu helfen, Potenziale zu entfalten und das Bewusstsein für sich selbst zu stärken, um den eigenen Weg gehen zu können. »Jedes Kind ist bei der Geburt gut, so wie es ist. Es ist nur die Frage, inwieweit sein Umfeld eine positive Entwicklung zulässt«, wird Martin später sagen.

Am Nachmittag erhalte ich eine kurze Einführung in die Büroarbeit und einen Überblick über die Lehrmaterialien zu Martins Kursen. Ich nutze die Zeit, um mich einzulesen. »Bewegen Sie nun Ihren Kopf beim Ausatmen auf die von Ihnen intuitiv gewählte Seite. Beim Einatmen bewegen Sie Ihren Kopf zurück zur Mitte. Führen Sie alle Bewegungen so aus, wie es für Sie angenehm ist«, lese ich neben anderen Bewegungsempfehlungen in den Mappen. Das soll die Selbstentwicklung sein? Ich verstehe es noch nicht so recht.

Der Montag war für mich in allen bisherigen Jobs immer der anstrengendste Tag. Ich muss erst einmal meinen Platz in der Gruppe finden. Dazu achte ich darauf, wie man sich untereinander verhält und ob es Rangordnungen in der Gruppe gibt. Das hilft dabei, das Vertrauen zu gewinnen, habe ich festgestellt. Außerdem bewahrt es mich davor, in Fettnäpfchen zu treten. Während ich normalerweise die Verhaltensweisen und Gepflogenheiten im Team sowie meinen Platz darin an den Dienstagen grob einschätzen kann, muss ich an meinem zweiten Tag in Rottweil wieder von vorne anfangen. Martin kommt von seiner Tagung zurück und mischt das Team und seine Familie auf. Die ungesagten Regeln vom Vortag gelten nicht mehr.

Martin landete trotz oder aufgrund von verschiedenen Rückschlägen über ein Sport- und Politik-Studium bei der Psychologie und arbeitet heute als Diplom-Psychologe. Mit dem Wissen, das er sich in den verschiedenen Studiengängen angeeignet hatte, entwickelte er eine eigene Denk- und

Arbeitsweise. Deren Kern ist die Verbindung von Körper und Geist. Er unterscheidet zwischen dem Körper-Selbst, also dem materiellen Kern des Selbst, und dem sozialen Selbst. Beide entwickeln sich untrennbar voneinander aus denselben Prozessen des Entdeckens und Erforschens der eigenen Bewegungsmöglichkeiten und der uns umgebenden Beziehungen. Zusammen bilden sie die Grundlage für die Entwicklung des Bewusstseins. Über zwei Methoden, die im Therapeuten-Kreis große Bekanntheit haben, hat er eine eigene Art der Arbeit mit Menschen entwickelt. Eine ist die Feldenkrais-Methode von Physiker und Judolehrer Moshé Feldenkrais, bei der eine Verbesserung der menschlichen Funktionen, wie beispielsweise sich zu bewegen oder zu atmen, durch bewusste Wahrnehmung von Bewegungsabläufen erreicht werden kann, und die zweite ist die Methode von Milton Erickson zur Hypnose und Hypnotherapie. Martin sieht sich dabei lediglich als eine Art Lotse, der Menschen dabei hilft, Wege im eigenen Körper zu finden, die zu einer Verbesserung oder sogar Gesundung von Körper und Geist führen können, und damit die eigene Gesundheit im ganzheitlichen Sinn zu fördern. Ich habe noch immer nichts verstanden.

Zweimal habe ich diese Woche Gelegenheit, seine Denk- und Arbeitsweise am eigenen Leib zu erfahren. Ich liege im Gruppenraum auf einer Matte und versuche, meinen Körper bei verschiedenen Bewegungen zu spüren. Ich bewege den Kopf von links nach rechts und umgekehrt. Die Schultern kommen hinzu. Die eine Schulter hebt sich, wenn sich der Kopf nach links bewegt, und die andere, wenn der Kopf nach rechts geht. Welche Seite beginnt, entscheidet das Nervensystem spontan. Wie wäre es andersherum? Die Idee dabei ist es, dem Körper erlebbar zu machen, wie Bewegungen noch ausgeführt werden können, um sich für die jeweils angenehmste Weise entscheiden zu können. Emotionen werden laut Forschungsergebnissen nämlich nicht im Hirn, sondern im Körper-Gedächtnis erinnert. Dadurch werden auch solche Bewegungsmuster abgespeichert, die nicht die besten für den Körper sein müssen und zu verschiedenen gesundheitlichen Problemen führen können. Sitzt man zum Beispiel am Schreibtisch angestrengt vor dem Computer, fällt einem oft nicht mehr auf, dass man seine Schultern nach oben zieht, und man wundert sich abends über Verspannungen und Kopfschmerzen. Oder hatte man sich den Fuß gestaucht und war eine Zeitlang nur noch vorsichtig aufgetreten, um den Fuß zu schonen, bleibt aus der Gewohnheit oftmals eine Fehlstellung zurück, auch wenn die Verletzung längst überstanden ist. Während ich versuche zu spüren, wie die einfachen Bewegungselemente in meinem Körper zusammenhängen, fällt mir auf, wie angespannt einige meiner Muskeln sind und wie ich mich unbewusst ins Hohlkreuz drücke. Ich lasse los. Ein bisschen benebelt stehe ich nach dem zweistündigen Kurs wieder auf, meine anfänglichen Rückenschmerzen sind verschwunden. So langsam bekomme ich eine Ahnung.

Aber was hat das mit Selbstentwicklung zu tun? Ich frage nach. Da man mehrere Bewegungen gleichzeitig intuitiv ausführt und sie bewusst wahrnimmt, verlässt man den Wahrnehmungsbereich, der der bewussten Kontrolle unterliegt. So gelangt man tiefer in den Raum zwischen »Bewusst« und »Unbewusst«, in einen tranceähnlichen Zustand. Während ich sonst nur gemerkt habe, dass meine Schultern verspannt sind, stelle ich nun beispielsweise fest, dass mich meine Muskulatur ins Hohlkreuz drückt. Im regulären Bewusstseinszustand wäre ich wohl gedanklich bei meinen Schultern hängen geblieben und hätte nicht gemerkt, dass ich auch an anderen Stellen keine optimale Körperhaltung habe. Mit der Zeit kann man so vom körperlichen zum emotionalen und sozialen Bereich im Unterbewussten gelangen und setzt sich mit Dingen auseinander, mit denen man sich sonst vielleicht nicht beschäftigen würde oder die man verdrängt hat. Das leuchtet mir ein, auch wenn ich es in den zwei Sitzungen nicht wahrgenommen habe. Einige Tage später, als ich schon wieder zuhause bin, fällt mir eine Frage ein, die ich mir jahrelang gestellt hatte. Die Antwort liegt auf der Hand, und ich frage mich, warum sie mir nicht schon viel früher gekommen ist. Das meinte Martin also mit Denkmustern.

In einer regelmäßig stattfindenden Supervision besprechen Therapeuten aus der Umgebung mit Martin Fälle, bei denen sie mit ihren Patienten nicht weiterkommen.

»Wie würdest du denn die Konstellation der Betroffenen und ihrem sozialen Umfeld darstellen?«, fragt Martin eine der Therapeutinnen, die von einem Jungen berichtete, um den sie sich große Sorgen macht. Die Therapeutin stellt Gläser auf dem Tisch zueinander in Beziehung. Die Gläser stehen für den Jungen, die Mutter, den Bruder, Vater und Stiefvater. Die Verbildlichung hilft zu verstehen, wo der Knackpunkt aller Wahrscheinlichkeit nach liegt, und gemeinsam ist die weitere Strategie schnell erarbeitet. Auch den anderen bietet Martin mithilfe der Sichtbarmachung von Beziehungen in den jeweiligen Systemen neue Blickwinkel an.

Später darf ich dabei sein, wie Martin mit einer Frau arbeitet, die sich den Fuß verletzt hat. Auch ihr schlägt er unterschiedliche Bewegungen vor und leitet sie an, bewusst in sich hineinzufühlen. »Meine Schmerzen sind weg«, sagt sie beeindruckt, als sie die ersten Schritte macht. Als ich den Bericht für meinen Blog in dieser Woche in den Computer tippe, schreibe ich noch von der »Behandlung eines verletzten Fußes«. Martin hakt ein: »Mit Worten kann man so schnell alles wieder zerstören, was man sich mühsam erarbeitet hat. Heutzutage wird viel zu achtlos mit der Sprache umgegangen. Gerade in dem Bereich der Potenzialentfaltung ist eine präzise Sprache sehr wichtig.« Schließlich sei in seinem Arbeitszimmer nicht ein Fuß, sondern eine Frau mit ihrem Fuß gewesen. Und anstatt sie zu behandeln, habe er mit ihr gearbeitet. »Die Ursachen für den Schmerz in ihrem Fuß kann ich nicht beheben. Das kann nur sie selbst«, fügt er hinzu.

Als mich meine Couchsurfer abends fragen, wie mein Tag war, ist meine Antwort: »Irgendwie gut, aber schwer greifbar. Ich habe den Kuhstall ausgemistet, mich mit Menschen unterhalten, habe versucht zu begreifen, wie das Konzept zur Selbstentwicklung funktioniert, habe in der Küche geholfen und war im Trancezustand. Das ist sogar für mich ein ungewöhnlicher Tagesablauf!«

Die Frage, ob der Beruf etwas für mich ist, stellt sich mir nicht. Ich habe immer noch nicht alles verstanden und weiß auch nicht, ob ich das jemals tun werde. Im Laufe meines Projektes erlebe ich allerdings immer wieder Aha-Momente, die mir noch lange Zeit nach meinem Praktikum beim Verstehen von Martins Arbeitsweise helfen. Cornelia verabschiedet mich, und nach einer kurzen Pause ergänzt sie lachend: »Na, wer weiß.« Die Tür der Buschs steht Gästen immer offen, und ich habe den Eindruck, dass die Menschen, die dieses Haus einmal betreten haben, alle wiederkommen. Auch mein Gefühl sagt, dass ich ihre Haustür am Freitagnachmittag nicht das letzte Mal hinter mir zugezogen habe.

 **Für wen der Job etwas sein könnte:** Dieser Job ist wohl einmalig. Wer aber prinzipiell in den Bereich der Psychotherapie gehen möchte, der sollte ein gutes Gespür für sich selbst und seine Mitmenschen haben sowie eine

Antenne für zwischenmenschliche Beziehungen. Einfühlungsvermögen und ein klarer Verstand sind ebenfalls hilfreich.

**Wer lieber die Finger davon lassen sollte:** Du beschäftigst dich ungern mit inneren Prozessen und bist weder ein interessierter noch ein konzentrierter Zuhörer. Sowieso fällt es dir schwer, das Gejammer von anderen anzuhören.

> Eine Buchempfehlung des Beraters für Selbstentwicklung:
> Zum Glück gehts dem Sommer entgegen – Christiane Rochefort

# 10

# Familienaufstellerin

Einen der abgefahrensten Jobs teste ich in Springe bei Hannover. Über die Empfehlung zweier Berufsberater, die ich Jahre zuvor konsultiert hatte, gelange ich zu Hella Neumann, einer Familienaufstellerin. Ich stöbere durch die Website mit dem Namen »Songs of the Ancestors«, Lieder der Ahnen. Google: Was ist überhaupt Familienaufstellung?

Es handelt sich wohl um eine Therapieform, in der ein Klient Stellvertreter für sich und seine Familienmitglieder aufstellt. Durch die Konstellation und die Wahrnehmungen der Stellvertreter in diesen Positionen sollen sich Muster aufdecken lassen, die zum Teil in Bezug zu Ahnen und verstorbenen Verwandten stehen. Verdeckte Muster, das ist mein Stichwort. Ich setze mich ans Telefon.

Mitte November betrete ich schließlich das Wohnbüro der leidenschaftlichen Familienaufstellerin. Beim Durchschreiten des Durchganges vom Wohnzimmer zum Kamin- und Therapiezimmer ertönt leise ein Windspiel. An den Wänden hängen Bilder und Federn. Hinter einem weiteren Durchgang ist an der Seite des Raumes ein Schrein aufgebaut, Bilder von Schamanen sind darauf zu sehen. Hinter dem Kaminfenster prasselt ein Feuer. Sonst ist es still. Wir beginnen den Tag mit einem Frühstück. Hella hat Kaffee und Eier gekocht. Brot, Käse und Butter stehen schon auf dem Tisch. Während ich mir mein Brot schmiere, erzählt Hella, wie sie zur Familienaufstellerin wurde. Seit fast zwanzig Jahren sei sie nun schon aktiv in der Aufstellungsarbeit. Gelernt habe sie zuvor bei Aufstellungsbegründer Bert Hellinger, mit dem sie nach wie vor in Kontakt steht. Zwischendurch verwendet Hella immer wieder englische Wörter. »Entschuldige, ich bin noch nicht so lange wieder in Deutschland. Ich lebe und arbeite überwiegend in Santa Fe und bin immer nur zeitweise hier«, sagt sie. Ich schlage mein Ei auf. »Am Wochenende steht ein Workshop an. Der vierte und letzte in einer Reihe, in der ich Familienaufsteller ausbilde«, erklärt Hella mir weiter. »Die kommenden beiden Tage möchte ich nutzen, um den Workshop vorzubereiten.« Auf unserer To-do-Liste stehen das Besorgen von Kerzen, Tüchern, Blumen, Kaffee und Tee, das Kochen einer Kürbissuppe für das Buffet beim Workshop, Erstellen von Teilnahmebescheinigungen und Arbeitsmaterial und das Erneuern der Figuren, die in Einzelsitzungen als Stellvertreter genutzt werden. Die geistige Vorbereitung sei auch wichtig, erklärt mir Hella. »Es bringt nichts, abgehetzt bei dem Workshop aufzutauchen. Die Stimmung muss passen.«

Es ginge in den Aufstellungen grundsätzlich darum, anzuerkennen, was ist und was war, erklärt Hella. Das gelte genauso für das persönliche Schicksal wie für das familiäre und kollektive. Die Versöhnung bringe schließlich den Frieden für die Seele. Auch in anderen spirituellen Konzepten gilt die Akzeptanz als Schlüssel für inneren Frieden. Entgegen meiner Annahme nimmt an einer Aufstellung allerdings nicht die gesamte Familie teil, sondern nur eine Person. Die Versöhnung soll also während der Aufstellung nicht innerhalb der Familie geschehen, sondern innerhalb der eigenen Seele des Aufstellenden. Diese Versöhnung soll dann wiederum auf die ganze Familie zurückwirken.

Hella drückt mir eine DVD in die Hand. »Das sind Aufzeichnungen von Aufstellungen. Schau sie dir an, damit du dir ein besseres Bild davon machen kannst, was am Wochenende auf dich zukommt«, empfiehlt sie mir. Was ich auf der DVD zu sehen bekomme, wirkt auf mich merkwürdig intim und befremdlich. Fremde Menschen fallen sich auf einer Bühne in die Arme, Tränen fließen, mal vor Freude, mal vor Trauer. Ich kann es kaum noch bis zum Wochenende abwarten und möchte endlich dem Geheimnis der Familienaufstellung auf die Schliche kommen.

An den Abenden bin ich bei Gisela, einer dreiundsechzigjährigen Couchsurferin. Sie lebt allein mit ihrem Kater, den ich in nächtlicher Routine gegen fünf Uhr früh durch die Balkontür in die Wohnung lasse. Erst vor kurzem hat Gisela eine Weiterbildung zur Fundraiserin absolviert, um mit etwas Sinnvollem für ihren Lebensunterhalt zu sorgen. Im Hofladen eines Bauernhofes verdient sie sich ein Zubrot, im wahrsten Sinne des Wortes. Sie backt und darf sich hin und wieder auch eines der Brote mit nach Hause nehmen. Morgens lässt sie mich nicht ohne Frühstück aus dem Haus gehen. Selbstgebackenes Brot, gekochte Eier, reichlich Käse und Aufschnitt tischt sie auf. Mit Gisela habe ich wieder einmal Glück gehabt. Sie ist ein herzensguter Mensch, und ich bewundere sie für ihre Offenheit und Neugier. Ich freue mich jeden Abend auf die Gespräche mit ihr.

Die besondere Herausforderung in meinem zehnten Praktikum liegt daran, dass es an zwei Orten stattfindet. Die ersten zwei Tage verbringe ich in Springe, Tag drei bis fünf in Wuppertal, um anschließend für den letzten Tag wieder zurück nach Springe zu fahren. Ich muss mich also auf einen Job, zwei Orte und zwei Couchsurfer einstellen. Das Neusein und Bei-null-Anfangen während der Jobs und der privaten Zeit kosten mich immer viel Feingefühl, Gespür und Kraft. Ich möchte niemandem zur Last fallen, deswegen bin ich jedes Mal wieder bemüht, mich, so gut es geht, zurückzunehmen, anzupassen und einzugliedern. Zeit für mich habe ich selten. Umso mehr genieße ich die Autofahrt am Freitagmorgen von Springe nach Wuppertal. Hella ist mit einer Kollegin bereits vorgefahren. Deswegen sitze ich allein im Wagen, habe die Musik aufgedreht und singe aus voller Kraft mit, während die Räder über den Asphalt rollen.

Der Workshop beginnt jeden Morgen mit einer Meditation. »Wir schließen unsere Augen, atmen tief ein und aus und kommen an diesem schönen Morgen allmählich zurück zu uns und zur Ruhe«, beginnt Hella mit ruhiger Stimme. Ich schließe die Augen und folge ihren Anweisungen. Die Ahnen werden herbeigerufen. Zeit und Raum spiele bei einer Aufstellung keine Rolle. Ihre Arbeit funktioniere auf andere Weise, hatte Hella mir noch in Springe erklärt. Reihum erzählt jeder Teilnehmer, wie sein Befinden ist und wie es ihm in den letzten Monaten seit dem letzten Workshop ergangen ist. »Mir geht es sehr gut, denn ihr erinnert euch vielleicht an meine Sorgen vom letzten Mal … Mittlerweile hat mein Sohn aufgehört zu kiffen«, erzählt eine der Teilnehmerinnen und strahlt bis über beide Ohren. Die Runde applaudiert. Hier freut man sich füreinander. Ruck, zuck sind wir in der ersten Aufstellung. Jeder der Teilnehmer der Weiterbildung soll mindestens eine eigene Aufstellung mitgemacht haben. Sie dienen zur Selbsterfahrung und werden im Anschluss von der Gruppe analysiert. »Ich glaube, viele der Teilnehmer sind hier, weil sie die Aufstellungsarbeit auch zur Beantwortung ihrer eigenen Fragen nutzen möchten«, sagt Hella später. Heute lauten die Fragen unter anderem »Soll ich mich in eine Selbstständigkeit wagen?«, »Soll ich meinen Partner verlassen?«, und

»Warum ist mein Sohn so verschlossen?«. Der Fragensteller, also der Klient einer Aufstellung, wählt aus dem Stuhlkreis für sich und alle an seiner Fragestellung beteiligten Personen Stellvertreter aus. In der Kreismitte befindet sich das »wissende Feld«. So wird in der Aufstellungstheorie der Bereich genannt, in dem die Aufstellungen stattfinden und in dem die Stellvertreter die Gefühle der vertretenen Seelen wahrnehmen können. So die Theorie. Wie bei einer Polonäse fasst der Klient die Stellvertreter einzeln an den Schultern und führt sie im wissenden Feld an den Platz, an dem es sich für ihn richtig anfühlt. Nicht nur Personen können aufgestellt werden. Auch die »Selbstständigkeit«, eine »Festanstellung« oder ein »Heimatland« können in eine Aufstellung einbezogen werden. Haben alle nun im Inneren des Kreises ihren Platz gefunden, befragt Hella die Stellvertreter reihum, wie sie sich in der aufgestellten Situation fühlen. Sobald sich die ersten Personen in ihre Rolle eingefühlt haben, entsteht eine Eigendynamik. Die Personen verändern ihren Standort und teilen ihre Gefühle der Familienaufstellerin mit. Oftmals ist die Ausgangskonstellation nicht vollständig. Die Stellvertreter spüren, dass an der einen oder anderen Stelle eine Person fehlt. Der Klient überlegt, wer aus seiner Gegenwarts- oder Ursprungsfamilie an der besagten Stelle fehlen könnte. Das kann zum Beispiel der verstorbene Zwilling einer Person sein, eine geschiedene Ehefrau oder ein abgetriebenes Kind. Auch verstorbene Ahnen können Teil der Aufstellung werden. Oftmals ziehen Schicksalsschläge in der Ursprungsfamilie vielfältige Probleme nach sich. Eheprobleme können ihre Wurzel beispielsweise in der Abtreibung eines Kindes haben, über die anschließend nie wieder gesprochen wurde. Viele Prozesse innerhalb von Familien und Beziehungen laufen unbewusst ab. Schnell fließen die ersten Tränen, und Stellvertreter fallen sich in die Arme. Die Situationen lösen sich auf. Die Emotionen sind da und für mich deutlich spürbar. Dennoch ist die Situation für mich befremdlich. Ich könnte das nicht, denke ich. Ich habe meine Gefühle gern unter Kontrolle. Auch wenn ich gerade lerne, sie Stück für Stück zuzulassen, möchte ich nicht gleich übertreiben und mir auch noch die Emotionen anderer aufhalsen. Wäre ich überhaupt als Stellvertreterin geeignet? Könnte ich das überhaupt? Was wäre, wenn ich nichts fühle? In der Pause teile ich meine Bedenken mit einigen der Workshop-Teilnehmer. Ich stoße auf Verständnis. Ihnen sei es nicht anders gegangen, und erklärbar wäre das Ganze sowieso nicht. Man müsse selbst Stellvertreter gewesen sein, um es zu verstehen und nachempfinden zu können. »Du hast die Gefühle, aber du spürst ganz klar, dass es nicht deine eigenen sind, sondern die der Person, die du vertrittst«, erklärt mir eine Teilnehmerin. »Und wenn du nichts fühlst, dann fühlt auch die Person, die du vertrittst, nichts.«

Die nächste Aufstellung steht an, die Klientin lässt den Blick durch die Runde schweifen und hält Ausschau nach passenden Stellvertretern. »Jannike, würdest du die Rolle meines fehlenden Urvertrauens übernehmen?«, fragt sie mich freundlich. Bisher habe ich mich immer auf alles eingelassen, aber jetzt überlege ich das erste Mal, Nein zu sagen.

»Ja, ich möchte dein fehlendes Urvertrauen sein.« Ich bin schließlich hier, um etwas zu lernen. Außerdem erscheint mir die Rolle als Urvertrauen relativ unkritisch zu sein. Zögerlich lasse ich mich an den Platz des Urvertrauens navigieren. Auch die Stellvertreterin der Klientin findet ihren Platz im wissenden Feld. Sie wird in meiner Nähe ganz schüchtern und läuft wie ein kleines Kind unruhig vor mir hin und her. Ich spüre ein Ungleichgewicht; auf meiner rechten Seite, schräg vor mir, fehlt etwas. Hella besetzt den leeren Platz in Absprache mit der Klientin mit Stellvertretern ihrer Geschwister. So gefällt es mir als Urvertrauen schon besser. Fest und zuversichtlich bleibe ich auf dem Boden stehen, während um mich herum immer mehr Personen aufgestellt werden und sie immerzu ihre Plätze wechseln. Mich bringt nichts aus der Ruhe. Aber ich bin ja auch das Urvertrauen. Was soll man da schon fühlen, außer dass alles gut ist und gut wird? Die Rolle gefällt mir. Nach der letzten Aufstellung bedanken wir uns bei den Seelen der Ahnen und entlassen sie mit einem lauten »uiuiuiuiui«, während wir unsere Hände nach oben strecken und die Finger zappeln lassen. Alle lachen.

Noch ganz aufgewühlt von den Ereignissen des Tages komme ich abends bei Veronika an, meiner zweiten Couchsurferin in dieser Woche. Sie wohnt seit kurzem in einer kleinen Dachgeschosswohnung, um ihrer Tochter das Studium finanzieren zu können. Kurz nach meiner Ankunft drückt sie mir ihren Wohnungsschlüssel in die Hand. »Ich bin morgen nicht da, ich hab Nachtschicht. Aber fühle dich hier wie zuhause.«

Am nächsten Tag ergänzen zahlende Gäste unsere Ausbildungsrunde. Untereinander kennen sie sich nicht. Fünf Aufstellungen sind für heute geplant. Gleich in der ersten erwischt es mich wieder. Dieses Mal nehme ich den Platz einer verstorbenen Schwester neben dem von der Klientin ebenfalls verstorbenen Bruder ein. Meine rechte Schulter wird heiß, dort wo der Bruder steht. Sonst fühle ich mich unbeteiligt, und es stellt sich heraus, dass das Problem ganz woanders liegt. Ich bin erleichtert. In einer Pause tausche ich mich mit Hella über die Geschehnisse aus. Sie gibt den Aufstellungen einen Rahmen, sodass ich sie besser verstehen und einordnen kann. »Viele Dinge wiederholen sich. Wenn ich Manager als Klienten habe, ist gehäuft ihre schlechte Beziehung zu ihrem Vater oder die geheime Affäre zu ihrer Sekretärin das Problem. Aber da muss man vorsichtig sein und darf nicht vorschnell urteilen. Oft genug habe ich auch schon Überraschungen erlebt«, erzählt sie und lacht. Damit weiht sie mich in einen wichtigen Punkt ein. Denn bei den vielen kontroversen Diskussionen, die es zu dieser Art von Familienaufstellung gegeben hat, wurde festgehalten, dass es in der Aufstellung eines Therapeuten bedarf, der weiß, dass nicht einzig seine Sicht die wahre ist. Er muss sich einfühlen können und darf nicht vorschnell urteilen. Nur weil in den letzten zwanzig Aufstellungen der verstorbene Urgroßvater eine tragende Rolle gespielt hat, muss er es nicht beim einundzwanzigsten Mal tun.

Der Tag verläuft sehr emotional, und es ist schön zu erleben, wie sich angestaute Gefühle und Fragestellungen auflösen, sodass »die Liebe wieder fließen kann«, wie Hella es formuliert. Ganz offensichtlich geht es den Klienten nach ihren Aufstellungen deutlich besser. An der einen oder anderen Stelle kann ich mich beziehungsweise Teile meiner Gefühlswelt wiedererkennen. Ich bin beeindruckt und berührt, auch wenn ich mich in den drei Tagen nicht fallen lassen kann.

In den Pausen und zum Abschluss jeder Aufstellung improvisiert Dirk, ebenfalls ein Teilnehmer, am Klavier. Wer mag, tanzt. Zwischendurch gibt es immer genügend Zeit, um sich am Buffet an selbstgemachten Speisen zu bedienen. Unter den Teilnehmern scheinen ein paar Profiköche zu sein. Die Gemeinschaft in der Ausbildungsgruppe und mit den Gästen ist toll. Die Stimmung ist für mich schwer zu fassen, aber durchweg positiv. Zum Abschied liegen sich alle in den Armen. Hella verteilt die Zertifikate. Wir sammeln die Kerzen wieder ein, stellen das Klavier zurück an seinen Platz und brechen gen Nordosten auf. Couchsurferin Gisela und ein letzter Tag als Familienaufstellerin warten auf mich in Springe.

Das Traumjob-Experiment

Zu meinem zweiten Frühstück treffe ich am Montagmorgen wieder in Hellas Wohnung ein. Ihre Energiereserven nach diesem spirituellen Wochenende wollen wieder aufgeladen werden. Und das geht am besten in der Natur. »Bei der Gartenarbeit kann ich mich wieder erden. Das ist mir nach den Aufstellungen immer sehr wichtig«, erklärt mir Hella ihre Routine. Der große Kontrast zwischen Gartenarbeit und dem spirituellen Wochenendprogramm stellt in der Tat einen guten Ausgleich und gleichzeitig einen schönen Ausklang für mein Praktikum dar.

Ob ich Familienaufstellerin werde? Nein. Ob ich eine Familie aufstelle? Vielleicht. Ob es aufregend war? Ja!

 **Für wen der Job etwas sein könnte:** Du beschäftigst dich gern mit Spiritualität, Überirdischem und Esoterischem. Du bleibst ruhig, wenn um dich herum emotionales Chaos ausbricht, und bleibst Herr der Lage. Du bist einfühlsam.

**Wer lieber die Finger davon lassen sollte:** Du bist  ganz und gar pragmatisch und ein Realist, der handfeste Beweise braucht, ehe er etwas glaubt. Außerdem magst du es nicht, von Fremden angefasst zu werden.

> Eine Buchempfehlung der Familienaufstellerin:
> Wie Liebe gelingt: Die Paartherapie Bert Hellingers –
> Johannes Neuhauser

# 11
# Journalistin (Online)

Anfang November trudelte eine Interview-Anfrage der *myself.de*-Redakteurin Marie in meinem E-Mail-Postfach ein. Der E-Mail-Verlauf war ungefähr folgender:

*myself.de:* Würden Sie für die Website *myself.de* ein Interview geben?
*Ich:* Ja.
*myself.de:* Uns kam eben folgende Idee: Hätten Sie eventuell sogar Lust auf ein Praktikum in unserer Redaktion?
*Ich:* Echt jetzt? Ja, super! Geht übernächste Woche?
*myself.de:* Passt! Wir freuen uns.

So schnell und einfach funktioniert das manchmal. Und so kommt es, dass ich mich in der letzten Novemberwoche in einem schicken Münchener Großraumbüro vor einem Apple-Bildschirm wiederfinde und Onlineredaktionsluft schnuppere. Um mich herum hübsche, modisch gekleidete Mädels. Wie man sich Redakteurinnen eines Modemagazin eben vorstellt. Teams der verschiedenen Zeitschriften des Condé Nast Verlages, wie *Vogue*, *Glamour* und *GQ*, finden hier Platz. Vier der fünf *myself.de*-Mitarbeiterinnen teilen sich zwei große, gegenüberliegende Schreibtische. Redaktionsleiterin Sabine hat ihr eigenes Büro. Mein Team kümmert sich um den Internetauftritt des noch recht jungen Frauenmagazins *myself*, zum Großteil mit eigenen Inhalten, aber auch mit Themen aus der letzten Printausgabe. Ich setze große Hoffnung in mein Praktikum als Journalistin, denn dieser Beruf steht auf meiner Favoritenliste. Ob ich mit ein bisschen Glück vielleicht einen eigenen Artikel veröffentlichen darf?

Das Online-Business ist schnell. Sehr schnell. Am Montagabend wird bereits mein erster Beitrag zum Internationalen Tag gegen Gewalt an Frauen im Netz zu finden sein. Ein Modelabel hat dazu eine Videokampagne gedreht und eine entsprechende Pressenachricht verschickt. Mit der Pressemitteilung als Ausgangspunkt soll ich einen Text für die Homepage schreiben. Ich suche ein paar Fakten zum Internationalen Tag gegen Gewalt an Frauen aus dem Internet, streue die Infos aus der Pressemitteilung ein, und schon ist mein erster Beitrag fertig.

Aber eigentlich würde ich gern etwas Richtiges, etwas Eigenes schreiben. Als hätte Darja, die »Chefin vom Dienst«, meine Gedanken gelesen, fragt sie mich, welche Themen ich denn in dieser Woche gern bearbeiten würde. Oh Gott, mein Wunsch geht in Erfüllung? Ich schlage ein paar Themen vor. »Nette Ideen, sie passen aber nicht für unsere Zielgruppe«, nimmt mir Darja den Wind aus den Segeln. »Die typische *myself*-Userin ist zwischen fünfundzwanzig und neunundvierzig Jahre alt und steht mitten im Leben. Die kann sich nicht mit so jungen Themen identifizieren.«

Ich muss umdenken. Während ich bislang nur über Dinge schrieb, die mich interessierten oder die ich erlebte, gilt es hier, Interessantes für eine bestimmte Zielgruppe zu verfassen. Was könnte eine Frau zwischen fünfundzwanzig und neunundvierzig Jahren denn ansprechen? Meine Kolleginnen helfen mir bei einer neuen Themensammlung. Daraufhin kann ich mich mit Darja auf das Thema »Warum die Zeit mit zunehmendem Alter schneller vergeht« einigen. Etwas allgemeingültiger, aber auch ein Thema, das mich interessiert, denn ich habe den Eindruck, dass seit Beginn meines Projektes für mich eine neue Zeitrechnung gilt. Während meine ehemaligen Kollegen mich fragen, wie ich bereits über ein Vierteljahr weg sein könne, kommt es mir vor, als müsste bereits viel mehr Zeit vergangen sein, so viel habe ich erlebt. Ich mache mich an die Recherche, auf die Suche nach den Zeitdieben. Bis Mittwoch soll ich den Artikel fertigstellen, wenn zwischendurch Zeit ist.

»Ich bin mal kurz bei Louis Vuitton«, ruft Marie, während sie in ihre Jacke schlüpft und durch die Tür verschwindet. »Hast du kurz Zeit?«, fragt mich Darja. »Ich würde dir gern zeigen, was hinter unserer Web-Oberfläche steckt.« Darja setzt sich zu mir an den Schreibtisch und loggt sich im hauseigenen Contentmanagementsystem, kurz CMS, ein. Sie zeigt mir, wie die Website ungeschminkt aussieht, das Konstrukt in der Admin-Ansicht. Unzählige Dateien liegen hier in Ordnern übereinander. Hier den Überblick zu behalten fällt mir schwer. »Man gewöhnt sich daran, bei mir hat es auch gedauert«, beruhigt mich Darja, als ich versuche, den Ordner wiederzufinden, in dem ich den Entwurf meines Artikels speichern soll. »Wir speichern alle unsere Artikel als Entwürfe ab, damit das gesamte Team Zugriff darauf hat«, sagt sie.

Kaum ist Darja mit ihren Erklärungen fertig, nehmen mich Theresa und Katja auch schon mit zu einem Dreh eines Videos mit Schminktipps. »Eigentlich bin ich ja Fotografin«, sagt Katja, als wir die Kameratechnik aufbauen. »Aber wir hatten mal die Idee, auch Videos auf unserer Seite zu posten. Seitdem arbeiten Theresa und ich uns immer weiter in dieses Gebiet ein. Mit jedem Video werden wir besser.« Während der Vorbereitungen quatsche ich mit Visagistin Sabine, die mir offen von ihrem spannenden Job erzählt, bei dem sie hin und wieder auch hinter die Kulissen von Fernsehsendungen schauen darf. Model Evelyn trifft ebenfalls ein. Jetzt werden Winter- und Sommerlook vorproduziert.

Bei Simon, einem Freund einer Freundin, finde ich diese Woche Unterschlupf. Er hatte schon vorab gesagt, dass er nicht viel Zeit haben würde, und so treffe ich am Abend als Alternativ-Programm auf eine Bloggerin, die ebenfalls durch die Arbeitswelt tingelt und einen passenden Beruf sucht. Sie ist wie ich in München und macht ein vierwöchiges, journalistisches Praktikum in der Online-Redaktion eines bekannten Internetmagazins. »Es geht nur um Klicks«, erzählt sie mir bei Burger und Pommes. »Der Running Gag in der Morgensitzung ist immer, ob sich nicht noch irgendwie die Worte »Sex« und »Porno« mit in die Artikel einbringen lassen, weil die am häufigsten aufgerufen werden.« Die Aufreißer-Schlagzeilen würden stets das Rennen machen, um Inhalte ginge es dabei weniger.

Die »Klicks« und die Wahl der Inhalte beschäftigen mich noch länger. Am nächsten Tag frage ich Chefin Sabine, wie sie zu diesem Thema steht. Sie erklärt mir, dass sich auch die *myself.de*-Seite aus Werbeeinnahmen finanziere und die Anzahl der Klicks dabei entscheidend für deren Höhe sei. »Meine Chefin gibt mir in der Gestaltung des Inhaltes viel Freiraum. Das ist sehr cool. Mir persönlich ist wichtig, dass jeder unserer Artikel einen Mehrwert für die Leserinnen hat. Dass man aus ihnen etwas mitnehmen kann. Das sind aber leider oft keine Inhalte, die unzählige Klicks bekommen. Wir bringen sie trotzdem. Meistens passt es dann unterm Strich nämlich doch. Und wenn ich sehe, dass unsere Seite zu wenig Klicks hatte, dann schieben wir einfach einen Artikel mit Ernährungstipps hinterher. Die laufen immer ganz gut«, erzählt Sabine und lacht. Ich bin erleichtert. Es gibt also doch noch eine Journalistenehre.

Im Team wird anders kommuniziert, als ich es gewohnt bin. »Wir besprechen jeden Morgen, was den Tag über ansteht und welche Artikel zur Veröffentlichung geplant sind. Einmal in der Woche machen wir dann ein ausführliches Meeting, in dem wir die nächsten Wochen besprechen und Ideen vorstellen«, sagt Darja. Dadurch, dass das Team gemeinsam an einem Schreibtisch sitzt, sind die Wege kurz und die Kommunikation direkt. Das Online-Business erfordert diese Schnelligkeit. Während die Print-Redaktion einige Stockwerke über uns ihre Artikel über Wochen im Vorfeld plant, stehen meinem Team nur wenige Tage zur Verfügung, um die Inhalte ins Netz zu stellen. Die Kommunikation ist aber nicht nur schnell, sondern auch klar. Wenn Darja Bildredakteurin Katja um die Bearbeitung einiger Fotos für einen Artikel bittet, dann bekommt sie eine klare Auskunft darüber, welche Aufgaben noch auf ihrem Zettel stehen und wann sie die gewünschten Fotos fertig haben kann. Die verschiedenen Aufgaben sind eindeutig verteilt und das Ziel allen bewusst: nämlich schnell gute Inhalte ins Netz zu stellen. Und dafür sehen sich die Mädels als Team anstatt als Einzelkämpferinnen. Zickenkrieg ist in dem reinen Frauenteam Fehlanzeige. Ich frage Sabine nach ihrem Geheimnis für das gute Arbeitsklima. »Meine Chefin sagt immer: ›Lieber hinterher um Entschuldigung bitten als vorher um Erlaubnis fragen.‹ Das bewahrt uns unsere Schnelligkeit und ist gleichzeitig auch eine Wertschätzung unserer Arbeit, weil sie uns vertraut. Darüber hinaus ist es mir sehr wichtig, auf Augenhöhe mit meinen Mitarbeiterinnen zu kommunizieren«, sagt sie. »Was macht eigentlich dein Artikel?«, fragt Sabine nach, als meine

　　　　　　　　　　　Das Traumjob-Experiment

Fragen beantwortet sind, und schickt mich augenzwinkernd wieder an die Arbeit. Nicht nur ich, sondern alle Praktikanten dürfen von Anfang an Inhalte veröffentlichen. Das ist dann also unter Augenhöhe in der Praxis zu verstehen.

Im Laufe der Woche schreibe ich neben dem Artikel über die veränderte Wahrnehmung der Zeit noch einen weiteren über »Lücken im Lebenslauf«. Gemeinsam mit Katja suche ich passende Bilder für beide Artikel aus. In verschiedenen Online-Portalen stöbern wir unter diversen Suchbegriffen durch die Fotografien und wählen eine Handvoll Bilder aus. »Für einige Artikel fotografiere ich selbst, aber oft kaufen wir die Fotos oder nutzen lizenzfreie Bilder aus dem Internet«, erklärt mir Katja. Ich füge meine Beiträge samt Bebilderung in das Datenmanagementsystem ein und lasse mir in der Vor-schau anzeigen, wie mein Artikel aussehen wird. Zum Glück weit weniger trostlos, als er es in der Maske tut.

Während der Woche erstelle ich auch Texte für Gewinn-spiele, pflege die Homepage und gehe zu einer Kino-Preview, über die ich im Anschluss berichte. Ich lerne, wie Verlage ihr Geld verdienen und wie Google Analytics hilft, sich per-fekt auf seine Zielgruppe einzustellen. Von Chefredakteurin Sabine Hofmann persönlich erhalte ich einen Einblick in das Printgeschäft. Und ich staube ein paar Beauty-Produkte ab, die von Produktionen übrig geblieben sind. »Such dir ruhig was aus«, motiviert mich Marie, als ich mir zaghaft ein paar Dinge aus den übrig gebliebenen Presse-Samples herausfi-sche.

Nicht nur wegen der Pflegeprodukte und des kostenlo-sen Kinobesuches gefällt mir der Job als Journalistin gut. In den letzten Monaten habe ich festgestellt, dass auch ich einer Beschäftigung leidenschaftlich nachgehe: dem Schreiben meines Blogs.

Anstatt an meine eigene Sprache zu denken, hatte ich bislang hauptsächlich über Fremdsprachen nachgedacht. Auf die Idee, selbst Texte zu schreiben und damit Geld zu verdienen, kam ich nicht. Ich brauchte erst unzähliges positives Feedback und einen Buchvertrag, um an meine Fähigkeiten zu glauben. Der Journalisten-Beruf bleibt daher mit zwei Abstrichen mein Favorit. Ich würde mich zum einen gern tiefgehender mit den Themen beschäftigen, als es im Online-Bereich möglich ist. Zum anderen möchte ich über Dinge schreiben, die mich persönlich interessieren. Beauty und Living zählen eher weniger dazu. Mal sehen, ob sich noch ein Praktikum in einer Print-Redaktion organisieren lässt.

 **Für wen der Job etwas sein könnte:** Du bist immer hinter den neuesten Trends eines bestimmten Bereiches her, sei es Mode, Beauty, Sport oder Wissenschaft. Du liebst die Sprache, bist schnell, kannst gut mit knappen Abgabefristen umgehen und kannst viele Themen gleichzeitig in der Luft jonglieren.

**Wer lieber die Finger davon lassen sollte:** Du reißt  Themen nicht gern an, sondern willst wenn, dann alles wissen. Wenn du deine Gedanken zu Papier bringen sollst, brichst du in Schweiß aus. Dein letztes Buch oder deine letzte Zeitschrift hast du gelesen, als du zehn warst.

# 12
# Start-up-Gründerin

»Ich komme runter«, höre ich eine Männerstimme aus der Gegensprechanlage, kurz nachdem ich bei A. Meyer geklingelt hatte. Hier wohnt und arbeitet also Arik, ein Start-up-Gründer, dessen Unternehmen SwitchUp sich noch in einer solch frühen Phase befindet, dass er und sein Programmierer hauptsächlich bei ihm zuhause im Wohnzimmer arbeiten. Per E-Mail hatten wir uns vorab darauf verständigt, mit einem Frühstück in einem benachbarten Café in die gemeinsame Woche zu starten und uns in Ruhe kennenzulernen.

Während ich mit meiner Gabel im Rührei stochere, lausche ich den Erzählungen über die Gründung seines ersten Unternehmens. Arik ist ein ruhiger und bedachter Mensch, der nachdenkt, bevor er spricht. Als wir uns auf den Weg zu seiner Wohnung machen, ist mir bereits klar, dass Arik Unternehmer durch und durch ist. Seine starke Werteorientierung gefällt mir. Wie kann es nur sein, dass ich immer bei genau den richtigen Menschen für den jeweiligen Job lande? Wahrscheinlich weil die Leidenschaft einen Job erst zum eigenen Traumjob macht. Dieses Kriterium bei der Auswahl meiner Praktika heranzuziehen war eine wichtige Entscheidung.

In Ariks Wohnzimmer erfahre ich, was man als Start-up-Gründerin in Berlin mitbringen sollte: eine gute Idee, unternehmerisches Denken, Englischkenntnisse, einen Wohnzimmertisch und ein Apple-Notebook. Ein guter Programmierer ist außerdem unverzichtbar. Arik hat seinen Programmierer als Co-Founder eingesetzt. Der Start-up-Gründer weiß, was er tut. Vor ein paar Jahren hat er bereits sehr erfolgreich audible. de gegründet, eine Internetplattform für Hörbücher. Aber Arik weiß nicht nur, was er tut, sondern auch, was er will. SwitchUp hat er beispielsweise gegründet, um in einem Unternehmen zu arbeiten, das nicht nur ganz bestimmte Werte vertritt, sondern auch echten Nutzen stiftet. Als Dienstleistung bietet SwitchUp an, den jeweils passenden und sichersten Stromtarif für jeden zu finden, den Wechsel abzuwickeln und auch nach dem Wechsel die Stromtarife im Auge zu behalten. Finanziert wird das Ganze durch Wechselprovisionen der Stromanbieter.

»Viele Stromanbieter setzen bewusst auf die Trägheit ihrer Kunden. Beim lokalen Anbieter zahlt man oft einige Hundert Euro pro Jahr zusätzlich, häufig sogar mehr als bei Greenpeace Energy«, erklärt Arik. »Dem wollen wir entgegenwirken. Wir kümmern uns darum, dass sich unsere Kunden stets im für sie besten Tarif befinden.«

Es klingelt an der Tür. Jose kommt herein. Der Chilene trägt Kapuzenpulli, einen Dreitagebart und grüne Strähnchen im Haar. Jose ist einundzwanzig Jahre alt und unverschämt gut in dem, was er tut. Mit achtzehn Jahren kam er bereits als Programmierer nach Deutschland. »Learning by Doing« ist sein Motto, mittlerweile gibt er Kurse an Hochschulen, wurde zu einer Programmierkonferenz in Barcelona eingeladen, um einen Vortrag darüber zu halten, wie er sein eigenes Gameboy-Spiel programmiert hat. Die Apps auf seinem Handy erstellt er ebenfalls selbst. Studiert hat er nicht. »You know, Jannike, sleep is more important to me than food. But too much sleep isn't good as well. That's why I created an app which calculates my perfect sleep-cycle«, sagt Jose am ersten Tag. Dabei springt er auf seinem Bildschirm von einem Fenster zum anderen, tippt Programmiercodes verschiedener Programmiersprachen ein und demonstriert, was dann passiert. Auch wenn sich Jose Zeit beim Erklären lässt, kann ich ihm nicht folgen. Zum Einstieg in die Programmiersprache Ruby empfiehlt er mir das Spiel Ruby Warrior. Wenn ich mir meine eigene App erstellen möchte, könnte ich auch gern zu seinem »Wie erstelle ich mir meine eigene App«-für-Mädchen-Kurs am Samstag kommen. Am Abend melde ich mich im Internet für das Ruby-Einsteiger-Programm an.

In dieser Woche wohne ich bei meiner Tante Conni, habe mein eigenes Zimmer und deswegen ein wenig Freiraum, um das Programmieren zu üben. Schon an Level zwei scheitere ich kläglich. Auf meinem Bildschirm spielt sich Folgendes ab: Ein kleiner Roboter steht in einem leeren Flur und möchte zur Treppe auf der rechten Seite des Bildschirmes gelangen. Dort wartet das nächste Level. Über ihm steht die Anweisung, ihn mittels des Programmiercodes »warrior.walk!« zum Laufen zu bringen. Ich trage den Befehl in das Programmierfenster ein und klicke auf »Enter«, woraufhin sich Robbie in Richtung Treppe aufmacht. Geschafft! Das zweite Level ist schon etwas kniffliger. »Es ist zu dunkel zum Sehen, aber du kannst Schlamm in der Nähe riechen«, lautet die Überschrift. Der Roboter soll nun überprüfen, ob ihm ein Monster den Weg versperrt, und es im Fall des Falles angreifen. Ich tippe Befehle in das Programmierfenster. Nichts tut sich. »Lauf!«, will ich den Roboter anschreien. Robbie rührt sich nicht vom Fleck. Nach diversen Versuchen im Programmierfenster gebe ich auf. Zum Glück werde ich die meiste Zeit der Woche mit Arik verbringen.

Womit sich Arik als Start-up-Gründer den ganzen Tag beschäftigt, erschließt sich mir schnell: immer mit etwas anderem. Arik und Jose gehen nach der Lean-Start-up-Methode vor, dabei tritt ein Unternehmen bereits in seiner Produktentwicklungsphase in den Markt ein. Das Ziel in der ersten Phase ist allerdings nicht Wachstum, sondern ein experimentelles Weiterentwickeln der Produkte. »Stell dir vor, wir stecken zig Monate Zeit und Arbeit in den Aufbau unseres Unternehmens und unserer Dienstleistung, auf dem Markt will sie aber keiner haben. Deswegen testen wir Schritt für Schritt, wie unser Produkt in der Realität ankommt und wo seine Schwachstellen liegen. Und die beseitigen wir dann. So können wir verhindern, dass wir völlig am Markt vorbeiarbeiten«, sagt Arik. Zusätzlich werden bei der Lean-Start-up-Methode Hypothesen aufgestellt, auf dem Markt überprüft, angepasst und schließlich wieder neue Hypothesen aufgestellt. Um Wachstum geht es erst, wenn das Produkt reif und genau auf die Kundenbedürfnisse abgestimmt ist.

Ein Unternehmen zu gründen ist ganz schön komplex. Ich suche nach Anknüpfungspunkten und Vergleichen. Ähnlichen Geschichten, aus denen ich Parallelen ziehen kann. In meinem Unterbewusstsein scheint sich zur Abspeicherung und Verarbeitung von Informationen ein eigener Prozess eingespielt zu haben. Es ist das erste Mal, dass er mir bewusst auffällt. Wahrscheinlich weil mein Kopf voll ist und ich mich am Rande zur Überforderung befinde. Nach der ersten Informationsflut bekomme ich den Input von Arik häppchenweise. Zum Frühstück gibt es die Funktionsweise des Strommarktes, zum Mittag die Funktionsweise der Tools und Tabellen zum Vergleich der Stromtarife, als Nachspeise die Strategie zur Ansprache der Kunden sowie der Platzierung auf dem Markt. »Überlege dir mal, wie eine gute Marketingstrategie für SwitchUp aussehen könnte«, sagt Arik. »Du sollst ja diese Woche nicht nur herumsitzen und zuhören müssen.« Ich mache mich also an die Arbeit, überlege, was mich oder meine Freunde zu einem Stromwechsel bei SwitchUp bewegen würde, und notiere mir die Gedanken. Eben mal so eine Marketingstrategie in einer mir nahezu unbekannten Branche zu entwickeln fällt mir nicht leicht. Schnell verliere ich mich in Details und Gedanken. »Gemeinsam revolutionieren wir den Strommarkt«, fällt mir immer wieder ein. Sonst bleibt mein Kopf stumm. Notgedrungen baue ich die Marketingstrategie um diesen Spruch herum auf, weiß aber schon im Vorfeld, dass diese Schiene nicht zu Ariks Vorstellungen vom Unternehmen passt. Und so ist es dann auch.

»Hast du eigentlich schon deine Unternehmenswerte formuliert?«, frage ich Arik und schätze meine Chance, hierbei helfen zu können, größer ein. Aufgrund seiner starken Werteorientierung bin ich mir sicher, dass Arik diese für sein Unternehmen einführen wird. Unternehmenswerte sagen aus, was bei der Arbeit im Unternehmen wichtig ist, wie zum Beispiel Fairness, Qualitätsbewusstsein oder Transparenz.

»Nein, das wollte ich schon lange mal machen. Und FAQs fehlen uns auch noch. Hast du Lust?«, fragt Arik. Oh ja! Wie es in Start-ups üblich ist, schreibe ich Unternehmenswerte und FAQs in Google Docs, einem Textdokument auf der Google-Seite, das online von mehreren Menschen parallel abgerufen und bearbeitet werden kann. Jetzt bin ich im Flow. Als am Ende der Woche sowohl die SwitchUp-Unternehmenswerte als auch die FAQs online sind, sind wir beide ein wenig stolz.

Was mich nicht überrascht, aber eine wirklich bemerkenswerte Erfahrung ist, ist die Tatsache, dass ein Jungunternehmer in der Regel alles selbst macht. Für Jose, Arik und mich bedeutet das, in dieser Woche zu lernen, wie man ein Video vor einer »weißen« Wand mit gutem Sound macht. Klingt einfach, ist es aber nicht. Ariks Wohnzimmer verwandelt sich Schritt für Schritt in ein Filmstudio. Erst ist der Hintergrund schattig, dann der Bildausschnitt unstimmig und schließlich der Ton zu schwach. Nach der zweihundertsiebenundachzigsten Variante von Licht- und Soundeinstellungen der Kamera bin ich froh, dass ich die Praktikantin bin. Ich gehe mal Kaffee kochen.

Am Mittwochabend geht es für uns ins Betahaus, wo sich das Who's who der Berliner Start-up-Szene trifft. Wir trinken »Club Mate« und lauschen Vorträgen zu Online-Marketing, auf Englisch, versteht sich. Das anschließende Netzwerken fällt für uns aus. Ich bin müde und muss ins Bett, und Arik reicht es auch. Die ganze Woche über bin ich ganz schön platt. Ob es die vielen Informationen, die ständigen Wechsel oder zu kurze Pausen zwischen den Jobs sind, kann ich nicht sagen.

Ich merke schnell, dass mir die Art zu arbeiten gefällt. Selbstständig, frei und flexibel zu sein, kreativ zu denken, wechselnden Herausforderungen gegenüberzustehen und die eigenen Werte einbringen zu können, das mag ich.

Geld und Unsicherheit könnten für einen Start-up-Gründer zu einem Problem werden. Zumindest, wenn er von dem einen zu wenig und von dem anderen zu viel hat. Mir persönlich fehlen aber sowieso noch zwei entscheidende Sachen. Eine gute Idee und der Wohnzimmertisch. Aber Sachverhalte zu durchdringen, zu strukturieren und in einfachen Worten wiederzugeben macht mir nicht nur viel Spaß, sondern liegt mir anscheinend auch. Diesen Gedanken werde ich im Hinterkopf behalten.

**Für wen der Job etwas sein könnte:** Du bist ein Macher, bei dir bleibt es nicht bei Ideen, sondern du setzt Dinge in die Tat um. Du bist ein Allrounder, geistig flexibel und hast Ausdauer. Eine Durststrecke bringt dich nicht zum Erliegen. Finanziell kannst du einige Monate mit wenig oder gar keinem Einkommen auskommen.

**Wer lieber die Finger davon lassen sollte:** Bei deiner  wöchentlichen Arbeitszeit hältst du es gern gemäß dem Spruch »Weniger ist mehr«. Du arbeitest gern in einem vorgegebenen Rahmen und bevorzugst wiederkehrende Aufgaben.

# 13

# Heilerziehungspflegerin

»Boah, scheiße! Mein Getränk kostet elf Euro, das ist viel zu teuer!« Mark* starrt enttäuscht auf Fach Nummer elf des Süßigkeiten- und Getränkeautomaten im Hallenbad. Er ist eines der Kinder mit Behinderungen oder Entwicklungsverzögerungen der Tagesbildungsstätte, die ich in meiner Woche als Heilerziehungspflegerin kennenlerne. Es ist Montagmorgen, und gleich geht es rein in das Bad. Vor dem angekündigten Schwimmunterricht graut es mir. Ich besitze keinen Badeanzug, und im Bikini komme ich mir nackt vor. Außerdem befürchte ich, angefasst zu werden. Für alle Fälle habe ich mir ein Surf-T-Shirt von meiner Tante ausgeliehen. Kurz bevor ich meine Umkleidekabine verlasse, muss ich an die Worte eines Freundes denken. »Stell dich nicht so an. Du machst das Ganze doch, um deine Grenzen zu überschreiten«, sagte er ein paar Tage zuvor, als ich ihm von meinen Befürchtungen erzählte. Ich stecke das T-Shirt zurück in meinen Rucksack.

Eigentlich soll ich mich im Schwimmunterricht um Linda kümmern. Linda ist neunzehn Jahre alt, Autistin und in ihrer geistigen Entwicklung auf dem Niveau eines Kleinkindes. An Körpergröße und -gewicht fehlt es ihr nicht. Gefühlt ist sie doppelt so groß und doppelt so schwer wie ich. Dass diese

---

\* Namen geändert

Aufgabe für mich zu einem Problem werden könnte, stellte sich bereits kurz zuvor in der Schule heraus. »B-b-b-b-bist du tätowiert?«, fragte mich Linda, als sie erfuhr, dass ich sie zum Schwimmen begleiten sollte. Mit meiner Antwort disqualifizierte ich mich augenblicklich.

»Tattoos findet sie asozial«, erklärte mir mein Cousin Hergen, dem ich diese Woche über die Schulter schauen darf. »Und hättest du jetzt noch eine *Bild*-Zeitung dabei und ein Zopfgummi in den Haaren, dann wäre es endgültig vorbei.«

Linda meint es ernst und lässt mich im Schwimmbecken nicht näher als zwei Meter herankommen. Die nicht tätowierte FSJlerin rettet mich und unterstützt Linda bei den Schwimmübungen. Glücklicherweise ist Linda die Einzige, die sich gegen meine Hilfe zur Wehr setzt, und ich kann den anderen Kindern im Becken zur Seite stehen. Im Nichtschwimmerbecken gleiten die Kinder mithilfe von Schwimmbrettern auf die andere Seite. Anschließend ziehen wir uns gegenseitig mit Schwimmnudeln von der einen Seite zur anderen. Nach einer Stunde ist der Schwimmunterricht geschafft. Ich wurde nicht angetatscht. Ein Vorurteil mehr, das ich revidieren muss.

Mit Henning, einem Fünfzehnjährigen mit Downsyndrom, soll ich am Computer Matheaufgaben lösen, anschließend mit Linda für den Julklapp-Sack Sterne aus goldener Alufolie ausschneiden. Henning zeigt mir den Weg zum Computerraum und fährt einen der drei Rechner hoch. So ganz sicher bin ich mir nicht, ob er weiß, was er tut, als er sich seinen Weg durch das Computermenü in den Internetbrowser bahnt. Ich tippe die Adresse der Mathehomepage in die Adresszeile, die Hergen mir auf einem kleinen Notizzettel mitgegeben hat. »Mach bitte die Aufgaben der ersten Klasse mit ihm«, hatte er mich im Klassenzimmer angewiesen. Ich öffne die entsprechenden Aufgaben und lasse Henning wieder zurück an seinen Platz vor dem Bildschirm. Erste Aufgabe: Drei Hasen sitzen auf der Wiese, zwei kommen hinzu. Wie viele Hasen sitzen nun auf der Wiese? Unter der Aufgabe ist ein Bild mit fünf kleinen Hasen zu sehen.

»Äh, sieben?«, rät Henning.

»Nein, schau mal. Drei Hasen sind auf der Wiese, und zwei kommen hinzu«, erkläre ich noch einmal und halte ihm drei Finger meiner linken und zwei meiner rechten Hand entgegen.

»Fünf?«

Wir klicken uns durch weitere Aufgaben, und es scheint mir, als ob Henning lediglich wild drauflosrät. »Überleg doch mal, zwei Autos stehen auf einem Parkplatz, ein weiteres Auto kommt noch dazu. Wie viele Autos stehen dann auf dem Parkplatz?«, unternehme ich einen weiteren Versuch. »Boah, ich weiß das nit!«, schreit Henning mich an und schaut stur aus dem Fenster. Zurück im Klassenzimmer, verschanzt er sich im Ruheraum und tritt so lange gegen die Stühle, bis Hergen ihn wieder beruhigt hat. Ich bin ratlos und traurig. Ich wollte ihm doch nur helfen. Was ich nicht wusste: Henning kann nicht lesen und braucht aufgrund seines geistigen Entwicklungsstandes viel Geduld, Bemutterung und tröstende Worte.

Auch das Basteln mit Linda endet für mich katastrophal. Sie hält sich die Augen zu und ist nicht zum Mitmachen zu bewegen. Abends auf der Couch bin ich enttäuscht und frustriert. Das hatte ich mir irgendwie anders vorgestellt. Einfacher. Normalerweise finde ich problemlos Zugang zu Menschen, aber jetzt gelingt es mir nicht. Meine Erwartungen muss ich also anpassen. Das neue Ziel für diese Woche ist nun, zumindest ein Kind dazu zu bewegen, eine Aufgabe mit mir zu lösen.

Am zweiten Tag lässt sich das Matheproblem vom Vortag

schnell aus der Welt schaffen, Henning und ich vertragen uns wieder. Beim gemeinsamen Einkaufen fühle ich mich zumindest nützlich, als ich dem körperlich und geistig behinderten Paul Geleitschutz gebe. Er hakt sich in meinem angewinkelten Arm ein. Alleine kann er nur kurze Strecken laufen. Er trägt dicke Spezialschuhe, die seine Muskulatur stärken sollen und ihm Halt geben. Ich fühle mich beobachtet, als wir mit unserer kleinen Gruppe durch den Supermarkt gehen. Wir sind auf die Nachsicht der anderen angewiesen, wenn es mal länger dauert oder wir im Weg stehen. Das Einkaufen gilt als Unterrichtsstunde, der Umgang mit Geld und die Besorgung von Lebensmitteln stehen hier im Mittelpunkt. Ein Großteil der Kinder wird das wohl nie selbstständig hinbekommen, bei den anderen ist noch einiges an Übung erforderlich.

Zurück in der Schule, soll gekocht werden: Lasagne. Die Aufgaben werden verteilt, und ich lande mit Anna am Herd. Aus Hygienegründen tragen wir Einweghandschuhe, während wir die Nudeln in die Auflaufform legen und mit Soße übergießen. Ich habe alle Hände voll zu tun, muss gleichzeitig darauf achten, dass die Zutaten in der Auflaufform landen und Anna ihre Schnoddernase nicht mit den Handschuhen abwischt.

Nach dem Essen bekomme ich meine erste Umarmung. Und zwar von Anna. Ich sitze am Tisch, Anna legt von hinten den Arm um meinen Hals, zieht mich zu sich und legt ihren Kopf auf meinen. Gar nicht so schlimm, wie ich mir den Körperkontakt vorgestellt hatte. Ein liebevoller Schwitzkasten.

Anna ist es auch, mit der ich die erste Aufgabe meistere. Am Mittwoch gibt es für jedes Kind nach der Mittagspause individuellen Unterricht. Mit Anna übe ich erst einzelne Buchstaben, anschließend bringen wir ganze Wörter auf Papier. Manche Wörter klappen besser, andere schlechter. Anna ist schnell frustriert, wenn der Stift nicht so auf dem Papier ent-langgleitet, wie sie es will. Dennoch finden sich am Ende der Unterrichtseinheit viele leserliche Wörter in Annas Schreib-heft, die sie mir zum Teil sogar vorlesen kann. »Als sie vor einem Jahr zu uns kam, kannte sie noch keine Buchstaben«, erzählt mir Hergen und ist zu Recht stolz.

Trotz meines ersten Erfolges merke ich, wie schwierig es diese Woche für mich werden wird, ein Gefühl für den Job zu bekommen. An das, was die Arbeit ausmacht, komme ich nicht so nah heran wie in den vergangenen Jobs. Denn in einer Woche eine Beziehung zu den Kindern aufzubauen ist unmöglich. Also frage ich meine Kollegen aus. Von ihnen erfahre ich, dass die Arbeit mit behinderten Kindern tatsäch-lich überwiegend über die Beziehung zu ihnen funktioniert. Hier fällt mir sofort meine Woche in der Krippe wieder ein, in der auch die Beziehungsarbeit im Mittelpunkt stand. Wäh-rend die Kinder in meiner Woche als Erzieherin zwischen einem und drei Jahre alt waren, sind sie hier zwar zwischen dreizehn und neunzehn Jahre alt, geistig sind die meisten von ihnen aber nicht weiter als meine Krippen-Kinder. Ganz besonders stelle ich das in einer Turnstunde mit Linda fest, in der wir Verstecken spielen. Sie hält sich die Augen zu, zählt bis zehn, um dann die Betreuerin zu suchen. Viele Versteck-möglichkeiten gibt es nicht, wenige Turngeräte und Matten bieten in dieser Halle Sichtschutz. Obwohl die Betreuerin absichtlich zur Hälfte aus ihrem Versteck herausschaut, dau-ert es, bis Linda sie gefunden hat. Als Linda mit dem Verste-cken dran ist, läuft sie an den Hallenrand, dreht das Gesicht zur Wand und hält sich die Augen zu. »Du kannst kommen«, ruft sie zu uns herüber. »Liiiiinda, wo bist duuuuu?«, rufe ich. Bis ich Linda gefunden habe, brauche auch ich ein Weilchen.

Für den Job als Heilerziehungspfleger mit pädagogischem

Schwerpunkt braucht man neben Empathie auch Geduld und Genügsamkeit. Genügsamkeit deshalb, weil der Lernerfolg nicht unbedingt im Lesen oder Rechnen liegt, sondern darin, in kritischen Situationen auf erlernte Verhaltensstrategien zurückgreifen zu können. Geduld braucht man, um jeden Tag wieder mit einem Kind zu üben, wie die Toilette benutzt wird, und den Erfolg feiern zu können, wenn es den Toilettengang nach einem Jahr ständigen Übens selbstständig meistert. Oder wenn ein Kind nach Monaten alleine trinken kann. Pablo Pineda beispielsweise ist der erste Europäer mit Downsyndrom, der einen Universitätsabschluss erworben hat. Er arbeitet heute an einer spanischen Schule für pädagogische Psychologie. Ein Beispiel dafür, was alles möglich ist, wenn die richtige Förderung da ist. Nicht bei jedem, aber bei manchem.

Darüber hinaus braucht es Gelassenheit und Akzeptanz für Andersartigkeit. Ein Schlüssel für eine größtmögliche Förderung liegt im Erkennen der Antriebe, die sich in Motivation umwandeln lassen und die Kinder zum Mitmachen und Lernen bringen. Die persönliche Situation der Kinder muss berücksichtigt werden, und es hilft, bei Verhaltensweisen nach dem Warum zu fragen. »Man muss die Kinder mit ihren ganz persönlichen Geschichten sehen. Nicht einfach nur Behinderte«, erklärt mir Hergen.

Es sind tatsächlich die persönlichen Geschichten, die mich in dieser Woche berühren. Da ist ein autistischer Junge, der in der regulären Schullaufbahn immer wieder aneckte, bevor er als letzten Ausweg in die Klasse in der Tagesbildungsstätte kam. Letzte Chance also, bevor er als sozial nicht integrierbar abgestempelt werden würde. Hier lernt er Verhaltensweisen, die man anstelle von Gewalt anwenden kann, um Probleme aus der Welt zu schaffen und sich selbst wieder zu beruhigen.

Er hat in der Klasse eine eigene Betreuerin, die Handgriffe und Methoden gelernt hat, um sich selbst und ihn zu schützen, wenn es zu Handgreiflichkeiten kommen sollte. Hergen stellt mir eine Frage, die ihn schon lange umtreibt: Warum soll ein Schulabschluss immer das Mindestziel sein, warum nicht das Klarkommen im Leben?

Vielleicht bekomme ich in dieser Woche nicht zu jedem Kind einen Draht, aber das ist okay. Dafür säge ich gemeinsam mit Tommy Pfeile aus Sperrholz aus und klebe hinten Magnete darauf. Die Pfeile werden an der Tafel genutzt, um auf Wochentage zu zeigen. Jeden Morgen ist nämlich eines der Kinder dafür zuständig, alle anderen über Dinge wie das Wetter, den jeweiligen Wochentag und das Datum zu informieren. Das Werken mit Tommy macht einfach Spaß. Er kann zwar nicht sprechen, ist allerdings ein begnadeter Pantomime. Mit Mimik und Gestik kann er enorm viel ausdrücken. So zeigt er zwischenzeitlich einmal auf seinen Hintern, wedelt dann mit der Hand vor seiner Nase und verzieht das Gesicht. Verstehe. Er hat gepupst. Im Übrigen hat er einen coolen Bürstenhaarschnitt, wie Arnold Schwarzenegger zu seiner besten Zeit. Sehr stolz ist er auf seine Bikerboots und -jacke sowie seine Handschuhe. Wenn er seine Ausrüstung morgens abgelegt hat, begrüßt er mich in angemessener Art und Weise. Er klatscht ein, zieht mich zu sich, unsere jeweils äußeren Schultern berühren sich kurz, bevor wir zuletzt unsere Fäuste abklatschen – Pluspunkte für meine »street credibility«. Er ist ein wahrer Unterhalter und bringt mich die ganze Woche über zum Lachen. Von der Einrichtung hat er ein iPad erhalten, auf dem ein spezielles Kommunikationsprogramm installiert ist. Mittels der Auswahl von Bildern kann er ganze Sätze bilden, die eine auf Wunsch weibliche oder männliche Stimme dann vorliest. Sobald Tommy derzeit das iPad in den

Händen hält, spricht der Computer immer wieder die gleichen Worte in der gleichen Reihenfolge aus: »Weihnachten, Tannenbaum, Nikolaus, Geschenke.« Apropos Nikolaus. Der stattete direkt am Montag auch der Tagesbildungsstätte einen Besuch ab, was einige Kinder dazu veranlasste, erst gar nicht in der Schule aufzutauchen.

Nach Schulschluss begleiten die Betreuer die Kinder nach draußen. Auf dem Hof warten Busse und Bullis und bringen die Kinder wieder zurück nach Hause oder in ihre Einrichtung. Wir winken zum Abschied. »Bis morgen«, ruft Anna uns zu, bevor sie in einem der Busse verschwindet. Wie es sich wohl anfühlen würde, wenn so ein Bus eines Tages mein Kind am Nachmittag wieder an der Haustür absetzen würde? Die Vorstellung macht mich traurig. Gleichzeitig steigt eine große Zuneigung den Kindern gegenüber in mir auf. Ich winke dem Bus hinterher, der gerade die Ausfahrt verlässt.

Nach dem ersten Rückschlag im Matheunterricht vergeht die Zeit viel zu schnell, und damit zeigt auch einer unserer Holzpfeile schon auf Freitag. Während der Recherche zu dem Job in dieser Woche stieß ich auf das Zitat von Pablo Pineda: »Für mich gibt es zwei Konzepte: das Konzept der Angst und das Konzept der Liebe. Und wenn wir bis jetzt mit dem Konzept der Angst gelebt haben, wird es Zeit, dieses zu verlassen.« Ja, mit Befürchtungen bin ich hergekommen, und mit Zuneigung gehe ich wieder. So banal es klingt: Jeder Mensch ist anders, und das ist auch gut so. Wenn man sich darauf einlässt, verschwindet die Berührungsangst von selbst.

Zudem habe ich seit dieser Woche die Telefonnummer meines Cousins im Handy eingespeichert. Es brauchte erst ein Praktikum, bis ich meinen Cousin als Erwachsenen kennengelernt und festgestellt habe, wie nett und witzig er ist und wie gut er sich in meinem Freundeskreis machen würde.

Als Beruf kann ich mir die Arbeit mit behinderten Menschen nicht vorstellen. Dafür bringe ich viele der Dinge nicht mit, die man dafür braucht. Geduld ist nicht meine Stärke. Die Tätigkeit in der Tagesbildungsstätte, die ich besucht habe, entspricht allerdings nicht der typischen Arbeit eines Heilerziehungspflegers, der sich in der Regel stärker um das körperliche Wohl als um die geistige Entwicklung kümmert. Mit einer Zusatzausbildung kann man aber auch Klassenleiter in einer Tagesbildungsstätte werden. Ich ziehe meinen Hut vor allen, die sich für das Wohl der zum Teil Hilfsbedürftigsten in unserer Gesellschaft einsetzen, und kann jedem, der über ein freiwilliges soziales Jahr in diesem Bereich nachdenkt, nur dazu raten.

 **Für wen der Job etwas sein könnte:** Du hast ein großes Herz, verfügst über Empathie und Geduld. Du hast Vertrauen in dich selbst. Körperflüssigkeiten und Körperkontakt stellen für dich kein Problem dar.

**Wer lieber die Finger davon lassen sollte:** Du stehst  auf klare und schnelle Ergebnisse, leidest schnell mit anderen mit und brauchst klare Ansagen.

> Eine Buchempfehlung des Heilerziehungspflegers:
> Schattenspringer: Wie es ist, anders zu sein – Daniela Schreiter

# 14

# Videoproduzentin

So langsam gewöhne ich mich daran, in fremden Betten zu schlafen und in fremden Badezimmern zu duschen. In der Nacht von Sonntag auf Montag beziehe ich für meinen Job als Videoproduzentin mein zweiundzwanzigstes Schlafquartier seit Beginn des Projektes. Eigentlich sollte ich auf dem Schlafsofa eines Büros unterkommen, doch Inhaberin Eva hatte ihrem Onkel, der mir die Tür öffnen sollte, versehentlich falsche Schlüssel mitgegeben. So lande ich spontan auf dem Sofa ihrer Tante und ihres Onkels. Den Kontakt hatte ich über einen Bekannten erhalten, der für einen Vortrag einige Zeit zuvor in Wien war und sich dort für mich nach jemandem mit einem freien Sofa umhörte. Christiane, die Organisatorin des Vortrages, sagte direkt zu und plante mich im Büro ihrer Cousine ein. Nun wird es aber doch eine Nacht auf dem Sofa ihrer Eltern im achtzehnten Wiener Bezirk. Bei einem Glas Wein lerne ich Susanne und Ingo ein wenig kennen und werde in die Familiengeschichte eingeführt.

Am Montagmorgen schleiche ich mich aus der Wohnung und folge dem Weg zur S-Bahn, den Ingo mir am Abend zuvor beschrieben hatte. Wenig später stehe ich vor der Tür des whatchado-Büros und klingele. Emina aus der Marketingabteilung empfängt mich und führt mich durch die Räumlichkeiten. Das Büro besteht aus zwei sich gegenüberliegenden

Wohnungen mit zwei Küchen, vier Toiletten und zwölf Zimmern. Das vier Jahre alte Unternehmen hat mit fünfunddreißig Mitarbeitern die Kinderschuhe mittlerweile ausgezogen. »Wir werden uns neu und unserer Größe angemessen strukturieren und neugeschaffene Positionen im Team vergeben. Es wird nämlich Zeit, erwachsen zu werden«, sagt Mitgründer Ali wenig später beim gemeinsamen Montagmorgens-Frühstück. Um mich herum lauter stylische Mittzwanziger und Anfangdreißiger mit internationalen Wurzeln. Jede Woche beginnt das Team auf diese Weise. Einer der Gründer präsentiert dabei die aktuellsten Entwicklungen und informiert die Mitarbeiter. Wenige Wochen vorher war ich über Skype bereits mit der Vorstellung meines Projektes Teil des Frühstücks gewesen.

Dass ich überhaupt in Wien gelandet bin, ist dem Zufall geschuldet. Der Zufall entwickelt sich ohnehin zu meinem besten Freund, auf ihn ist Verlass. Die Frau eines whatchado-Mitarbeiters in Deutschland hatte einen Zeitungsartikel über mein Projekt gelesen und den Kontakt hergestellt. Wie bereits in meinem Job als Journalistin wurde aus der anfänglichen Interview-Anfrage schnell ein Praktikumsangebot. Ich freue mich sehr darüber, denn die whatchadoler beschäftigen sich nämlich ebenfalls mit dem Finden der Berufung. Aber dazu machen sie keine Praktika, sondern interviewen die Menschen, die ihren Job leidenschaftlich machen, mit einem festen Fragenkatalog. Ihre Interviews sollen anderen als Hilfestellung dienen, die sich noch nicht sicher sind, wo ihr Weg sie hinführen soll. Die meisten im whatchado-Team haben ihre Berufung bereits gefunden. Bei einigen von ihnen war der Weg dorthin sehr lang.

So zum Beispiel der von Ali Mahlodji, einer der Gründer und gleichzeitig das Herz von whatchado. Aus seiner Vision eines Handbuches von Lebensgeschichten, die er bereits als Teenager hatte, ist mittlerweile ein Unternehmen mit einem Jahresumsatz von einer Million Euro entstanden. Als Kind aus dem Iran nach Österreich geflohen, arbeitete er in zweiundvierzig verschiedenen Berufen, ehe er (er-)fand, wofür sein Herz schlägt: eine Dating-Seite für Jobs und Lebensentwürfe. Mittels eines Matchings werden die Antworten auf vierzehn verschiedene Fragen der Website-Besucher mit den Antworten der Interviewgeber abgeglichen. Ausgeworfen werden Videos mit Interviews zu den Lebenswegen von Menschen, die ähnlich denken wie man selbst. Dabei ist der Anspruch nicht, dass jeder der vorgeschlagenen Berufe für jeden ein Traumjob sein muss, sondern dass die Lebenswege und -entwürfe bei der Orientierung helfen und man sehen kann, wie andere Menschen mit ähnlichen Interessen und Vorstellungen ihr Leben gestaltet haben.

Mein konkreter Job dabei in dieser Woche: Videoproduzentin und Storyteller. Als Erstes schaue ich Peter und Manuel beim Dreh der whatchaNEWS über die Schulter. Die whatchaNEWS sind Bestandteil des Video-Newsletters, der rund einmal pro Monat an die Newsletter-Abonnenten versendet wird. Ali steht mit seinem Kollegen Jubin, der ebenfalls zum fünfköpfigen Gründungsteam zählt, im Flur vor der Kamera und erzählt, was sich in den letzten Wochen getan hat und was kurz bevorsteht. An der Wand hinter ihnen ist der whatchado-Schriftzug als orangefarbiges Graffiti zu sehen. »Stell du dich unseren Abonnenten am besten gleich selbst vor«, sagt Manuel und deutet mit einem Kopfnicken an, dass ich den Platz vor der Kamera einnehmen soll. Ich tue, als wäre das Sprechen vor der Kamera eine meiner leichtesten Übungen, fühle mich allerdings, als müsste ich bei der *Tagesschau* die Börse erklären. Nach ein paar steifen Versuchen bauen wir die Kameratechnik wieder ab. Bereits am nächsten Tag soll der Newsletter versendet werden. Manuel erklärt mir, wie die Software funktioniert. Gemeinsam schneiden wir die Video-sequenzen zu den whatchaNEWS zusammen und fügen Text-Einblendungen ein. Ich spule vor und zurück, schaue mir die Übergänge an, höre die Tonspur und achte gleichzeitig auf Alis Gesichtsausdruck, um ihn nicht mit einem offenen Mund in einen Satz starten zu lassen. Zwischendurch klingelt mein Handy. Eva kündigt sich mit dem passenden Schlüssel an und bringt ihn mir kurze Zeit später im Büro vorbei.

Nach einigen Stunden ist das Video fertig. Statt Feier-abend gibt es eine Abendveranstaltung. Brigitte Ederer, ehe-malige österreichische Politikerin und Expersonalvorstand der Siemens AG, kommt zu einer Talkrunde mit Ali in das Wiener Büro im vierten Bezirk. Als Business-Angel unter-stützt sie das junge Unternehmen. whatchado hat sich gegen klassische Investoren und für das Konzept der Business-Angel entschieden. »Ein Business-Angel unterstützt sowohl finanzi-ell als auch mit Knowhow und seinen Kontakten. Wir wollten jemanden haben, der sich persönlich einbringt. Für den unser Unternehmen nicht nur aus ein paar Zahlen besteht, son-dern dem es etwas bedeutet«, sagt er. Hilfreich sei die Wahl der Business-Angel auch für die Expansion nach Deutsch-land gewesen. Dann muss er auf die Bühne zu Brigitte. Zwei Moderatorinnen fragen die beiden aus über ihre Lebenswege, ihre Ansicht zu Führung und ihre wichtigsten Erkenntnisse als Unternehmer beziehungsweise Unternehmerin. Gemein-sam mit den Studenten und Absolventen, die sich in einem Management-Nachwuchsprogramm befinden, hänge ich den beiden an den Lippen. »Frauen sind in der Regel weniger risikofreudig als Männer. Eine gute Mischung aus Frauen und Männern in Führungspositionen ist aus diesem Aspekt sinn-

voll«, antwortet Frau Ederer auf eine Frage zu der Frauen-
quote. Außerdem plädiert sie für mehr Selbstvertrauen bei den
Frauen, die ihr Licht viel zu schnell unter den Scheffel stellen
und daher oftmals den Kürzeren gegen ihre männlichen Mit-
bewerber ziehen würden. Die Talkrunde ist sehr inspirierend.
Spät am Abend bin ich wieder zurück in meiner Übergangs-
unterkunft. Ein zweites Mal bringt Ingo mich zu Evas Wohn-
Büro, dieses Mal mit den richtigen Schlüsseln. Eine Woche
eine eigene Wohnung zu haben klingt für mich richtig verlo-
ckend. Ich freue mich auf ein paar Stunden Privatsphäre und
bin sehr dankbar für dieses großzügige Angebot.

Am Dienstag begleite ich Sophie und Raphaela aus dem
Filmteam zu einer Interview-Session mit vier Mitarbeitern
der Austrian Development Agency. Die ADA ist eine vom
österreichischen Bund beauftragte Agentur für Entwicklungszusammenarbeit, die sich zum Ziel gesetzt hat, die Lebens-
bedingungen in Entwicklungsländern zu verbessern. Sie ist
vergleichbar mit der Gesellschaft für internationale Zusammenarbeit in Deutschland. Wir interviewen den Geschäftsführer und drei seiner Mitarbeiter. Die Arbeit der ADA soll
in den Videos vorgestellt und die Wichtigkeit von Entwicklungszusammenarbeit dargestellt werden. Schließlich wird sie
aus Steuergeldern finanziert. Die Videos werden später auf
der whatchado-Homepage zu finden sein, aber dürfen auch
von der österreichischen Agentur für Entwicklungszusammenarbeit genutzt werden. Raphaela und Sophie bauen die
Kamera auf, statten den Geschäftsführer mit einem Mikrofon
aus und wählen einen geeigneten Bildausschnitt. Zum Schluss
noch ein wenig Puder auf Nase und Stirn, dann kann es los-
gehen. »Was steht auf deiner Visitenkarte?«, fragt Sophie den
Geschäftsführer zu Beginn des Interviews; die erste von den
sieben Fragen. Die Antwort ist schnell im Kasten. Sophie will

wissen, was das Coolste an seinem Job sei, welches die größten Einschränkungen seien und welchen Werdegang man bräuchte, um den Job machen zu können. Eine halbe Stunde später sind wir fertig. »Wenn ich irgendwann einmal was für Sie tun kann, melden Sie sich gern«, bietet Martin Ledolter uns an und drückt uns der Reihe nach seine Visitenkarte in die Hand. Moment einmal, hat er uns gerade echt angeboten, uns einen Gefallen zu tun? Ich wittere meine Chance, denn ich bin noch auf der Suche nach einem Job im Bereich der Entwicklungshilfe. »Ist es möglich, ein einwöchiges Praktikum bei Ihnen zu machen?«, platze ich heraus. Kurz erkläre ich ihm die Hintergründe zu meinem Projekt. »Ja, das sollte kein Problem sein. Die Frau Gutenbrunner von der Öffentlichkeitsabteilung wird sich darum kümmern«, verspricht er mir und stellt mir die entsprechende Kollegin vor. Innerlich mache ich Luftsprünge.

»Wann weißt du in deinem Job, dass du das Richtige tust?«, fragt Raphaela den mittlerweile dritten Interviewpartner. Hatten wir die Frage nicht schon? »Wenn du viele Interviews am Stück geführt hast, dann weißt du manchmal nicht mehr, wer was gesagt hat und wen von deinen Interviewpartnern du was schon gefragt hast. Vieles überschneidet sich einfach. Du musst die ganze Zeit echt konzentriert bleiben«, verrät mir Sophie, als wir zwischen dem dritten und vierten Interview die Location wechseln. Nachdem wir alle Interviews im Kasten haben, sind meine Energiereserven aufgebraucht. Gleichzeitig auf die Kamera und den Interviewten zu achten ist ganz schön anstrengend. Als Fragensteller muss man genau zuhören. Falls etwas nicht klar formuliert wurde, eine Antwort zu lang war oder am Thema vorbei, muss noch einmal nachgehakt werden. »Das ist aber auch eine Frage der Gewöhnung«, beruhigt mich Sophie, als sie in mein müdes Gesicht blickt.

Zu den Aufgaben eines Videoproduzenten gehört aber auch der Schnitt. Ich bin am nächsten Tag für das Video des Geschäftsführers zuständig. Er war der geübteste Interviewpartner und konnte die meisten Antworten ohne Versprecher am Stück geben. Das sollte also nicht so schwer werden. Da Bild und Ton getrennt voneinander aufgezeichnet wurden, muss ich zuerst die Audio- und Videospuren übereinanderlegen und miteinander verknüpfen. Es ist gar nicht so einfach, die Worte exakt auf die Mundbewegungen zu legen. Immer und immer wieder höre ich mir die gleichen Sequenzen an, um die Antworten mit den wichtigsten Informationen auszusuchen. Ich verschiebe und kürze und kann zuletzt fast mitsprechen. Als ich fertig bin, zeigt mir Sophie die letzten Kniffe und Tricks. »Viele Menschen atmen sehr laut, bevor sie anfangen zu sprechen. Oder sie seufzen oder machen andere Geräusche. In diesen Momenten können wir die Tonspur ausschalten«, erklärt sie mir anhand eines Beispiels. Ich arbeite das gesamte Video durch. Zusätzlich setze ich Keyframes. Keyframes sind Markierungen, die beispielsweise den Beginn des Bildmaterials oder eine Veränderung der Lautstärke in der Zeitleiste des Videos anzeigen. Zum Glück beantwortet mir Sophie mit Engelsgeduld jede Frage.

Von Co-Founder Kambis erfahre ich in dieser Woche, dass Bescheidenheit eine Zier ist und das Ego im whatchado-Office immer zuletzt kommt. Er zwinkert mir zu, als er auf das Avenger-Poster an der Wand zeigt und mir klarmacht, dass er der Iron Man seines Teams sei. Neben Iron Man gibt es bei whatchado natürlich auch noch einen Thor, Hulk, Captain America, Wolverine und wie sie alle heißen. Wir sind uns einig, als Mystique passe ich hier gut rein.

Von Ali lerne ich, dass sich Hartnäckigkeit auszahlt. Auf die Frage, wie er den österreichischen Bundespräsidenten vor die Kamera bekommen hat, ist seine Antwort: »Ich habe ihm jede Woche mehrere Mails geschickt, gefragt, wie es ihm geht und ob er uns ein Interview geben würde. Nach zwei Jahren und hunderten Mails hat er Ja gesagt.«

Auch über Wien lerne ich in dieser Woche einiges. Kambis, Behnoud und Stefan bieten sich als Stadtführer an und präsentieren mir Wien als Stadt der Superlative. Hier gibt es den größten Dom der Welt, die schönste und teuerste Einkaufsstraße der Welt, das beste persische Restaurant der Welt und das schönste Rathaus. Und natürlich haben die Perser den Buchdruck und das Automobil erfunden.

Über mich persönlich lerne ich, dass ich nicht mehr einschlafen kann, wenn ich meine herbeigesehnte Privatsphäre endlich bekomme. Meine Gedanken kreisen und halten mich wach. Die vielen Erlebnisse wollen verarbeitet werden. Sonst hatte ich immer jemanden, mit dem ich sie teilen konnte. Von jetzt an also wieder klassisches Couchsurfing.

whatchado hat schon was. Nicht nur dass es einen Chief-Happiness-Beauftragten gibt, der sich um Freizeitaktivitäten und den Zusammenhalt kümmert, nein, nach drei Monaten gehen die Chefs mit ihren Mitarbeitern auch weiße Turnschuhe kaufen. Denn in dem Hiphop-geprägten Unternehmen sind weiße Turnschuhe Trumpf. Ali ist nie ohne sie und seine Cap anzutreffen. Im dritten Geschäftsjahr wurden alle Mitarbeiter auf Firmenkosten vier Tage nach Thailand eingeladen, Dschungelparty auf Ko Pha-ngan inklusive. Die einzigen Bedingungen waren, dass entweder alle oder keiner dabei sein sollte und kein Kunde merken durfte, dass kein whatchadoler in Österreich ist. Der Lerneffekt dabei: Man kann von überall arbeiten, alles eine Frage der Organisation. Am Ende gab es für jeden Kunden eine handgeschriebene Postkarte.

Im Job der Videoproduzentin fühle ich mich diese Woche ganz in meinem Element. Ich lerne verschiedene Jobs kennen und berichte über sie. Nur in Video-, nicht in Schriftform. Wie alle anderen finde ich das Produkt einfach toll. Auch wenn ich das Videoproduzieren nicht unbedingt zu meinen Talenten zähle, macht mir die Arbeit Spaß, weil ich sie sinnvoll finde. Anderen bei der Orientierung zu helfen hat mir schon im Lehrerberuf gut gefallen. Zum anderen bin ich unter Gleichgesinnten. Es tut unheimlich gut, mal nicht alleine zu sein. Das Arbeitsklima ist hier sehr dynamisch und locker. Ich habe das Gefühl, bei etwas Großem dabei zu sein, von dem ich gern Teil wäre. Bei jungen Unternehmen, die sich noch auf dem Markt etablieren müssen, fließt Energie in den ersten Jahren in sie hinein und durch sie hindurch. Das ist spürbar und reißt einen mit. Je größer die Unternehmen werden, desto träger werden sie allerdings, und die Bürokratie hält Einzug. Ich bekomme die Chance, Teil der whatchado-Familie zu werden, denn ich werde für den Zeitraum meines Projektes whatchado-Botschafterin. Die Menschen in meinen nächsten Jobs darf ich nämlich für whatchado vor die Kamera holen. Ehrenamtlich. Ausgestattet werde ich dazu mit einer Kameraausrüstung und dem erforderlichen Knowhow zur Kamera- und Fragetechnik. Während den ersten eigenen Videos in den folgenden Monaten stelle ich allerdings fest, dass ich lieber beim Schreiben bleiben möchte, als in die Videotechnik zu wechseln, und dass ich inhaltlich lieber noch tiefer eintauche, als es in einem halbstündigen Interview möglich ist.

Ich bin sehr dankbar, dass ich so viele unterschiedliche Erfahrungen in meinem Projekt machen darf, und möchte sie gern weitergeben an alle, die auch nach Orientierung suchen. Mir kommt der Gedanke, mich als Berufsberaterin selbstständig zu machen. Aber auch das kann ich in einem ähnlichen Umfeld noch einmal ausprobieren. Nämlich in meinem fünfzehnten Job als Karriereberaterin.

 **Für wen der Job etwas sein könnte:** Du fotografierst und filmst gern, kannst gut auf Menschen zugehen, ihnen Fragen stellen und die spannendsten Antworten aus ihnen herausholen. Du bist technik- und computeraffin und zudem gern unterwegs.

**Wer lieber die Finger davon lassen sollte:** Du stehst  lieber vor als hinter der Kamera und redest lieber, anstatt zuzuhören. Dir fällt es schwer, in einem Gespräch konzentriert zu bleiben. Du arbeitest gern an einem festen Ort.

Das Traumjob-Experiment

# 15
# Karriereberaterin

Bei von Rundstedt nimmt mich die wunderbare Hannah Grethlein in Empfang. Sie ist groß, redefreudig und witzig. Eine brünette Barbara Schöneberger quasi. Eingefädelt hatte mein Praktikum Hannahs Chef, der mich auf den *Spiegel Online*-Artikel hin angeschrieben und mir ein Praktikum angeboten hatte. Einige Monate später betrete ich die heiligen Hallen der mittelständischen Karriereberatung. Hannah ist bei von Rundstedt in verschiedenen Funktionen tätig und wird in dieser Woche meine Betreuerin sein. Zum einen berät sie Klienten und entwickelt Marktstrategien. Zum anderen koordiniert sie ein Beraterteam. »Klienten« sind in diesem Fall Mitarbeiter eines Unternehmens, die dem Personalabbau zum Opfer gefallen sind, oder Menschen, die sich aus den verschiedensten Gründen neu orientieren möchten. Die Informationen prasseln wieder einmal nur so auf mich ein. Innerhalb des ersten Vormittags habe ich alle fünfundzwanzig Kollegen des Berliner Standortes mit den dazugehörigen Aufgaben kennengelernt, habe einen Überblick über den Aufbau und die Aufgaben des Unternehmens bekommen, habe erfahren, worin sich die Ziele der einzelnen Beratungen unterscheiden können, wie sie funktionieren und welche Tätigkeiten ein Berateralltag noch bereithält.

Eine Pause nutze ich dafür, um mir eine Frage, die mich in

den letzten Monaten nicht losgelassen hat, von der Expertin beantworten zu lassen: »Kann jeder Mensch eine Arbeit finden, oder gibt es für manche Menschen einfach keine?«

»Ich glaube, dass jeder eine Arbeit finden kann, wenn er die richtige Unterstützung bekommt, mitarbeitet und unter Umständen bereit ist, bei dem einen oder anderen Punkt Abstriche zu machen«, antwortet Hannah. »Wir bieten auch Beratungspakete mit einer Jobgarantie an, bei denen wir die Menschen bis zur überstandenen Probezeit begleiten.«

Wieso gibt es dann nur so viele Arbeitslose, die arbeiten wollen und keinen Job finden? Vielleicht sollte die Agentur für Arbeit auch mal ein Praktikum bei von Rundstedt machen. »Eine so intensive Beratung und Begleitung, wie wir sie unseren Klienten zukommen lassen, kann die Agentur für Arbeit aufgrund der Vielzahl der Personen gar nicht leisten«, ergreift Hannah Partei. Bezahlt wird die Beratung von den Unternehmen, die ihren Mitarbeitern diese oftmals in Abfindungspaketen anbieten. Also gut.

Wie diese intensive Beratung aussieht, erfahre ich im Laufe der Woche. Neben einer ersten Standortanalyse mit den Fragen »Wo stehe ich?« und »Wo will ich hin?«, werden verschiedene Workshops angeboten, vielfältige Arbeitsmarktzugänge gezeigt und gemeinsam an der Bewerbung gearbeitet. Darüber hinaus wird gemeinsam eine Strategie entwickelt, wie man an die Stellen kommen kann, die besetzt werden sollen, aber nicht ausgeschrieben sind. Bei ihnen handelt es sich Hannah zufolge um rund achtzig Prozent aller vakanten Stellen. Das ist mal eine Hausnummer. Zusätzlich helfen die Berater dabei, ein womöglich eingefahrenes Denken wieder zu öffnen, und schaffen somit neue Blickwinkel.

Am nächsten Tag begleite ich Freiberuflerin Natascha in einen Workshop. Wir sind zu neunt und wollen heute lernen, wie man sich kurz und knackig vorstellt und dabei gut verkauft. »Stellen Sie sich vor, Sie treffen den Chef der Firma, in der Sie arbeiten, vor dem Fahrstuhl. Können Sie sich in der Zeit, die der Fahrstuhl in die oberste Etage braucht, dem Chef vorstellen und sich selbst oder ein Anliegen verkaufen?«, fragt Natascha in die Runde. Neunzig-Sekunden-Spot heißt der Workshop. Ziel ist es, zu lernen, sich bei der eigenen Vorstellung auf das Wesentlichste zu konzentrieren. Dazu bekommt jeder ein Flipchart-Papier und einen Stift. »Stellen Sie Ihr Leben in einem Bild dar«, fordert uns Natascha auf. Ich bin im Workshop auf der Seite der Klienten, nicht der Beraterin, und nehme Zettel und Stift in die Hand. Schritt für Schritt bringe ich mein Leben als Bild auf das Papier. Die Verbildlichung soll helfen, sich auf die wesentlichsten Stationen seines Lebens zu konzentrieren und die Vorstellung wirklich kurz zu halten. Reihum stellen wir nun unsere Ergebnisse vor.

»Ich weiß, das sollte ich jetzt eigentlich nicht sagen, aber ich bin heute hier, weil meine Stelle nach Rumänien ausgelagert wurde. Das ist totaler Quatsch! Die Rumänen können das aus vielen Gründen niemals so gut machen, wie wir das bisher immer gemacht haben«, schweift einer der Klienten in seiner Vorstellung ab. Der Schmerz des Jobverlustes sitzt tief. Je näher der Zeitpunkt meiner eigenen Vorstellung rückt, desto nervöser werde ich. Man sollte meinen, ich hätte mittlerweile Routine beim Vorstellen bekommen.

Wenn ich ehrlich bin, bin ich in dieser Woche auch in der Karriereberatung, weil ich wissen möchte, wie man Neuorientierung noch gestalten kann. Ein großer Unterschied zwischen den Klienten und mir ist die Freiwilligkeit des Neuanfangs. Ich treffe auf viele Menschen, die ihren Traumjob bereits gefunden hatten, aber durch Personalabbau wieder verloren haben. Der Schmerz und die Kränkung sind in dieser

Situation oft groß und wirken stark auf das Selbstbild sowie das persönliche Umfeld. »Einer der schönsten Momente in meinem Job ist der Augenblick, wenn ein Klient die Situation, in der er sich befindet, als Chance begreifen kann und nicht mehr als Scheitern empfindet«, sagt Hannah, die Menschen in diesem Prozess im besten Fall bis hin zu einem neuen, manchmal sogar passenderen Job begleitet. Die Gefahr, dabei mit einer Psychotherapeutin oder einem Mädchen für alles verwechselt zu werden, sei aber groß. Zu Beginn muss daher jeder eine Vereinbarung unterschreiben, mit der er sich verpflichtet, durch aktive Mitarbeit seinen eigenen Anteil zu der Jobsuche beizutragen. Dennoch ist es im Beruf des Karriereberaters wichtig, sich abgrenzen und professionelle Distanz einnehmen zu können, da man nicht nur mit den verschiedensten Menschen, sondern auch mit den unterschiedlichsten Schicksalen in Berührung kommt.

»Ich wollte dir noch Herrn Lüker vorstellen, unseren Berater für Vorstände, Geschäftsführer und hochrangige Führungskräfte«, ruft Hannah mir aus dem Flur zu. Ich stelle mich kurz vor und erhalte prompt meine nächste Aufgabe. »Ich habe jetzt einen Termin mit einem ehemaligen Geschäftsführer aus der Musikbranche«, sagt Herr Lüker. »Bislang wurde mein Klient immer abgeworben. Er hatte noch nie ein Vorstellungsgespräch. Können Sie gleich einmal Headhunterin spielen und ihm entsprechende Fragen stellen?«, fragt mich der Seniorberater. Zum Glück habe ich das Praktikum bei der Headhunterin schon hinter mir, denke ich, während ich mich auf den mir zugewiesenen Platz setze. Ich bitte den Klienten, sich kurz vorzustellen, frage ihn anschließend unter anderem nach Zielposition und Gehaltsvorstellungen. Test bestanden.

Neben Herrn Lüker darf ich auch anderen Beratern über die Schulter schauen. »Was ist seit der letzten Sitzung passiert?«, fragt eine der Beraterinnen ihren Klienten. Er legt ein neues Bewerbungsfoto vor, seinen überarbeiteten Lebenslauf und erzählt, auf welche Stellen er bereits Bewerbungen verschickt hat. Eine andere Klientin erzählt wiederum von einer Zusage für einen Job, auf den sie sich beworben hatte. Die Beraterin ist skeptisch.»Vielleicht ist es sinnvoll, wenn Sie noch ein wenig weitersuchen. Sie finden bestimmt noch etwas Passenderes. Und Sie sagten doch, dass Sie finanziell gesehen noch einige Monate Luft haben«, wendet sie ein. Die Klientin hat sich aber bereits entschieden. Manchen sei die Sicherheit eines festen Jobs so wichtig, dass sie das erstbeste Jobangebot annehmen, erfahre ich nach dem Gespräch.

Während der Beratungen lerne ich verschiedene Strategien, um auf dem Arbeitsmarkt wieder Fuß zu fassen. Alle liegen sie auf der Hand, und in der Summe erscheinen sie mir sehr wirksam zu sein.»Wenn unsere Klienten selbst auch wollten, konnten wir bisher alle von ihnen weitervermitteln, und zwar nicht nur die jungen Karrieremacher, sondern auch Menschen, die kurz vor der Rente standen, oder Personen mit dem einen oder anderen Problem. Auf jeden Topf passt ein Deckel, man muss ihn nur finden«, erzählt mir Hannah zwischen den Terminen. Wenn sie nicht gerade in Terminen ist, dann erfasst sie den Fortschritt ihrer Klienten im hauseigenen System oder erstellt die Marktstrategie-Papiere für ihre Klienten. Alle wichtigen und zu der Person passenden Arbeitsmarktzugänge werden hierin aufgezeigt.»Wir zeigen unseren Klienten auch, wie sie Xing oder LinkedIn optimal für sich nutzen. Bei denen, die jahrelang eine Sekretärin hatten, müssen wir ganz vorne anfangen. Die wissen meistens nicht einmal, wie Excel und Word funktionieren, und sind es nicht gewohnt, irgendwo selbst anzurufen«, ergänzt Hannah. An diesen Aspekt hatte ich noch gar nicht gedacht.

Im Gegensatz zu meiner Traumjobsuche ist bei von Rundstedt die Neuorientierung sehr strukturiert. Die neuen Blickwinkel, die ich durch das Ausprobieren von den unterschiedlichsten Jobs gewinne, versuchen hier die Berater ihren Klienten zu geben. Hätte auch ich meine Neuorientierung strukturierter angehen sollen? »Hier hast du meine Telefonnummer. Melde dich, wenn du wieder in Berlin bist und nur einmal die Füße hochlegen oder ein Buch lesen möchtest. Wir haben einen großen Garten, du bist jederzeit herzlich willkommen«, verabschiedet mich eine Klientin, der ich in dieser Woche öfter begegnete. Sie und so viele andere Menschen hätte ich nicht getroffen, hätte ich meine unkonventionelle Traumjobsuche nicht begonnen. So vieles hätte ich verpasst und gar nicht erst kennengelernt. Und ich bin immer sicherer, dass ich auch auf meinem Weg einen passenden Beruf und vor allem meinen Platz im Leben finden werde.

Die Suche nach dem richtigen Beruf treibt mich also nach wie vor an. Um dem allerdings auch einmal beruflich nachgehen und anderen dabei helfen zu können, ihren eigenen Platz im Leben zu finden, sollte ich erst einmal meine persönliche Antwort gefunden haben.

 **Für wen der Job etwas sein könnte:** Du bist empathisch und hast Lust an Abwechslung und sich ständig ändernden Herausforderungen, du bist anderen Menschen gegenüber offen und interessierst dich für Lebenswege.

**Wer lieber die Finger davon lassen sollte:** Du bist  empfindlich und leicht verletzlich. Manche Menschen können unsensibel und ungerecht werden, wenn sie gekränkt sind. Du bist verschlossen gegenüber anderen Menschen, und dir fällt es schwer, deine Grenzen aufzuzeigen. Deswegen lässt du dich schnell einspannen.

Eine Buchempfehlung der Karriereberaterin:
Die Arbeitslosen von Marienthal – Hans Zeisel, Marie Jahoda und Paul Felix Lazarsfeld

# 16

# Architektin

Zwei Tage später und ein paar Hausnummern weiter stehe ich wieder in der Berliner Friedrichstraße, nun aber vor der Tür eines Architekturbüros. Den Kontakt zu Architektin Kristina hatte ich als einen der allerersten von meiner ehemaligen Arbeitskollegin Katrin erhalten. Katrin ist sich sicher, dass ich mich mit ihrer Freundin Kristina und deren Mann Tom bestens verstehen werde. Davon konnte ich mich bereits einen Abend zuvor bei einer Lasagne und einem Glas Wein überzeugen, denn für ein erstes Kennenlernen hatte mich das Architekten-Ehepaar zu sich in ihre brandneue Berliner Wohnung eingeladen.

Nun komme ich in ein riesiges Loft, von dem zwei Wände nahezu vollständig aus riesigen, weißen Rundbogenfenstern bestehen. Die dritte Wand gestaltet sich als Bücherregal mit Architektur-Literatur, während sich hinter der letzten die Küche, WC und Besprechungsräume verstecken. Überall hängen Pläne und Entwürfe, Modelle von Gebäuden stehen in den Regalen, Muster verschiedener Materialien liegen auf dem Fußboden. Kristina führt mich herum und stellt mir die Kollegen vor. Im Berliner Büro von Eller+Eller Architekten arbeiten zwölf Mitarbeiter, im Hauptsitz in Düsseldorf noch einmal fünfundvierzig. Damit gehört Eller+Eller bereits zu den großen Architekturbüros in Deutschland. Zurück an

Kristinas Schreibtisch, gibt sie mir einen ersten Überblick über das aktuelle Bauprojekt. Im Südwesten Berlins entsteht im Auftrag eines Investors eine urbane Wohnsiedlung auf vier verschiedenen Bauabschnitten. Im gleichen Atemzug erhalte ich auch einen ersten Einblick in die Arbeit von Architekten. Diese teilt sich in neun Leistungsphasen ein, die je nach Bautyp und Schwierigkeitsgrad nach festgelegten Sätzen bezahlt werden. Zu finden sind diese in der Honorarordnung für Architekten- und Ingenieurleistungen, kurz HOAI. Alle Architekten bekommen nach dieser Ordnung das gleiche Honorar, egal ob sie erfahren oder unerfahren sind, schlecht oder gut, bekannt oder unbekannt. In der Theorie zumindest. Denn unerfahrene Architekten werden die Aufträge für die großen und damit lukrativen Projekte eher nicht an Land ziehen können. Ich finde es trotzdem erstaunlich. Die Honoraranteile sind in den späteren Leistungsphasen in einem Bauprojekt, also der Bauüberwachung und -betreuung, immer höher. Bei kleineren Bauprojekten werden diese späten Phasen oftmals nicht an den Architekten vergeben, sondern, um Geld zu sparen, selbst in die Hand genommen. Je größer die Bauprojekte aber sind, desto wahrscheinlicher bleiben diese Aufgaben in der Hand der Architekten. Ein Kollege erzählt mir, wie er zu dieser Tatsache steht: »Stell dir vor, du gehst zum Zahnarzt, weil du ein Loch im Zahn hast. Du fragst ihn, wie was am besten gemacht werden sollte. Danach bedankst und verabschiedest du dich und machst es selbst. Das würde nie ein Zahnarzt mitmachen, sein Knowhow zur Verfügung zu stellen, damit der Patient es dann selbst machen kann. Außerdem würde es nie so gut werden, als wenn der Zahnarzt das Loch geschlossen hätte. Genauso ist das bei Architekten auch. Sie dürften eigentlich nur das komplette Leistungspaket anbieten anstatt einzelne Leistungsphasen.« Aber wenn kleine Architekturbüros um jeden einzelnen Auftrag kämpfen müssen, werde auch oft nur ein Vertrag über die ersten Leistungsphasen abgeschlossen. »Wenn ich erzähle, dass ich Architektin bin, dann werde ich entweder für arbeitslos oder vermögend gehalten«, erzählt mir Kristina. Als sie ihr Studium begann, waren die Berufsaussichten noch miserabel. Unter den Architekten war der Anteil an Arbeitslosen sehr groß. Die Situation habe sich in den letzten Jahren aber gebessert, auch wenn sie immer noch nicht rosig sei. Während ihres Studiums wurde bereits ordentlich ausgesiebt. Die Ansprüche waren hoch, das Tempo schnell. »Oft musste ich über Nacht oder über das Wochenende Entwürfe machen, viel unseres Studiums lief außerhalb der Uni ab«, blickt Kristina auf ihre Studienzeit zurück. »Außerdem muss man bereits im Studium Kritikfähigkeit üben«, ergänzt sie. »Die kann man später auf der Baustelle auch gut gebrauchen. Dort ist der Ton nämlich echt rau.« Wir sind mittlerweile zum Mittagessen bei einem schicken Japaner, der sich in der zweiten Etage eines Klamottenladens in einer Seitenstraße befindet. Auf dem Weg zurück in das Büro laufen wir durch Gruppen von Touristen; arbeiten, wo andere Urlaub machen. Den Rest des Tages verbringen Kristina und ich damit, Änderungen, die sich im Laufe des Bauprojektes ergeben, in die Baupläne einzutragen sowie die geänderten Pläne in ein von allen beteiligten Parteien einsehbares System einzustellen.

Am Dienstag bin ich auf dem Bau und lerne Manfred und Paul kennen. Beide gehören zum Eller+Eller-Team, sitzen aber im Gegensatz zu den anderen Kollegen seit Baubeginn des Projektes als Bauleiter in einem Container vor Ort. Die Bauleitung entspricht der Leistungsphase acht und wird in der Regel von erfahrenen Architekten übernommen. Manfred und Paul müssen auf dem fünfzigtausend Quadratmeter umfassenden Areal sicherstellen, dass die Bauarbeiten so ausgeführt werden, wie sie geplant wurden. Wo viele Parteien zusammenarbeiten, können gerade durch mangelnde Kommunikation schnell Fehler entstehen. Diese müssen dann genau wie der allgemeine Baufortschritt dokumentiert werden. Dabei geht es in erster Linie um die Haftung im Schadensfall. Immer dabei haben die beiden deswegen eine Kamera. »Wenn du durch mein Fotoalbum im Handy blätterst, findest du fast nur Fotos vom Bau. Das ist typisch für Architekten«, erklärt mir Paul, der dem Schauspieler Woody Harrelson übrigens zum Verwechseln ähnlich sieht. Ich muss mich zusammenreißen, dass ich ihn mit seinem richtigen Namen anspreche. Manfred versucht mir die Zuständigkeiten auf dem Bau zu erklären. Zwanzig Minuten und ein nahezu lückenlos bemaltes DIN-A4-Blatt später kann ich mir ungefähr vorstellen, warum die Arbeit als Bauleiter in der Regel von erfahrenen Architekten übernommen wird. Ein wahres Netz an Beteiligten, mit ihren Abhängigkeiten und Verantwortlichkeiten untereinander, spannt sich über das Papier.

Mit Gummistiefeln und Helm ausgestattet, führt mich Paul über die Baustelle. Warme Socken solle ich mitnehmen, hieß es gestern im Büro. In meinen gelben Gummistiefeln trage ich also über meiner Strumpfhose zusätzlich noch vier Paar Socken. Immerhin ist es Januar, und hier und da liegen noch Schneereste auf der Erde. »Diesen Winter ist das Wetter zum Glück recht mild, und wir konnten nahezu ohne Unterbrechung weiterbauen«, sagt Woody mit Blick auf den matschigen Boden. »Manchmal legt das Wetter über Wochen die Baustelle lahm. Das ist dann echt ärgerlich. Die Mindestgradzahl, ab der bei uns betoniert wird, liegt bei minus fünf Grad Außentemperatur. Fassadenarbeiten können dagegen erst gemacht werden, wenn die Bauteiltemperatur um sieben Uhr morgens mindestens fünf Grad beträgt.« Ich folge ihm durch die verschiedenen Bauabschnitte. Der letzte Bauabschnitt besteht gerade mal aus dem Fundament des Kellers. Bauarbeiter sind einige Meter unter uns zugange. »Das sind unsere Eisenflechter. Die biegen den Stahl für den Stahlbeton«, erklärt Paul. Stahlbeton wird verwendet, wenn sowohl Druck als auch Zug auf ein Bauwerk einwirken. Während Beton eine hohe Druckfestigkeit besitzt und dem Stauchen durch Eigen- und Zusatzgewicht lange standhält, ist der Stahl zugfest, wenn sich das Volumen des Materials zum Beispiel durch wechselnde Temperaturen verändert. Durch Verbindung beider Materialien entsteht eine Kombination aus Druck- und Zugfestigkeit, die sehr wichtig für die Statik eines Gebäudes ist.

In einem der Rohbauten zeigt mir Paul, wie eine Fußbodenheizung aussieht. Auf einer Plane liegt ein Schlauch, der sich wie ein Schneckenhaus von innen nach außen im Raum verteilt. Wie eine Lichterkette im Schlauch sieht er aus. In meinen klobigen Gummistiefeln folge ich Paul durch den Raum und versuche dabei, so präzise wie möglich auf Zehenspitzen in die Lücken zwischen den Schläuchen zu treten. Im nächsten Raum gibt es Erdkunde-Unterricht, Einheit Gesteinsschichten, denn davon gibt es in einem Rohbau so einige. Wir überprüfen, ob die Leitungen korrekt verlegt wurden, sprechen mit den Bauarbeitern, machen Notizen und Fotos. In den fertigen Gebäuden schauen wir nach den Briefkästen, den floralen Wandmustern im Flur, die von den Architekten selbst entworfen wurden, und den Fußläufern. Einige Wohnungen sind bereits bewohnt. Zurück im Baucontainer, heißt es für uns Baubesprechung mit den verschiedenen Parteien des Bauprojekts. Vertreter der Investoren, Projektleiter, Vertreter für die technische Gebäudeausrüstung, Verkehrsplaner und Landschaftsarchitekten kommen in den Besprechungsraum. An der Wand stehen lauter Gummistiefel, die Regale sind voller Bauhelme. »Können wir uns heute bitte vertragen?«, fragt Manfred und schaut in die Runde. »Wir haben heute nämlich Besuch.« Alle nicken. Mehrere Stunden werden Listen durchgegangen, aktuelle Stände und das weitere Vorgehen besprochen. »Denkt dran, regelmäßig das Wasser in den leerstehenden Wohnungen in den Badezimmern und Küchen laufen zu lassen. Nicht dass sich Legionellen bilden.« Die Stimmung ist weder besonders gut noch schlecht. Laut Manfred soll es die entspannteste Baubesprechung seit Jahren gewesen sein.

Nach meinem Tag auf dem Bau kann ich ein paar neue Wörter in meinen Wortschatz aufnehmen. Neben Eisenflechtern lerne ich, was Rigolen und Legionellen sind. Rigolen sehen so ähnlich aus wie leere Getränkekästen und werden im Boden versenkt und in der Regel mit Kies gefüllt. Wie ein Schwamm saugen die Rigolen dann das Niederschlagswasser auf und geben es langsam an den Untergrund ab. Das Wasser kann so auf dem Grundstück besser versickern. Legionellen wiederum sind Bakterien, die sich in Wasserleitungen bilden können, die länger nicht in Betrieb sind. Legionellen, was für ein Wort. In meiner Vorstellung marschieren lauter kleine Römer in Heeresform durch die Leitungen und springen bereit zum Angriff aus den Duschköpfen heraus. »Wenn du in einem Hotel bist, das nicht so gut besucht ist, sollte man deswegen die Dusche drei Minuten lang laufen lassen«, sagt Manfred. Ob alle Architekten in einem Hotel erst einmal die Dusche aufdrehen?

Als Architekt sollte man ein echter Allrounder sein. Man sollte planen und mit 3-D-Programmen umgehen können. Eine Ausbildung zum Schlosser, Fliesenleger oder Maurer schadet nicht, ganz zu schweigen von den Fertigkeiten und Kenntnissen eines Juristen. »Man merkt, wer vor seinem Architekturstudium eine Ausbildung gemacht hat«, erzählt mir ein Bauarbeiter. »Die Zusammenarbeit ist viel angenehmer und unkomplizierter.« Kommunizieren können sollten Architekten in jedem Fall. Auf einem Bau treffen so viele unterschiedliche Parteien aufeinander, dass eine ordentliche Abstimmung das A und O ist. Ein Auge für Formen braucht man, ohne dabei die Funktionalität zu vernachlässigen. »Form follows Function«, antwortet mir Kristina auf die Frage, was denn nun wichtiger sei. Aus ihrem Grinsen schließe ich, dass das nicht immer so einfach ist. »Die Funktion finde ich schon total wichtig«, sagt Kristina. »Wenn man beispielsweise ein Einfamilienhaus plant, sollte man sich als Architekt mit der Familie auseinandersetzen und herausfinden, wie sie ihr Leben gestalten und was ihnen wichtig ist. Die Räume und deren Gestaltung werden das Familienleben so sehr beeinflussen, dass alles berücksichtigt werden muss. Vielleicht braucht die Familie gar kein Wohnzimmer, Gästezimmer oder einen Abstellraum. Vielleicht passt eine Wohnküche oder ein ganz offener Raum viel besser zu ihren Bedürfnissen.«

Architekten sollten zudem entscheidungsfreudig sein. Jede nicht getroffene Entscheidung kostet Geld. Die getroffenen manchmal aber auch. Schwache Nerven? Keine gute Eigenschaft für einen Architekten. Denn wo viele Menschen zusammenarbeiten, passieren unweigerlich auch Fehler.

Das Highlight meiner Woche ist die »Happy Hour« am Freitagabend. Die Eller+Eller-Geschäftsführung lädt zu einer Urlaubsfoto-Session mit Wein und Antipasti ein. Jeder hat fünf Minuten Zeit, in denen er maximal zwanzig Bilder aus seinem Urlaub des letzten Jahres zeigen kann. Architekten reisen also gern. Wir sind inklusive mir zu zehnt und sehen Bilder von Gebäuden, Natur und Menschen aus New York, San Francisco, Hawaii, Tel Aviv, Teheran, Seoul, Tokio, Malawi, Miami, Kroatien und nahezu allen anderen Hotspots dieser Erde. Da auch ich diese Woche zum Team zähle, habe ich ebenfalls Fotos mitgebracht. Beim Auswählen meiner zwanzig Fotos fällt mir auf, dass Architektur auch in meinem Leben eine wichtige Rolle zu spielen scheint. Auf mehr als der Hälfte meiner Fotos sind Häuser, Kirchen und Museen zu sehen.

Wem wichtig ist, etwas Bleibendes zu hinterlassen, wird als Architekt auf seine Kosten kommen. Architektur hat zudem einen großen Einfluss auf das Leben der Bevölkerung. Egal, wo man ist, nahezu immer ist etwas in der Nähe, das von Menschenhand erbaut wurde. »Guck dir die sozialen Brennpunkte in Deutschland an, du wirst kaum einen finden, der nicht aus Plattenbauten besteht«, sagt Kristina. »Wie sich die Art der Bauten auf die Psyche und das Verhalten auswirkt, ist ein spannendes Thema. Dein Wohlbefinden und wie du die Räume nutzen kannst, hat Auswirkungen auf dein Verhalten.«

Kristina und ihr Mann Tom planen in ihrer Freizeit ehrenamtlich einen Bildungs-Campus in Malawi. Auf diesem Campus soll einheimischen Kindern eine kostenlose Schulbildung sowie Erwachsenen eine Ausbildung oder der Start in die Selbstständigkeit ermöglicht werden. Finanziert wird das über die Hilfsorganisation FACE e.V., die Freunde von Kristina und Tom vor einigen Jahren gründeten. Einen Campus auf einem anderen Kontinent entwirft man nicht einfach so. Die beiden wirken auf mich wie Experten, was das afrikanische Klima, die Lebensweise und die dort erschwinglichen Rohstoffe angeht. »Die Steine für die Häuser sollten zum Beispiel möglichst nicht gebrannt werden, denn Holz ist in Malawi knapp. Viele Bäume wurden schon gerodet.

Daher kann der Boden das Regenwasser kaum noch aufnehmen. Zudem fehlen Schattenplätze. Wir nutzen daher Steine, die gepresst anstatt gebrannt werden«, verriet mir Kristina bereits bei unserem ersten Abendessen am Sonntagabend.

Ich werde keine Architektin werden. Der Bezug zu den Menschen ist mir zu gering und die Arbeit zu sachlich. Im Übrigen fehlen mir Technikaffinität und ein ausgeprägtes Auge für Formen.

 **Für wen der Job etwas sein könnte:** Du liebst Formen und Farben, entwirfst gern Dinge und bist ein guter Planer. Du hast ein dickes Fell und bist durchsetzungsstark. Du verlierst weder schnell den Überblick noch die Nerven.

**Wer lieber die Finger davon lassen sollte:** In der Welt  der Optik bist du nicht zuhause. Dich interessiert mehr, was in den Gebäuden passiert, als wie sie konstruiert werden.

# 17
# Pathologin

Ich ahne es noch nicht, aber der kommende Job wird nachhaltigen Einfluss auf mein Leben haben. Mein Herz hüpft, wie ich hier so sitze und mir die vergangenen Tage durch den Kopf gehen lasse. Ich habe das Wunder des menschlichen Körpers gesehen. Am Mittwochabend kurz vorm Einschlafen spüre ich, wie meine Organe im Bauchraum in Richtung Matratze rutschen, als ich mich auf die Seite drehe, spüre, wie meine Lunge arbeitet und meinen Brustkorb hebt und wieder senkt. Ich lebe. Mein Körper funktioniert. Und die Organe – alle meine. Ich schlafe mit einem Lächeln im Gesicht ein und in dieser Nacht so gut wie lange nicht mehr.

Nie wäre ich auf die Idee gekommen, einen meiner Jobs im medizinischen Bereich, geschweige denn in der Pathologie zu verbringen. Während der letzten Wochen stellte ich fest, dass ich bei der Planung der nächsten Jobs immer wieder in die Beraterrichtung abrutschte und damit meinem gewohnten Muster folgte. Deswegen überlasse ich die Entscheidung, wo mich mein nächster Job hinbringen wird, meinen Lesern und bin überrascht, als sich nach kurzer Zeit bereits herauskristallisiert, wo die Reise hingehen wird: in die Pathologie. Meine Gedanken kreisen schon, während meine Facebook-Seite mit den Abstimmungsergebnissen noch geöffnet ist. Ich kann doch kein Blut sehen! Bluten Leichen überhaupt? Und wen kann ich da fragen? Ich kenne keinen Pathologen, geschweige denn einen leidenschaftlichen und ich kenne auch niemanden, der einen kennt. Ich tippe »Pathologie« in das Suchfeld ein. Die erste Seite, die mir angezeigt wird, gehört dem »Bundesverband deutscher Pathologen e.V.«. Ich folge der Verlinkung und scrolle durch die letzten Einträge des Bundesverbandes. Sieht nett aus. Und wenn jemand einen Pathologen kennt, der mich für eine Woche mitnehmen würde, dann ja wohl der Bundesverband.

Neue Nachricht: »Liebes Pathologen-Verband-Team, ich suche meinen Traumjob, blogge darüber, und meine Leser wünschen sich einen Einblick in den Berufsalltag eines Pathologen. Haben Sie eine Idee, an wen ich mich dazu wenden könnte?«, und senden. Einige Tage und Mails später bekomme ich die Einladung, die mich Anfang Februar in die Pathologie der Uniklinik Leipzig führt.

Jonas, mein Couchsurfer in dieser Woche, setzt mich auf dem Weg zur Arbeit am Haupteingang der Klinik ab. Ein großer Lageplan zeigt mir den Weg zum Gebäude G, wo sich mein Arbeitsplatz befinden soll. Gebäude G ist ein riesiger alter Kasten und erinnert mich an die Schule, die ich in der fünften und sechsten Klasse besucht habe. Ich gehe eine kleine Treppe zur doppelseitigen Eingangstür hinauf, drücke sie auf und finde mich in einem langen Flur wieder. »Hallo, ich bin Katrin Schierle«, ruft mir eine junge Ärztin im Vorbeilaufen zu, kaum bin ich eingetreten. »Kommen Sie mit!« Ich stolpere hinter ihr her, sie läuft gefühlt doppelt so schnell wie ich. Der erste Weg führt mich ins Sekretariat, wo ich meinen Hospitanten-Vertrag und eine Datenschutz-Erklärung unterschreibe. Über Patientendaten habe ich selbstverständlich Stillschweigen zu bewahren.

Dr. Katrin Schierle ist eine von vier Oberärztinnen und

-ärzten des Institutes. Mit der lebensfrohen Pathologin lande ich einen Glückstreffer: komplexeste Sachverhalte weiß sie für einen Fachfremden verständlich darzustellen. Genau das, was ich in dieser Woche brauche.

Katrin bringt mich in einen dunklen Besprechungsraum. Die Tische sind in einer U-Form angeordnet und füllen damit fast den ganzen Raum aus. Nach und nach treffen die Ärzte ein und nehmen um den Tisch herum Platz, anscheinend nach einer ungeschriebenen Regel. Je länger die Laufbahn und je mehr Verantwortung, desto weiter entfernt sitzen sie von der Leinwand. Gut, dass ich bereits direkt davorsitze. Um Punkt acht Uhr betritt der Chefarzt, Herr Professor Dr. Wittekind, den Raum. Stühle, Kittel und Kasacks werden rasch zurechtgerückt, bis alle mit geradem Rücken am Tisch sitzen.

Der Chefarzt ruft Patientennamen auf. Jeweils ein Arzt spult in Fachsprache die zugehörigen Obduktionsbefunde herunter. Zehn Minuten später ist die Sitzung bereits wieder vorüber, und die Ärzte eilen aus dem Raum. Katrin verteilt Aufgaben an die »Youngster« – die jungen angehenden Fachärzte. Christine soll mir das Institut zeigen und Thomas mich diese Woche zum Essen einladen. Essenseinladungen kannte ich bislang zwar nur auf freiwilliger Basis, aber gut.

Nachdem Christine mich durch das Gebäude geführt hat, stehen wir nun im Wäscheraum. Sie zieht aus einem Regal je eine dunkelblaue und eine hellblaue Hose samt Oberteil. Hellblau für die Mittagspausen und dunkelblau für die Arbeit, bei der man sich auch schon einmal schmutzig macht. Ich schlüpfe in die dunkelblaue Kombination und fühle mich direkt kompetent. Christine liefert mich auf dem Rückweg bei Katrin im Labor ab.

In der Mitte des Labors befindet sich ein Metalltisch, in den durchlöcherte Bleche eingelassen sind, sodass Flüssig-

keiten ablaufen können. Könnte man so auch in der Gastro-
nomie unter einer Zapfanlage finden. Auf den Blechen liegen pro Tischseite zwei Schneidebretter, Skalpelle, Scheren,
Pinzetten und weitere Werkzeuge. In der Mitte des Tisches,
zwischen den beiden Arbeitsplätzen, findet sich ein Waschbecken. Katrin sitzt auf der linken Seite des Tisches, dort wo
die Ärzte die Gewebeproben zur Mikroskopie zuschneiden.
Ihr gegenüber hantiert eine studentische Hilfskraft mit Plas-
tikformen und Metalldeckeln. »Jannike, nimm dir einen Kittel aus dem Regal, zieh dir ein Paar Handschuhe an, und setz
dir eine Schutzbrille auf. Du kannst dich dann gleich neben
Yvonne setzen«, weist mich Katrin an.

Während ich mir den Kittel überwerfe, greift Katrin hinter sich und holt von einem Metallcontainer einen Eimer voller Formalin hervor, einem chemischen Mittel, das der Ver-
wesung entgegenwirkt. Beherzt holt sie mit beiden Händen
einen großen, braunen Klumpen heraus. Viele weitere Gefäße
warten auf dem Container auf ihre Entleerung. »Das hier ist
eine Leber«, erklärt mir Katrin, als sie meinen fragenden
Blick sieht. Die Leber landet währenddessen auf der Waage.
3,5 kg. Ungewöhnlich schwer.

Die Leber findet ihren Weg auf das Schneidebrett und
wird in feine Scheiben geschnitten. Jetzt erklärt sich auch das
absonderliche Gewicht: Sie ist durchsetzt von Krebsgewebe.
Kleine Gewebsproben landen in nummerierten Kapseln. Die
studentische Mitarbeiterin protokolliert, verschließt die Kapseln und sortiert nach ihrer Nummerierung. Ich schwanke
zwischen Faszination und Ekel: So sieht also eine Leber aus?
Und so die Galle? Katrin schneidet sie mit einer Schere auf.
Grüne Gallenflüssigkeit läuft im Waschbecken neben mir in
Richtung Abfluss.

Wer mich in dieser Woche Professor Börne über die

Schulter in eine Leiche schauend vor sich gesehen hat, wird enttäuscht. Denn ein Pathologe ist entgegen herkömmlicher Annahmen nicht mit einem Rechtsmediziner zu verwechseln. Pathologen beschäftigen sich über neunzig Prozent ihrer Arbeitszeit mit der Diagnostik von Gewebeproben lebender Menschen. Weniger als zehn Prozent ihrer Zeit verbringen sie im Sektionssaal, dort, wo die Obduktionen stattfinden. Allerdings müssen Ärzte, die sich in der Fachlaufbahn zum Pathologen befinden, neben sechs Jahren Arbeitserfahrung auch hundertfünfzig Obduktionen vorgenommen haben.

Auf dem Tisch im Labor landen daher nur Organe, die entweder durch eine Transplantation ersetzt werden konnten oder nicht zwingend überlebensnotwendig sind, wie zum Beispiel Galle, Milz und eine der beiden Nieren. Amputierte Gliedmaßen oder abgetriebene Föten können sich auch unter den Einsendungen befinden.

Weil sich ein ganzes Organ nicht unter dem Mikroskop begutachten lässt, wird es von den Pathologen in kleinere Stücke geschnitten. Nur ein Bruchteil des Gewebes landet tatsächlich unter der Vergrößerungslinse. Diese Arbeit ist wesentlicher Bestandteil des Arbeitsalltages von Pathologen und wird ausschließlich von den Ärzten durchgeführt. Schließlich muss genau das veränderte Gewebe für die Mikroskopie ausgewählt werden, das eine genaue Diagnose zulässt. Katrin schneidet, misst und wiegt, drückt mit dem Fuß auf das Pedal unter dem Tisch, aktiviert somit das Mikrofon und spricht ihre Befunde in einem unglaublichen Tempo auf Band. Makroskopie nennt sich dieser Vorgang: der Befund mit dem bloßen Auge. So schnell, wie die Pathologen sprechen, laufen sie übrigens auch; ich hinke immer einen Schritt hinterher.

Für die Betrachtung des Gewebes unter dem Mikroskop wählt Katrin Stücke aus, die für sie kritisch aussehen. Aus den

Rändern der eingesandten Probe wird immer ein Teil herausgetrennt. Katrin pinselt eine Seite des Zuschnittes mit Tipp-Ex ein. »Eigentlich gibt es hierfür spezielle Farbe, aber mit Tipp-Ex funktioniert es genauso, habe ich hier in Leipzig gelernt. Das ist günstiger und wohl so ein Ost-Ding«, verrät Katrin. Die Ränder eines Organs werden überprüft, damit sichergestellt werden kann, dass sich in diesem Bereich nur gesundes Gewebe befindet und jegliches Tumorgewebe entfernt wurde. Sollten sich in diesem Bereich noch Krebszellen befinden, muss nachoperiert werden.

Die Proben werden über Nacht in einer aufsteigenden Alkoholreihe entwässert. Zuerst liegen sie in siebzigprozentigem Alkohol, dann in achtzigprozentigem, sechsundneunzigprozentigem und schließlich in reinem Ethanol. Um die Alkoholreste zu entfernen, müssen die Proben ein letztes chemikalisches Bad durchlaufen, bevor sie in Paraffin, ein Wachs, gegossen werden.

Am nächsten Tag kommen lauter kleine Paraffin-getränkte Gewebestücke aus den Automaten, aus denen die medizinisch-technischen Assistenten Paraffinblöcke machen, die sich dann in hauchdünne Scheiben schneiden lassen. Um das Gewebe unter dem Mikroskop ansehen zu können, muss es so dünn sein, dass Licht hindurchscheinen kann. Ohne den Paraffin-Mantel wäre das nicht möglich. Die medizinisch-technischen Assistenten schneiden schließlich die Gewebeproben für die Mikroskopie und färben sie ein, um Zellformen und Kernstrukturen beurteilbar zu machen.

Wie die Zellen aussehen, zeigt mir Katrin: Durch das Mikroskop können zwei Personen gleichzeitig gucken. Die Zellen sehen für mich wie feine Gemälde aus, rosa, pink und lila, mit Flächen und Punkten, Rändern und Löchern. »Siehst du die rosa Kreise hier unten?«, fragt mich Katrin. »Das sind Krebszellen.« Ich bin beeindruckt, wie sie lediglich anhand einiger Zellen auf einem Objektträger erkennen kann, um welchen Körperteil es sich handelt. »Hier haben wir beispielsweise eine Nase.«

Die Analysen erfordern viel Konzentration; Mitgefühl hat hier keinen Platz. Würde Katrin über den Menschen hinter der Gewebeprobe nachdenken, würde sie den Fokus verlieren. Letztlich ist es nicht das Mitgefühl, das dem Patienten hilft, sondern eine korrekte Diagnose, wie hart auch immer sie sein mag. Ich atme dennoch auf, wenn Katrin in ihr Diktiergerät »tumorfrei« spricht.

Neben Entzündungen und Gewebeveränderungen gibt es unzählige Krebsarten und die verschiedensten Mutationen. Lungenkrebs ist nicht gleich Lungenkrebs. Ein fotografisches Gedächtnis und eine hohe Analysefähigkeit machen einem Pathologen deshalb die Arbeit leichter: Wie sehen die Zellen und die Mutationen aus? Habe ich das schon einmal gesehen, und wenn ja, in welchem Kontext? Zur Not werden Krebslexika gewälzt, bis die richtige Art gefunden ist. Ein bisschen wie Memory.

Bei der Diagnostik gilt das Vier-Augen-Prinzip, schließlich ist die gesamte Anschlusstherapie eines Patienten von der Diagnose abhängig. Und je nach Gewebeveränderung helfen unter Umständen nur ganz bestimmte Behandlungen; die anderen können dem Patienten dann von vornherein erspart werden. Eine präzise und vor allem korrekte Diagnose kann so Leben retten. Wem schon einmal Gewebe entnommen wurde, hatte also auch schon einmal mit einem Pathologen zu tun. Sprachrohr sind aber meist die behandelnden Ärzte.

Pathologen sind wie Architekten echte Allrounder. Während sich andere Ärzte auf einen Körperbereich spezialisieren, müssen die Pathologen die Funktionsweise und den Aufbau aller Organe und Körperbereiche draufhaben. Sie müssen wissen, wie die Chirurgen operieren, damit sie die Teile, die untersucht werden, gedanklich wieder in den Zusammenhang zum ganzen Körper setzen und die richtigen Schlussfolgerungen ziehen können. Auch hier entscheidet manch eine Diagnose über Leben und Tod.

Während meiner Tage in Leipzig lerne ich vom Chef persönlich, dass sich ein guter Pathologe auch durch Organisations- und Kommunikationsfähigkeit auszeichnet. Die Notwendigkeit dieser beiden Fähigkeiten erkenne ich im Tumorboard, in dem Ärzte diverser Fachrichtungen zusammensitzen und die weitere Behandlung von Krebspatienten besprechen. Es werden Bilder des jeweiligen MRTs an die Wand geworfen. Es wird diskutiert, jeder bringt sein Wissen mit ein und ist damit nicht nur mehr Pathologe, Radiologe oder Onkologe, sondern Teil eines großen Ganzen, das mit gesammelter Kompetenz das Beste für den Patienten herausholt.

Darüber hinaus bekomme ich einen Einblick in eine privat geführte Praxis für Pathologie. Praxisleiter Herr Dr. Schneider rechnet mir zur Begrüßung vor, wie viel Geld ihn mein Besuch pro Minute kostet, in der er sich nicht auf die Arbeit konzentrieren kann. Er erklärt mir seinen Job aus einem philosophischen Blickwinkel. Die Bedeutung seines Jobs habe sich für die Menschen im Laufe der Zeit geändert, die Pathologie habe einen neuen Platz im Leben der Menschen gefunden. Während ein Pathologe früher ausschließlich obduziert habe, also dem Menschen den letzten Dienst erwiesen habe, diagnostizieren die heutigen Pathologen überwiegend für lebende Menschen, worauf die gesamte weitere Behandlung aufbaue. Herr Dr. Schneider fragt mich über den Grund meines Besuchs aus und lächelt mich an. Raue Schale, weicher Kern – ich komme nicht umhin, ihn ins Herz zu schließen.

Auch die Mitarbeiterin, die mich in der Praxis begrüßt und mir alles zeigt, besticht durch Herzlichkeit und ihre freie Schnauze: »Ines, angenehm. Hier nennt man misch och den Magenschneider.« Zusätzlich zur Humanpathologie analysieren die medizinisch-technischen Assistentinnen hier auch Gewebeproben von Tieren. Während die Pathologie in der Klinik von derselbigen finanziert wird, muss in einer Praxis das Geld »selbst« verdient werden. Auch in der Organisation gibt es Unterschiede zwischen Praxis und Klinik, die für mich als Laien aber nur schwer erkennbar sind.

Ein besonderes Ereignis in dieser Woche verändert mein Leben nachhaltig. Ich bin bei einer Obduktion dabei. Herr Dr. Schneider erklärt mir, wozu klinische Obduktionen durchgeführt werden: »Obduktionen sind wichtig, damit zukünftige Patienten immer besser behandelt werden können. Hier stellen wir fest, wie Krankheiten verlaufen sind und woran die Menschen gestorben sind. Das ist auch wichtig für die Familien der Verstorbenen. Nach dem Tod gibt es oft viele Fragen. Woran der Patient gestorben ist, ob die Angehörigen ihn rechtzeitig ins Krankenhaus gebracht haben oder etwas falsch gemacht haben, das sind alles Dinge, die wir dann beantworten können. Das ist sehr hilfreich und wichtig für die Trauerarbeit.« Die Mitarbeiter der Praxis gehen sehr respektvoll mit dem Toten um. »Hier liegt nicht der Mensch, sondern nur dessen Körper, sein Leichnam. Das sage ich mir immer wieder«, rät mir Herr Dr. Schneider, um mir den Umgang mit dem, was sich vor mir auf dem Tisch abspielt, zu erleichtern. Als ich den Sektionssaal wieder verlasse, fühle ich mich tief erschüttert. Ich komme ins Grübeln. Wie eine Schweinehälfte beim Schlachter sah der Leichnam aus, als er da geöffnet vor mir auf dem Tisch lag. »Was ist eigentlich der Unterschied zwischen Mensch und Tier?«, frage ich Herrn Dr. Schneider. »Unterschied?«, erwidert er fragend. »Den gibt es eigentlich nicht. Viele wollen das nicht hören, aber man könnte relativ problemlos einem Menschen ein Schweineherz transplantieren.« Die Worte brennen sich mir ein. Den restlichen Tag über fühle ich mich auf der einen Seite unheimlich verletzlich und auf der anderen Seite so reich. Was ich alles an Organen in mir drinhabe, die jeden Tag aufs Neue funktionieren und mich atmen, sehen und riechen lassen. Wie sorglos ich mit ihnen bisher umgegangen bin, wie wenig ich mich um meinen Körper gekümmert habe und wie gedankenlos ich Fleisch konsumiert habe, wird mir mit einem Mal bewusst. Dies ist der Moment, in dem ich Vegetarierin werde. Und je mehr ich mich mit der Thematik befasse, desto fester wird mein Entschluss.

Zurück in der Uniklinik, erzählt Frau Transchel, Sekretärin des Chefarztes, von einem kürzlich erfolgten Anruf. »Alpakas? Sie wollen zwei Alpakas bei uns abgeben? Bitte nicht, wir sind doch kein Veterinäramt!«, wiederholt sie den Dialog. Vor ihrem geistigen Auge habe sie schon den Lieferwagen vor der Tür stehen sehen. Katzen könne man ja zur Not noch in der Kühlung unterbringen, aber bei zwei ausgewachsenen Alpakas würde das schwierig werden.

Während ich in dieser Woche auch einmal selbst den Platz der studentischen Mitarbeiterin beim Zuschnitt einnehme und Teilchen von Leber, Niere, Milz und Prostata in Kapseln verpacke, kommt mir der Gedanke, dass ich tatsächlich auch Pathologin werden könnte. Alles eine Frage der Entscheidung. Ich male mir ein Leben in Arztkittel vor einem Mikroskop aus, das Telefon klingelt: »Frau Dr. Stöhr, bitte zum Schnellschnitt ins Labor kommen!« Ich könnte ganz in echt

eine richtige Pathologin werden, wenn ich mich nur dazu entscheiden und die vierzehnjährige Laufbahn dorthin in Kauf
nehmen würde. Mir schießt dazu ein Zitat von Jeff Bezos,
Chef des US-Konzerns Amazon, in den Kopf: »In the end,
we are our choices. Build yourself a great story.« Auch wenn
die Antwort auf die Frage nach meinem persönlichen Traumjob »Nein« lautet, nehme ich die Vorstellung an mein Patho-
logen-Ich mit, mit dem Wissen, dass alles möglich ist, wenn
man nur den ersten Schritt macht.

 **Für wen der Job etwas sein könnte:** Du möchtest Arzt
werden und gleichzeitig geregelte Arbeitszeiten haben.
Die Anatomie des menschlichen Körpers fasziniert dich.

**Wer lieber die Finger davon lassen sollte:** Du ekelst
dich vor Blut und anderen Körperflüssigkeiten. Du fürch-
test dich vor dem Tod und Leichen. Du trägst nicht gern
Arbeitskleidung und bist ungern in Labors.

# 18

# Texterin

Jetzt stehe ich, die Binnenalster im Rücken, vor Nordpol+. »Willkommen«, begrüßt mich Kreativdirektor Ingmar Bartels in der Lobby der Boutique-Agentur, einem Raum mit Loft-Charakter. Ich folge Ingmar zum Fahrstuhl. Wir fahren in den vierten Stock. Die anderen Tasten wurden deaktiviert, jedes Stockwerk erreicht man über die vierte Etage. Raus aus dem Fahrstuhl, vorbei an gläsernen Wänden, über eine Brücke aus Holzbalken, linksherum. Wo ist der Tunnel, durch den man robben muss? Eine freischwebende Treppe führt uns wieder eine Etage tiefer. Unterwegs treffen wir auf die ersten Mitarbeiter – ich bin überfordert, muss ich mich doch schon auf den Parcours konzentrieren. Dann endlich sind wir angekommen im kreativen Herzen der Agentur: dem Atelier.

Glaswände und derbe Holzbalken trennen die aus Betonplatten und Baugerüsten bestehenden Schreibtischgruppen. Ingmar zeigt mir meinen Arbeitsplatz für diese Woche. Cola, Wasser und Saft gibt es im Kühlschrank. Im Sinne des Austausches der Mitarbeiter sind alle anderen Anlaufpunkte, wie Toiletten und Kaffeemaschinen, über die verschiedenen Stockwerke verteilt. Fahrstuhl fährt man nicht einfach nur, sondern tauscht sich auch aus. Dieses Konzept funktioniert. Fast alle Agenturmitarbeiter lerne ich im Fahrstuhl kennen.

»Hi, ich bin Jakob«, sagt mein Schreibtischnachbar. »Welchen Beruf testest du bei uns?«

Tja, also … Ich dachte, den des Marketing-Menschen oder Marketers?

»Ich zum Beispiel bin Texter«, sagt Jakob. »Wir haben auch Grafikdesigner, Web-Entwickler, 3-D-Designer und Berater. Aber die Ideen können bei uns von jedem kommen. Also mach einfach mit, Quereinsteiger sind immer gern gesehen.«

Er nimmt mich direkt mit zum ersten Meeting dieser Woche, bei dem sich die Kreativen am Mitteltisch treffen und sich über Ideen und die weitere Vorgehensweise zu einem Projekt austauschen. Das Berliner Büro ist per Skype zugeschaltet. In dieser Woche laufen zwei wichtige Projekte. Für die Entwicklung eines Claims für Kunde A bleiben noch dreißig Stunden Zeit; etwas mehr für die Fertigstellung einer ganzen Kampagne für Kunde B.

Ich finde meinen Platz in dieser Woche bei den Textern und bekomme von Ingmar gleich meine erste Aufgabe – die Entwicklung eines Claims für Kunde A. Ein Claim ist ein Satz oder Teilsatz, der fest mit dem Markennamen verbunden ist und sogar Teil des Logos sein kann. Wie zum Beispiel »Ikea – wohnst du noch oder lebst du schon?«. Bevor es in die Entwicklung solch eines Claims geht, wird die Marke des Kunden analysiert, also herausgearbeitet, was die Marke ausmacht. Dass die Werbung die Eigenschaften der Marke widerspiegelt, ist grundlegender Anspruch. Nach dem Motto »Jedes Wort ist ein Wort zu viel« brüte ich über schlüssigen Wortkombinationen, die zu den Markenwerten passen und potentiellen Kunden ein Gefühl für die Produkte vermitteln. Mein Blutdruck steigt.

Ingmar erklärt mir charmant, dass keiner meiner fünfzehn Vorschläge etwas taugt, gibt mir aber mithilfe konkreter Beispiele ein besseres Gefühl für die Aufgabe. Meine Vorschläge in der zweiten Runde sind schon näher an der Zielvorgabe dran. Ob man weiß, wenn man die richtige Idee hat? So wie Wickie, der sich die Nase reibt und bei einem Einfall dann den Finger in Richtung Himmel streckt und schnipst?

Ich habe keine Eingebung mehr und verlasse um kurz nach sieben am Abend die Agentur in Richtung Stadion. Ein FC-St.-Pauli-Spiel rechtfertigt bei Nordpol+ auch bei einem hohen Projektaufkommen einen frühen Feierabend. Nicht zuletzt, weil der FC St. Pauli einer der Gründungskunden der Agentur ist, für den sie heute noch arbeiten. Sonst kann es bei den Kollegen auch schon einmal später werden. Aber Fußball wird hier großgeschrieben, und so hat mir Kreativ-Direktor Sebastian bereits am Nachmittag zwei Tickets in die Hand gedrückt. Auf dem Weg ins Stadion sammle ich noch einen Couchsurfer ein, der vor einigen Jahren einmal Gast bei mir war. Ganz unerwartet stehe ich also am ersten Abend meines Praktikums auf der Fantribüne, mein Couchsurfer grölt mit. Stadionatmosphäre macht den Kopf frei. Für neue Ideen zum Beispiel.

Der nächste Tag beginnt für mich um zehn Uhr wieder mit der Ausarbeitung des Claims für Kunde A. Meine Gedanken drehen sich im Kreis. Gar nicht so einfach, auf Knopfdruck Ideen zu generieren. Ich sitze stumm an meinem Tisch und denke. Visualisiere meine Ideen in PowerPoint unter dem Markenlogo. Jedes Wort klingt irgendwie komisch, wenn man es nur oft genug wiederholt. Und welche Wörter und welche Kombination sind die Richtigen für Kunde A? Ich will eine Idee haben! Jetzt! Meine Gedanken greifen immer wieder die gleichen Worte. Ich muss in eine andere Richtung denken. Aber in welche? Mir fallen Songs ein und Freunde, die zu dem Produkt passen. Was macht sie aus, was denken

Das Traumjob-Experiment

sie, was wollen sie? Streng dich mehr an, Jannike. Ich erinnere mich an eine Situation in meiner Jugend, in der ich austestete, ob ich über telepathische Fähigkeiten verfüge. Mit meinen Gedanken wollte ich einen auf dem Tisch liegenden Stift zu mir bewegen. Ich wollte so sehr, dass sich der Stift bewegt. Nun ja. Genauso ergeht es mir heute.

Um siebzehn Uhr telefonieren der Geschäftsführer, der Kreativ-Direktor und die Beraterin mit dem Kunden. Von meinen Ideen ist keine dabei. Die Auswahl hat den Kunden noch nicht überzeugt. Wir erhalten weitere vierundzwanzig Stunden zur Überarbeitung. Mit Kritik muss man in diesem Job umgehen können. Die Stimmung ist gedämpft, und der Großteil des Teams verlässt gegen frühen Abend das Atelier. Morgen wird ein langer Tag werden.

Mittwoch, zehn Uhr dreißig. Um siebzehn Uhr soll der Claim dem Kunden vorgestellt werden. Noch haben wir nichts. Nicht viel mehr Zeit bleibt, bis die Präsentation der Kampagne für Kunde B stehen muss. Mich beeindruckt die Zusammenarbeit des Kreativ-Teams. Alle arbeiten parallel an verschiedenen Projekten. Springen gedanklich von A nach B, manchmal auch nach C und unterstützen dort, wo sie am dringendsten gebraucht werden. Geistige Flexibilität ist hier Grundvoraussetzung. Um sechzehn Uhr fünfzehn kommt das Team zusammen. Die Ideen liegen auf DIN-A4-Blättern auf dem Mitteltisch und auf dem Boden darum herum. Ingmar geht jede Idee durch, sechs kommen in die engere Auswahl. Die anderen siebenundfünfzig Vorschläge landen im Papierkorb. Keiner wirkt auf mich enttäuscht, wenn es die eigene Idee nicht in die nächste Runde schafft. Richtig überzeugt ist Ingmar aber noch nicht. Ein Kollege kommt mit einem Kaffee zurück an den Tisch. »Was ist eigentlich mit dem Wort ›X‹!? Haben wir das schon einmal durchdacht?« Art-Direktorin Karina greift den Vorschlag auf und wirft einen neuen Satz in den Raum. »Das ist es!« Ingmar klatscht in die Hände. Wickie lässt grüßen. Es ist zehn vor fünf, Beraterin Victoria tippt die Claims auf farbige Slides, verschickt sie an den Kunden, die Telefonkonferenz startet. Der Kunde ist begeistert und geizt nicht mit Lob.

Der Rest des Teams macht sich unmittelbar an die Präsentation für Kunde B. Denn: Nach der Präse ist vor der Präse, so lautet auch die Betreffzeile des folgenden E-Mail-Verkehrs. Gegen einundzwanzig Uhr bestellen wir Pizza. Die Firma spendiert. Wir stehen in der Lobby und essen mit den Händen. Die Chefs sind in Richtung Süddeutschland unterwegs, wo am frühen Morgen das Meeting sein wird. Ich fühle mich, als wäre ich während eines Kindergeburtstages auf einem Indoorspielplatz. Mit Übernachten – ohne Eltern. So fühlt sich Abenteuer an. Für mich ist kurz nach Mitternacht Schluss. Als ich gehe, ist die Stimmung nach wie vor gut. Keiner wirkt auf mich genervt, obwohl noch nicht alle Feierabend haben. Auch wenn nicht täglich so lange gearbeitet wird, frage ich mich, wie sich das Leben in dieser Branche mit einer Familie vereinbaren lässt. Meine beste Freundin, bei der ich in dieser Woche wohne, bekomme ich nur an zwei Abenden zu Gesicht. Ein Taxi bringt mich zu ihr, ebenfalls auf Firmenkosten. Ein kleiner Ausgleich an langen Arbeitstagen.

Dass die dringenden Claims jetzt geschafft sind, macht sich an meinen letzten beiden Tagen deutlich bemerkbar. Jeder wendet sich seinem Computer zu und widmet sich den weniger dringlichen und mitunter weniger umfangreichen Aufgaben. Die Dramatik der ersten drei Tage hat abgenommen. Geschäftig bleibt es trotzdem. Ich gucke abwechselnd den Kollegen über die Schulter, helfe bei einer Übersetzung ins Englische und recherchiere zu den Themen Social Entre-

Das Traumjob-Experiment

preneurship und Nachhaltigkeit. Ein Kunde soll in der Presse platziert werden, und Texter David sucht dazu den passenden Aufhänger. Ich denke mir einen Werbespot aus und schreibe ihn in vier Zeilen nieder. Die Idee ist nichts, aber für den Text werde ich gelobt. Immerhin. Für einen bereits gedrehten Werbespot suche ich nach passender Musik, für die keine GEMA-Gebühren anfallen. Aber welches Lied passt am besten zu einem über eine Brücke fahrenden Auto? Was in der Fernsehwerbung so stimmig wirkt, ist gar nicht so leicht zu gestalten.

Karina und Victoria nehmen mich mit zu einem Meeting mit einem freiberuflichem Cutter und Filmer. Ein Imagefilm über ein großes, restauriertes Kontorhaus ist in Planung. Der Freiberufler hat eine Vorauswahl an Schauspielerinnen getroffen. Auf einer Leinwand schauen wir uns Demo-Material an, kurze Videosequenzen, in denen man einen Eindruck von den schauspielerischen Leistungen und der Person bekommt. »Die sieht viel zu alt aus«, sortiert Karina die erste Schauspielerin aus. Ich schaue auf das Geburtsdatum: mein Jahrgang. Weitere Schauspielerinnen und Demos folgen, aber bis auf eine »markante Brünette« überzeugt uns keine. Nach der Besprechung suche ich aus einer Schauspieler-Datenbank weitere Vorschläge heraus. Was aus ihnen wird, erfahre ich in dieser Woche allerdings nicht mehr.

Erst spät wird mir klar, woher die Leidenschaft der Mitarbeiter für den Beruf kommt. Bei Nordpol+ wird viel mehr als bloß Werbung gemacht. Hier identifiziert man sich mit den Kunden und den Produkten und möchte persönlich hinter der Werbung stehen können. Das Konzept muss nicht gut sein, sondern exzellent. Das Image einer Marke mit zu prägen und die eigenen Ideen in den Medien zu sehen, das sei ein tolles Gefühl, antwortet mir Ingmar auf die Frage nach dem Warum. Nordpol+ ist Teil von den Interpol Studios und zuständig für die Kommunikation, also die Vermittlung der Werbebotschaft. Die Interpol Studios sind interdisziplinär angelegt und auch in Architektur, Film oder Kunst aktiv. Wenn es um neue Ideen geht, greifen aber alle Bereiche auf das kreative Herz, die Mitarbeiter des Ateliers, zurück. Das kreative Team hat unter anderem die Fußball-App für *Spiegel Online* konzipiert, die Marke Dacia in Deutschland berühmt-berüchtigt gemacht und sogar ein Tribünen-System für Fußballstadien entwickelt und patentieren lassen. Die Tribüne ist dabei wie eine Welle gebogen, sodass alle Zuschauer näher am Spielgeschehen dran sind als in anderen Stadien.

Ich frage mich, ob man wohl mit der Zeit kreativer wird und immer mehr und bessere Ideen hat oder ob die Ideen irgendwann ausgeschöpft sind. Meine Suche nach Ideen kommt mir vor wie ein Stochern im Nebel, ein Geistesblitz wie ein großer Zufall. Jakob beruhigt mich, mit der Zeit könne man auch die Ideenfindung strukturieren. In der Bibliothek des Ateliers finde ich verschiedene Bücher zum kreativen Prozess. In der Tat scheint es diverse Methoden für Kreativität zu geben. Kreativ zu sein bedeutet ja nicht mehr, als etwas Neues zu kreieren. Die Ideenfindung bei Nordpol+ funktioniert gut. Wahrscheinlich liegt das daran, dass die Agentur über eine funktionierende Fehlerkultur verfügt und niemand Angst hat, sich mit seinen Ideen zu blamieren. Erst bin ich gehemmt und finde meine eigenen Ideen lächerlich. »Falsch gibt es nicht« war aber einer der ersten Sätze, die Ingmar zu mir sagte. Und tatsächlich, in dieser Woche wird niemand ausgelacht, und auch sonst habe ich den Eindruck, dass jeder sagt, was er denkt. Auch im Hinblick auf das Miteinander. Das kann dann schon mal knallen. Aber wie nach einem guten Gewitter gibt es hinterher frische Luft und frische Gedanken.

Das Traumjob-Experiment

Ich für meinen Teil habe Blut geleckt. Mit Schreiben möchte ich mein Geld verdienen, so viel steht fest. Aber nicht als Texterin, denn ich möchte nicht nur Texte zu Werbezwecken schreiben. Die Methoden zur Freisetzung der Kreativität hätte ich allerdings schon gern noch gelernt. Auch wie man clevere Marketingstrategien erstellt. Aber man kann nicht alles haben. Oder doch?

Zu der Frage: »Was will ich eigentlich?«, gesellt sich diese Woche noch eine zweite, nämlich: »Wo bin ich eigentlich?« Als ich in der Mittagspause in die Fußgängerzone einbiege, weiß ich für einen Moment nicht mehr, in welcher Stadt ich mich befinde. Nach einem kleinen panischen Moment fällt es mir wieder ein. Hamburg, stimmt ja. Zwanzig Jobs hätten es vielleicht auch getan. Als ich an diesem Wochenende meine Sachen wieder packe und nach Hause fahre, ist die Luft raus. Ich bin k. o. Fertig vom Immer-neu-Sein, müde vom Einlassen, vom Abschiednehmen und Wieder-von-vorne-Anfangen. Ich wünsche mir ein geregeltes Leben mit meiner Familie und meinen Freunden. Ich wünsche mir Beziehungen, die halten. Ein bisschen Sicherheit.

 **Für wen der Job etwas sein könnte:** Du bist selbstbewusst, offen, flexibel, kreativ und liebst Abwechslung. Du stehst gern spät auf und gehst noch später ins Bett, trägst zur Arbeit gern Turnschuhe, du arbeitest gern frei und mit dem Kopf, bist kritikfähig und kannst damit leben, wenn ein großer Teil deiner Arbeit in der Tonne landet, weil er nicht realisiert werden kann.

**Wer lieber die Finger davon lassen sollte:** Du bevorzugst Routine und feste Arbeitszeiten, du hältst dich  gedanklich gern in einem vorgegebenen Rahmen auf.

# 19

# Mitarbeiterin der österreichischen Entwicklungszusammenarbeit

Stellt euch vor, ihr lebt in einer glücklichen Beziehung mit eurem Partner, eurer Partnerin. Alles ist, wie ihr es euch immer gewünscht habt. Wären da nicht immer wieder die Lippenstiftflecken auf seinem Hemdkragen, die Knutschflecken an ihrem Hals. Das unbekannte Parfum, das in den Haaren hängt, wenn euer Partner, eure Partnerin nach vielen Überstunden nach Hause kommt und so geschafft ist, dass er oder sie einfach nur noch schlafen will. Rechnungen für Hotelaufenthalte fliegen herum, Mühe, die Zeichen zu verstecken, gibt sich der Partner, die Partnerin nicht. Diese Woche erwische ich meinen Partner in flagranti und kann noch nicht einmal sagen, dass ich nichts gewusst hätte.

Denn in dieser Woche habe ich einmal nachgefragt und wollte wissen, was ich eigentlich schon längst wusste. Ich teste den Job der Programm-Managerin in der Entwicklungszusammenarbeit bei der Austrian Development Agency. Mein Thema in dieser Woche ist die staatliche Entwicklungshilfe. Schulen und Brunnen für Afrika kommen mir als Erstes in den Sinn. Meine Woche bei der ADA ist durchgeplant. Montag Kosovo-Forum in der Wirtschaftskammer, Dienstag Evaluierung der Uganda-Strategie im Außenministerium, Mittwoch Termine zu Menschenrechtsansätzen und entwicklungspolitischer Bildung, Donnerstag erfolgt die Prozesserstellung für die hausinterne Bonitätsprüfung von Unternehmen für potentielle Wirtschaftspartnerschaften, Freitag Infos zu der Zusammenarbeit mit Nichtregierungsorganisationen und der Öffentlichkeitsarbeit. Ich verstehe nicht einmal die Hälfte. So viel zum Thema Schulen- und Brunnenbau.

Für ein Projekt erstelle ich aus den Projektunterlagen eine Kurzinformation für PR-Zwecke. Eine österreichische Schuh-Firma möchte bei ihrem Hersteller in Bangladesch sowohl eine Ausbildungsstruktur und funktionierende Geschäftsprozesse einführen als auch Umweltbewusstsein bei den zugehörigen Gerbereien schaffen, damit sie nicht mehr zigtausend Liter Chemikalien pro Tag ungefiltert in den Fluss kippen, der auch für die Wasserversorgung der Stadt genutzt wird.

Die beiden Programm-Manager Susi und Gottfried stehen mir Rede und Antwort. Ihr Job bei solch einer Wirtschaftspartnerschaft ist es erst einmal, die Anträge zu prüfen. Da gilt es beispielsweise zu schauen, ob die Idee einen nachhaltigen Nutzen für die Arbeitnehmer und die Bevölkerung in den Schwellen- oder Entwicklungsländern hat und, falls nicht, wie man diesen erreichen könnte. Ob die antragstellenden Firmen überhaupt über genügend Eigenkapital verfügen, um das Projekt, das bis maximal fünfzig Prozent aus staatlichen Mitteln gefördert werden kann, durchzuführen. Ob die Firma einen guten Ruf hat oder schon einmal wegen Ausbeutung oder anderer Skandale in die Schlagzeilen geraten ist. Ob die Interessen der Entwicklungszusammenarbeit genügend Platz bei der Umsetzung finden.

Die Beratung der antragstellenden Unternehmen kostet viel Zeit. Bei einer Förderung soll in den Entwicklungsländern ein messbarer Mehrwert erreicht werden, der ohne die Förderung nicht zustande gekommen wäre. So wird die Ausbildung in Bangladesch beispielsweise dank Susis Initiative nicht im Unternehmen für lediglich eine Handvoll Fachkräfte durchgeführt, sondern in Kooperation mit einer lokalen Schule. In dieser Schule können langfristig weitere Fachkräfte für den gesamten Markt ausgebildet werden. Eingesetzt hat sie sich auch für die Schulung von Gerbereien, die einen großen Beitrag für den Umweltschutz in Bangladesch leisten können, wenn die Betreiber nur zu ein wenig Umweltbewusstsein gelangen.

Über die Umsetzung der Projekte entscheidet ein Gremium, bei dem beispielsweise auch das Außenministerium vertreten ist. »Ich weiß, warum ich die teils langen Wege und die Bürokratie in meinem Job in Kauf nehme, wenn ich ein Herzensprojekt auch gegen anfängliche Bedenken durch das Gremium bringen konnte oder wenn ich vor Ort sehen kann, dass die Förderung einen tatsächlichen Unterschied für die Menschen macht«, sagt eine Kollegin. Bürokratie und Transparenz sind unvermeidbar, wenn es um die Ausgabe von Steuergeldern geht. Das sehe ich ein. Und die Kollegin auch. Sie hat ihren Traumjob gefunden, auch wenn er Kompromisse fordert.

Man müsse alles sehr sauber dokumentieren, erzählt sie mir weiter. Dass das Korsett mitunter sehr eng sei, wäre aber nur logisch, denn wie wolle man sonst als Vorbild für eine saubere Mittelverwendung fungieren und Korruption vorbeugen? Nachteil dabei wäre allerdings eine wachsende Risikoaversion. Die wirklich vielversprechenden Projekte seien oft mit einem hohen Risiko verbunden und würden daher oft zugunsten sicherer Themen vernachlässigt. Denn wenn so ein Projekt tatsächlich mal an die Wand fahren würde, wäre der Aufschrei groß. Steuergeldverschwendung! Ohnehin müsse viel entwicklungspolitische Bildung betrieben werden, um überhaupt genügend Steuergelder zur Verfügung gestellt zu bekommen. Dafür gibt es bei der ADA sogar eine eigene Abteilung. »Es gibt so viele Gründe, warum wir uns in der Entwicklungspolitik engagieren müssen«, erklärt mir Abteilungsleiter Dr. Helmuth Hartmeyer. »Von dem Vorteil, den wir aufgrund der geographischen Lage unserer Länder hatten und immer noch haben, sollten wir etwas weitergeben. Und die Folgen des Klimawandels, den wir verursacht haben, treffen in erster Linie die ohnehin schon armen Länder. Wir müssen die Globalisierung funktionsfähiger und fairer machen und für einen Ausgleich sorgen. Wenn wir Hilfe zur Selbsthilfe geben, hat das auch Auswirkungen auf die Flüchtlingsströme, die nach Europa ziehen. Es ist wichtig, dass wir Teile der Steuergelder in Entwicklungspolitik stecken. Das sind wir den armen Ländern schuldig. Und letztlich haben auch wir etwas davon.«

In den Gesprächen mit den Kollegen der ADA in dieser Woche lerne ich, dass die Arbeit in den Entwicklungsländern nur die eine Seite der Medaille ist. Auf der anderen Seite stehe ich mit meinem ganz persönlichen Lebenswandel. »Wir sollten uns bei allem immer nach dem Warum fragen. Warum sind viele so unglücklich, obwohl sie alles haben? Warum ist Ebola ausgebrochen? Warum sind die Menschen in Afrika so arm? Wir müssen aufhören, die Symptome zu bekämpfen, und anfangen, nach den Ursachen zu suchen und Strukturen zu schaffen«, ist Gottfrieds Meinung. Die Spendenbereitschaft, gerade bei den weniger gut betuchten Menschen, sei hoch. Die vielen Zehn-Euro-Beträge machten die Hilfsprojekte möglich.

Aber mit ein paar Spenden sei es nicht getan, auch wenn die vielleicht das Gewissen beruhigen. Viele Menschen spenden und kaufen trotzdem weiter billige Kleidung. Ich muss schlucken. Auch ich zähle zu diesen Menschen. »Wie kann das nur so billig sein?«, höre ich mich in Gedanken noch sagen, als ich mal wieder ein Schnäppchen geschlagen hatte. Ich lerne in dieser Woche, dass alles seinen Preis hat. Die Frage ist nur, ob ich ihn zahle oder ob ich ihn jemand anderes zahlen lasse. Es können die Menschen in den Schwellen- und Entwicklungsländern sein, die ausgebeutet werden, die einen Teil des Preises zahlen. Es können die Tiere in der Massentierhaltung sein, die mit ihrer Gesundheit und ihren Qualen dafür zahlen, dass ich billig Fleisch konsumieren kann. Es kann die Umwelt sein, die verpestet wird und deren Ressourcen verschleudert werden. Und wozu? Damit ich immer mehr immer billiger haben kann, um es in immer kürzeren Abständen gegen etwas Neues zu tauschen. Wo eine Nachfrage ist, da ist auch ein Angebot. Ich fühle mich betrogen, fühle mich hintergangen. Aber genau wie der Partner oder die Partnerin, die sich nie die Mühe machte, die Zeichen der Untreue zu verbergen, muss ich mir eingestehen: Ich habe es gewusst. Aber ich habe die Augen verschlossen. Die Nachricht, die Schriftsteller Kurt Vonnegut Außerirdischen am Grand Canyon hinterlassen wollte, trifft es gut: »Wir hätten uns retten können, aber wir waren zu faul, um uns wirklich Mühe zu geben. Und verdammt geizig.«

Ich fühle mich schlecht. Ich möchte am liebsten in die Stadt laufen, um meine Laune mit ein wenig Konsum wieder aufzubessern. Oder lieber doch nicht? Mist, ich habe ein Problem. Was darf ich jetzt überhaupt noch? Ich frage die Kolleginnen, worauf sie beim Konsumieren achten und wo sie ihre Kleidung kaufen. Gibt es bei ihnen nur noch Fairtrade? Und tatsächlich entdecke ich beim Öffnen des Kühlschrankes in der Teeküche lauter kleine, grüne Zeichen auf den Produkten in den einzelnen Fächern. »Fair produzierte, modische Kleidung zu finden ist allerdings gar nicht so einfach. Ich kaufe schon noch das, was mir gefällt, aber ich versuche meinen Beitrag über die Menge zu leisten. Ich kaufe mir sehr selten neue Sachen«, verrät mir Steffi, eine meiner Kolleginnen. Das könnte ein Weg sein, denke ich. Ohnehin habe ich immer alles, was ich brauche, in meinem kleinen Koffer dabei. Eigentlich benötige ich nicht mehr. Im Gegenteil, ich fühle mich befreit.

Programm-Managerin zu werden kann ich mir nicht vorstellen, obwohl die Entwicklungszusammenarbeit aus meiner Sicht sehr sinnvoll ist. Für das notwendige Maß an Bürokratie fehlt mir die Geduld. In einer NGO, also einer Non Government Organisation, soll das anders sein.

Es ist Abend am Freitag, dem Dreizehnten, als ich die Tür der ADA hinter mir ins Schloss fallen lasse und mich auf den Weg nach Hause mache. Für die drei Wochen darf ich die kleine Gästewohnung von Ingo und Susanne nutzen, deren Tochter Christiane mir während meines ersten Wien-Aufenthaltes bereits geholfen hatte. Ihr Wohnzimmer ist mein Lieblingsplatz in Wien geworden. Der Tee und die Gespräche sind hier immer die besten.

»Wo ist das Kalenderblatt von heute?«, fragt Ingo seine Frau, als ich nach Hause komme.

»Das habe ich vorhin meiner Nachhilfeschülerin mitgegeben, als Glücksbringer. Sie schreibt am Montag eine Arbeit und war so aufgeregt«, antwortet Susanne. »Warum fragst du?«

»Seit über zwanzig Jahren sammele ich die Kalenderblätter aller Freitage, die auf einem Dreizehnten liegen, um zu sehen, wie viele von ihnen ich schon überlebt habe«, antwortet Ingo seiner Frau.

Susanne und ich lachen. Manche Dinge entdeckt man erst spät. Aber man wird auf sie achten, sobald man sie einmal mitbekommen hat.

**Für wen der Job etwas sein könnte:** Du bist hilfsbereit, hast Interesse an Wirtschaft und Entwicklungspolitik. Du willst die Welt ein Stück besser machen und kannst dich dazu gegen viel Konkurrenz durchsetzen und nimmst in Kauf, weniger zu verdienen, als du es in der Wirtschaft tun würdest.

**Wer lieber die Finger davon lassen sollte:** Du bist ein  Freigeist und hasst Bürokratie. Leid kannst du schlecht mit ansehen. Du hast dich in der Konsumblase gut eingerichtet und hast nicht vor, sie zu verlassen.

> Eine Buchempfehlung der Mitarbeiter der Entwicklungszusammenarbeit:
> Das Gegenteil von Gut … ist gut gemeint – Daniel Rössler

# 20

# Tierpräparatorin

Stellt euch vor, Angela Merkel ruft bei euch an und fragt, ob ihr morgen Zeit hättet, auf einen Kaffee bei ihr vorbeizukommen. Wie lautet die Antwort?

Es gibt Einladungen, die schlägt man nicht aus. So geht es mir, als sich Miriam vom Naturhistorischen Museum in Wien bei mir meldet und mir ein Praktikum anbietet. Das NHM gilt als eines der bedeutendsten Naturmuseen der Welt und fragt mich, ob ich vorbeikommen möchte. Die Antwort ist klar, ich bin begeistert! Bis ich lese, um welchen Job es sich handelt. Tierpräparatorin. Wie widerlich. Tote Tiere. Ich klicke auf Antworten: »Liebe Miriam, herzlichen Dank für euer Angebot. Ich möchte es gern annehmen. Die Arbeit als Tierpräparatorin wird mich allerdings Überwindung kosten. Umso gespannter bin ich, wie die Woche bei euch werden wird.«

Jetzt sitze ich vor einer Amsel und halte eine Pinzette in der Hand, an der Teile von einem Amselgehirn kleben. Im Radio spielt der Song *Cheerleader* von OMI. Ich falte einen Schnipsel Zellstofftuch und stopfe ihn mithilfe der Pinzette in den Vogelkopf. Ich ziehe ihn wieder heraus. Mit ihm milchigen, weißen Schleim – Amselgehirn. Drei, vier, fünf schleimige Tuchfetzen ziehe ich nacheinander aus dem Kopf heraus. Mein Brechreiz setzt ein. »Ich glaube, ich bin fertig«, würge ich heraus und reiche Tierpräparatorin Nathalie die Amsel.

Ich muss aufpassen, dass ich mit dem Kittelärmel nicht im Hirn der Amsel lande. Nathalies Vogelschädel ist schon blitzeblank. Schädel und Schnabel sind neben Haut, Federn und Beinen die letzten Dinge, die von dem Vogel übrig geblieben sind. Der Rest liegt auf Nathalies Schneidebrett.

»Na, ist deine Ekelgrenze erreicht?«, fragt Nathalie lachend. Ich schaue aus dem Fenster. Ich habe gerade einen Vogel aufgeschlitzt und das glänzende Bindegewebe durchtrennt, um die Haut vom Fleisch zu lösen. Habe seine Kniegelenke durchschnitten, das Fleisch von Elle und Speiche gezogen, den Kopf von der Wirbelsäule getrennt, die Augen rausgezogen und ein Loch in den Schädel geschnitten. Ja, meine Ekelgrenze ist erreicht. Nathalie erlöst mich und holt noch einmal die gleiche Menge an Gehirn aus dem Kopf.

Neben dem Ekel gibt es aber auch Aha-Momente. Ich lerne unter anderem, dass Vögel nicht, wie ich zuvor angenommen hatte, am ganzen Körper Federn besitzen, sondern dass ihr Federkleid aus einzelnen Federreihen besteht, die dann aufgeplustert werden. Dass, wenn man bei Vögeln nicht am Gefieder erkennen kann, ob es sich um ein Männchen oder Weibchen handelt, man sich der Gonadenbestimmung bedienen kann. Die Gonaden sind die Geschlechtsteile der Vögel und liegen im Inneren des Körpers, zwischen Rückgrat und inneren Organen. Die Schwanzwurzel der Vögel liegt zwischen den Schwanzfedern, damit sie den Stoß bewegen können. Unsere beiden Vogelkörper, die Gerhard zuvor aus der Tiefkühltruhe geholt hatte und in einem Eimer mit heißem Wasser auftauen ließ, präparieren wir für wissenschaftliche Zwecke. Außerdem schneiden wir kleine Stücke aus dem Fleisch der Vögel heraus und geben sie in ein mit Alkohol gefülltes Röhrchen. Aus dem Fleisch wird die DNA gewonnen. Auf einem Zettel notieren wir Vogelart, Geschlecht, Länge, Todestag und Fundort.

Die Daten der verschiedenen Vogelbälge, die seit Jahrhunderten im Museum gesammelt werden, werden zur Forschung genutzt. So kann man beispielsweise auswerten, wie sich die Amselpopulation in der Stadt mit zunehmender Bebauung entwickelt hat oder ob sich die Anatomie bestimmter Vogelarten über Generationen hinweg verändert.

Das Häuten und Abziehen ist der erste von drei Arbeitsschritten in der Tierpräparation. Zimperlich darf man nicht sein und sollte auch nichts gegen Blut und Innereien haben. Wer Anatomie liebt, kommt hier aber auf seine Kosten. »Mein Interesse für Wissenschaft, Kunst und für Anatomie hat mich hierhergebracht«, erzählt mir Miri, die nach ihrer Lehrlingsausbildung im Naturhistorischen Museum übernommen wurde. Ein Glücksfall, denn Ausbildungsplätze und Stellen als Tierpräparatoren sind rar. In Deutschland gibt es beispielsweise nur eine Ausbildungsstätte.

»Wir haben hier auch Auszubildende im Museum«, erzählt mir Chef Robert, der an zwei Tagen in der Woche zusätzlich als Berufsschullehrer Tierpräparatoren ausbildet. »Wir machen morgen mit der Klasse einen Ausflug in die Tierpathologie. Ich nehme dich mit, dann kannst du sie kennenlernen. Außerdem gibt es da einen in Scheiben geschnittenen Beagle, der ist sehr interessant.« Na, wenn das so ist.

Um acht Uhr treffe ich am verabredeten Ort auf Robert und seine sechs Lehrlinge, die für den Blockunterricht aus ganz Österreich und der Schweiz angereist sind. Wir fahren zu der Vetmed im Nordosten Wiens, der Uni für Veterinärmedizin, in der auch die Tierpathologie sitzt. Gemeinsam mit einem Mitarbeiter des Instituts laufen wir durch die Unterrichtsräume, die Lagerräume, das Labor, bis wir in einem Ausstellungsraum ankommen. Die Querschnitte vom Beagle! In einer Vitrine entdecke ich den Beagle, der sich mit seinen zweiundvierzig Scheiben auf fünf Regalbretter verteilt. Von der Schnauze bis zum Anus kann ich hier die Anordnung seiner Organe betrachten, den Sitz der Wirbelsäule erkennen und den Hohlraum im Magen. Werdende Tierärzte können hier die Anatomie studieren. Es geht weiter zum Sektionssaal.

»Hast du Probleme damit, Blut zu sehen?«, fragt mich Robert und sieht aus, als würde er ein Ja erwarten.

»Nein«, antworte ich und denke »nicht mehr«.

Wir gehen durch eine Schleuse und schlüpfen mitsamt unserer Schuhe in riesige Gummistiefeletten, die mir bis zur Wade reichen und mit denen ich mich wie auf Skiern vorwärtsbewege. Wir kommen in einen großen Saal. Zwei junge Frauen stehen an einem Tisch, die eine über die Einzelteile einer Schlange gebeugt, die andere ist an einer Katze zugange. Die flauschige, weiße Katze liegt auf dem Rücken und hat alle viere von sich gestreckt. Richtig niedlich sähe sie aus, würde an ihrem Bauch nicht ein riesiges Loch klaffen, das Einblick in ihr Inneres gewährt. Weiter hinten im Raum hängt eine Kuh an der Decke. Mit ihren linken Hufen hängt sie an Stahlketten befestigt von der Decke herunter. Mit einer Vorrichtung hatte der Tierpathologe sie dort hochgezogen, den Bauch aufgeschlitzt und nach und nach alle Organe entfernt. »Trotz Behandlung durch den Tierarzt ist die Kuh gestorben. Ich bin gerade dabei, herauszufinden, warum und woran«, erklärt uns der Pathologe. Blutspritzer zieren seine weiße Schürze und seine nackten Arme. Während er sich wieder daranmacht, in den Organen zu wühlen, spritzen wir uns mit einem Wasserschlauch die Stiefel sauber. Unser Ausflug ist beendet, und ich bin für den Tag entlassen. Das ist auch gut so, denn ich habe mir eine Grippe eingefangen, die ich mit Gripostad und viel Schlaf versuche, in den Griff zu bekommen. Zuhause bleiben will ich in dieser Woche nicht. Jetzt oder nie.

Die Präparatoren im Museum sind grundsätzlich für alle Wirbeltiere zuständig, die hier abgegeben werden. Haus-und-Hof-Tiere werden nicht angenommen. Exotisch wird es, wenn der Tiergarten Schönbrunn anruft und ein Zebra oder Elefant auf seine Präparation wartet. »Den Elefanten mussten wir an Ort und Stelle auseinandernehmen. Den hätten wir sonst gar nicht zu uns ins Museum bekommen«, erzählt mir Robert. Je größer ein Tier ist, desto schmutziger ist in der Regel die Arbeit.

Die eigentliche Präparation, also das Haltbarmachen von tierischen Körpern, folgt nach dem Säubern. Für die kommende Ausstellung wird noch ein Hamster gebraucht. Die Ausstellung soll zeigen, was Präparation ist und wie sie sich im Laufe der Jahrzehnte immer weiter entwickelt hat. Neben einem älteren Hamster-Modell soll ein aktuelles aufgestellt werden. »Früher hat man die Tiere immer gruselig und angsteinflößend dargestellt«, erzählt mir Gerhard und zeigt auf den präparierten Hamster, der mit weit aufgerissenem Maul und scharfen Zähnen seine Klauen zum Angriff bereithält. »Das ist total unrealistisch. So sehen Hamster nicht aus. Deswegen ist es auch wichtig, dass man die Anatomie der Tiere kennt und dass man ihre Bewegungen studiert. Wir möchten eine so realgetreue Abbildung der Tiere erstellen wie möglich.«

Gerhard holt die Hamsterhaut für den neuen Hamster aus einem Glas mit Alkohol, spült sie aus, schleudert sie in einer Zentrifuge und dann noch einmal in einem Behälter mit Sägespänen, damit keine Feuchtigkeit übrig bleibt. Neben der Haut sind noch Schädel und Beinknochen vom ursprünglichen Hamster vorhanden. Aus Holzwolle und Faden hat Gerhard bereits einen Körper nach den Originalmaßen angefertigt. Jetzt wird aber erst einmal Holzwolle um die Beinknochen gewickelt, naturgetreu in Muskelform. Der

Körper wird in die Haut gesteckt, und auch Beine und Schädel erhalten ihren ursprünglichen Platz in der Hamsterhaut zurück. Mit einem Draht befestigt Gerhard die Beine und den Schädel am Körper. Dann rückt er die Haut zurecht. »Is a bisserl wie Puppenanziehen, gell?«, Gerhard grinst mich an. Mit Ton modelliert er fließende Übergänge von Gliedmaßen zu Tiertorso. Als alles sitzt, näht Gerhard das Fell am Bauch des Hamsters zusammen. Das Gesicht vom Hamster sieht grauselig aus. Die Augen fehlen, und die Haut vom Mund steht zu allen Seiten hin ab. Ich frage mich, wie Gerhard das wieder hinkriegen will. Nach und nach landet in den Hamsterbacken immer mehr Ton und verleiht dem Gesicht wieder eine Form. Gerhard zieht die Haut zurecht. Richtig niedlich ist das Tier geworden, ich bin beeindruckt. Nachdem Gerhard die Glasaugen eingesetzt hat, die Gliedmaßen in Position gebracht hat, wird der Hamster geföhnt und bekommt eine Massage mit einer Zahnbürste. Nicht dass er die noch bräuchte, aber das Fell sieht dann noch schöner aus. Ich stelle in dieser Woche immer wieder fest, mit wie viel Liebe die Kollegen aus der Museumspräparation die Tiere wiederherrichten. Da wird geföhnt, gekämmt, mit Pinzetten gezupft, verlorene Farbe wieder nachgemalt. Schön sollen sie aussehen, die Tiere. Und das tun sie auch.

»Warst du jetzt eigentlich schon einmal in unserem Tiefspeicher?«, fragt mich Gerhard, als er den Hamster mit Nadeln fixiert und zum Trocknen aufgestellt hat. Ich schüttele den Kopf. »Zieh dir was über, und komm mit«, fordert er mich auf. Ich folge Gerhard in einen Fahrstuhl, der uns einige Stockwerke tiefer unter die Erde bringt, folge ihm durch Flure und über Treppen, bis wir irgendwann vor einer Stahltür stehen. Ganz schön kalt hier unten. Gerhard schließt die Tür auf. Ein Garten Eden tut sich vor mir auf. Eisbären, Tiger, Löwen,

Zebras und Bären empfangen mich im Tiefspeicher, dem Lager und der Sammlung für die Präparate, die nicht ausgestellt werden. »Und schau mal hier, ein Flughund«, sagt Gerhard und zeigt auf ein Tier mit riesigen Flügeln. »Wir haben auch ein paar Tiere hier, die bereits ausgestorben sind. Aber keine Trophäen, sondern alles auf natürliche Weise gestorbene Tiere.« Wir gehen weiter durch die Regalreihen. Kängurus, Geparden und Elche, kaum ein Tier ist hier nicht vertreten. Gerhard zeigt auf einen Hund: »Das ist der Hund von Kronprinz Rudolf, den er immer mit zur Jagd genommen hat.«

Meine Woche endet auf dem Dach des NHMs mit einer Sonnenfinsternisparty, Sekt inklusive. Der Chef hat Geburtstag und gibt aus. Im Hintergrund spielt Musik. Ich kann mir gerade keinen schöneren Ort auf der Welt vorstellen. In letzter Zeit geht es mir häufig so. Dort wo ich gerade bin, ist es immer am schönsten. Der Beruf der Tierpräparatorin kommt dennoch nicht in die nähere Auswahl auf meiner Traumjobsuche. Aber dafür habe ich wieder einmal meine Komfortzone verlassen. Neues zu wagen hilft bei der eigenen Entwicklung.

 **Für wen der Job etwas sein könnte:** Du liebst Zoologie und Tiere, bist robust und hast ein gutes räumliches Vorstellungsvermögen. Du verfügst über einen Sinn für Ästhetik und handwerkliches Geschick.

**Wer lieber die Finger davon lassen sollte:** Du magst  keine Tiere und ekelst dich vor Fell, Fleisch und Innereien. Du bist ein Entertainer und ungern in der Beobachterrolle.

# 21
# Tanzlehrerin

In meiner dritten Woche in Wien, der Stadt des Walzers, teste ich den Beruf der Tanzlehrerin. Ungefragt bekomme ich noch einen zweiten Job dazu: Fitnesstrainerin. Diese Woche wird anstrengend. Ob ich tanzen kann? Nein. Was aber nicht heißt, dass ich es nicht gern tue. Am liebsten, wenn die Musik bis zum Anschlag aufgedreht ist – und niemand zusieht. Meiner Leidenschaft für heimliches Tanzen wurde übrigens schon einmal nachts um halb eins in der Notaufnahme ein jähes Ende bereitet. Nach einem Kickbox-Training am Donnerstagabend fiel mir ein neues, mitreißendes Lied in die Hände. Mit Kopfhörern auf voller Lautstärke sprang und tanzte ich durch meine Wohnung – bis ich ungünstig landete und der Schmerz in meinem Fuß einen Besuch beim Arzt empfahl. Der Ärztin in der Notaufnahme erzählte ich, der Unfall hätte sich beim Kickboxen zugetragen. Die Tanzgeschichte war mir einfach zu peinlich. Was mir wiederum eine Schelte von meinem Kickboxtrainer einbrachte. So würden die Vorurteile gegenüber seiner im Vergleich harmlosen Sportart entstehen. Ich hatte damals Glück im Unglück, das Röntgenbild zeigte lediglich eine kleine Knochenabsplitterung.

Obwohl mir das Gefahrenpotential beim Tanzen also durchaus bewusst ist und mir sowohl Talent als auch eine angemessene Koordinationsfähigkeit für meine Gliedmaßen fehlen, darf dieser Beruf auf meiner Liste nicht fehlen. Ich liebe Musik, ich liebe Tanzen, und ich wünschte, ich könnte es. Der Zufall spielt mir im Dezember mal wieder in die Karten. Auf meinem Weg zu Job Nummer vierzehn in Wien treffe ich im Zug Tanzlehrerin Teresa Hartmann. Anstelle von klassischem Tanz unterrichtet Teresa allerdings Hiphop und Jazz. Finde ich eh besser. Und jetzt, einige Monate später, wird aus meiner Zugbekanntschaft ein richtiges Praktikum. Das Praktikum als Fitnesstrainerin ist inbegriffen. Das macht Teresa nämlich, wenn sie keinen Tanzunterricht gibt.

Ein paar Tage bevor es losgeht, schickt Teresa mir den Zeitplan für die Woche zu. Beim Öffnen des Plans zerplatzen nicht nur meine Vorstellungen von den Arbeitszeiten einer Tanzlehrerin, sondern auch meine Freizeitpläne für die Woche. Teresa arbeitet als selbstständige Tanz- und Fitnesstrainerin für sechs verschiedene Arbeitgeber an sechs verschiedenen Orten in und um Wien ungefähr vierzig Stunden in der Woche. Hinzu kommen Leerlauf- und Fahrzeiten. So geht es beispielsweise am Dienstag von sieben Uhr dreißig mit Unterbrechungen bis zwanzig Uhr dreißig. Die anderen Tage sehen ähnlich aus. Freitagmorgen und Montagabend sind frei. Diese Zeit nutzt Teresa, um sich selbst fit zu halten oder die Tanzstunden vorzubereiten. Meine Verabredungen für diese Woche sage ich ab. Wie kriegt sie bloß Job und Freunde unter einen Hut?

Los geht es im Frauenfitnessstudio Mrs. Sporty. An Fitnessgeräten aus dem Reha-Bereich absolvieren hier Frauen jeglichen Alters dreißig Minuten ein Zirkeltraining. Das Franchise-Konzept von einem Team um Steffi Graf richtet sich an Frauen, die sich sonst nicht viel bewegen. »Das Training ist so ausgelegt, dass du nicht übermäßig ins Schwitzen gerätst und dennoch effektiv trainierst«, erklärt mir Teresa. Man könne also durchaus nach dem Sport direkt weiter zur Arbeit oder Verabredungen gehen. Auch ich leite an den drei Vormittagen im Fitnessstudio die Übungen an, die wöchentlich wechseln. Ich ahne bereits, dass diese Woche mich an meine körperlichen Grenzen bringen wird. Teresa hält die Frauen während der Übungen mit Gesprächen bei Laune. Allein am ersten Tag treffen wir im Zirkel unter anderen eine Kuratorin vom Theater, eine Möbelrestauratorin, eine Rentnerin mit Winter-Wohnsitz in Wien, eine Studentin und eine Vollzeitmutter.

An den Nachmittagen geht es entweder in die Turnhallen verschiedener Schulen oder in die Räumlichkeiten zweier Tanzstudios. Wir sind mindestens dreißig Minuten, nicht selten fünfzig oder sechzig Minuten unterwegs, um von einem zum anderen Ort zu kommen. Teresa gibt pro Woche siebzehn Stunden Kindertanz-Unterricht und fünf Stunden für Erwachsene. Bei einem Arbeitgeber kann sie auf Videos der Kollegen zurückgreifen und stellt dafür auch eigene Choreografien zur Verfügung. Teresa erzählt mir, dass sie dennoch die meisten Tänze selbst entwickelt: »Die Kinder sind am motiviertesten, wenn sie zu einem Song tanzen können, der ihnen gefällt. Daher dürfen sie in der Regel in meinem Unterricht ihre Songs selbst wählen, auch wenn das heißt, dass ich noch einmal eine neue Choreografie machen muss.« Zwischen zwanzig und dreißig verschiedene Choreografien unterrichtet sie damit parallel. Ich habe hingegen bereits Mühe, mir das Aufwärmprogramm beim Kindertanzen zu merken. Zu »Wrapped up« von Olly Murs und »Riptide« von Vance Joy hüpfen und dehnen wir uns. Teresa erzählt passend zu den Bewegungen eine Geschichte. Zur Musik paddeln wir mit unseren Füßen im Wasser, reiben uns mit Sonnencreme

Das Traumjob-Experiment

die Beine ein und imitieren kleine und große Seesterne. Die Kinder lieben es.

»Es ist noch Kacke im Klo, und es stinkt ganz furchtbar«, beschwert sich die fünfjährige Marie* lautstark im Sitzkreis, nachdem sie in der Pause vom Klo zurückkommt. »Lucy ist als Letzte auf dem Klo gewesen. Das ist ja ekelig!«, ruft ein anderes Mädchen. Lucy läuft rot an. Teresa löst den aufkeimenden Konflikt souverän: »Das ist normal. Deine Kacke stinkt auch, Marie. Lucy, magst du kurz gucken, dass du alles weggespült hast?« Lucy ist sichtlich erleichtert und überprüft die Lage auf der Toilette. Als sie zurück in die Turnhalle kommt, ist die Angelegenheit unter den Kindern auch schon wieder vergessen. Gut, dass Teresa nach ihrer Tanzausbildung noch Erziehungswissenschaften studiert hat. Denn Konflikte gibt es unter den Kindern oft, und da hilft pädagogisches Geschick.

»Was meint ihr, welches Thema ich euch heute mitgebracht habe?«, fragt Teresa in die Runde. »Ostern!«, ertönt es im Chor, und lauter freudige Kindergesichter schauen uns an. Da am Wochenende die Osterferien beginnen, spielen wir mit den Kleinen Osterspiele. Nachdem ich ein paar Mal zugesehen habe, darf ich die Spiele selbst anleiten. Ich halte einen Schokoosterhasen hoch. »Wer weiß, wie sich ein Hase bewegt?«, frage ich. Sechs Finger schießen in die Höhe und kommen mir immer näher. Im Nu hoppeln lauter kleine Osterhasen um mich herum. Wie bewegt sich der Hase, wenn er vor Ostern den schweren Rucksack mit Ostereiern für die Kinder auf dem Rücken trägt? Die kleinen Hasen ächzen unter dem vermeintlichen Gewicht auf ihrem Rücken. Ein Hase liegt auf dem Boden und zieht sich

---

* Namen geändert

lediglich mit den Pfoten vorwärts. Osterhase zu sein ist ein harter Job. Wie geht ein Küken, wie können wir mit unserem Körper ein Osternest nachmachen, und wie bewegt sich ein Pinsel? Die Musik läuft, die Kinder bewegen sich. Wenn die Musik stoppt, halte ich einen der Gegenstände hoch, und schwuppdiwupp liegen lauter Kinder als Nester auf dem Boden.

Anschließend richten wir in einer Hallenecke ein Hasencafé ein, die Karroteria. Hier können die kleinen Hasen sich stärken und beispielsweise Karottenkuchen knabbern oder Karottenkaffee trinken. In der zweiten Ecke befindet sich die Eiermalerei, daneben die Nesterbauwerkstatt, und zuletzt gibt es noch das Hasenfitnessstudio. Zur Musik bewegen sich die Kinder an den Orten ihrer Wahl passend zum jeweiligen Thema. Stoppt die Musik, werden die Ecken gewechselt. Ich wusste gar nicht, wie cool es aussehen kann, unsichtbare Eier anzumalen. Großartig, was alles bei dieser Übung herauskommt und wie frei sich die Kiddies alle bewegen. Je älter die Kinder werden, desto schwieriger wird das übrigens. »Das sieht peinlich aus«, »Ich kann das nicht«, »Mir fällt nichts ein«, höre ich von den älteren Tanzschülerinnen. »Umso wichtiger ist es mir, den Kindern einen Raum zu geben, in dem sie sich ausprobieren können und in dem sie nicht ausgelacht werden. Alle Bewegungen, die aus ihnen herauskommen, sind natürlich und sehen schön aus«, erklärt mir Teresa, bevor es für uns auf den »Laufsteg« geht. Auf beiden Hallenseiten sitzen wir auf dem Fußboden und jubeln demjenigen Kind zu, das gerade auf dem imaginären Laufsteg in der Mitte geht und am Ende eine kleine Tanzeinlage oder Pose vorführt. Als ich an der Reihe bin, ist auch mein erster Gedanke »Boah, wie peinlich«. Aber als Praktikantin der Tanzlehrerin muss ich natürlich mit gutem Beispiel vorangehen, auch wenn ich lieber sitzen bleiben würde. Ich laufe mit viel Hüftschwung an das Hallenende. Zeit für den gefürchteten Tanzmove. Ich gehe in die Knie und drehe meine Fäuste wie Rotorblätter umeinander. Erst zur einen, dann zu der anderen Seite. Ich stolziere zurück und schicke per Handschlag das nächste Kind auf den Laufsteg. Bei der anschließenden Partnerübung, bei der wir abwechselnd vier Schritte gehen und vier Bewegungen zum Rhythmus der Musik machen, ernte ich anerkennende Blicke einer Sechsjährigen und ein »Du kannst das ja voll gut!«. Ich muss grinsen. Ihr Lob motiviert mich. Vielleicht wird das ja doch noch etwas in dieser Woche.

Nach der Unterrichtsstunde rennen alle Mädels nach draußen, sie nehmen die Eltern in Empfang, ziehen sich um, trinken etwas. Ein Mädchen, das mich während der Stunde nicht beachtet hat, kommt plötzlich zu mir geflitzt. »Weißt du was?«, fragt sie mich. Ich gehe in die Hocke. »Manchmal sage ich zu mir selbst: du dumme Kuh!«

Darauf war ich jetzt nicht vorbereitet.

»Warum machst du das?«, frage ich sie und bin unsicher, wie ich mit der Situation umgehen soll.

»Wenn ich etwas vergesse zum Beispiel«, erfahre ich von der Sechsjährigen.

»Na ja, man kann ja schon mal was vergessen. Hauptsache, man gibt sich Mühe. Und wenn man dann nicht an alles denkt, ist das nicht so schlimm«, versuche ich sie zu beschwichtigen.

Genauso schnell, wie sie gekommen ist, ist sie auch wieder verschwunden. Die Tür geht wieder auf, und die nächsten Kinder stürmen die Halle, schreien und rennen von einem Ende der Halle zum anderen und wieder zurück.

Am Dienstagabend fahren wir zur Volkshochschule. Dort soll der Kurs »Placement« stattfinden, eine Mischung aus

Pilates und Body Workout. Als Teresa erzählt, dass wir unter anderem drei Minuten lang »paddeln müssen«, befürchte ich das Schlimmste. Beim »Paddeln« liegt man auf dem Bauch, streckt Arme und Beine in die Höhe und bewegt sie abwechselnd hoch und runter, ohne den Boden zu berühren. Klingt einfach, aber nach den ersten dreißig Sekunden sieht das anders aus. »Atmen nicht vergessen«, ruft Teresa mir zu und lacht. Für die Übungen befinden wir uns weitestgehend im Sitzen oder Liegen, was ich grundsätzlich erst einmal gut finde. Dennoch wird es furchtbar anstrengend. Wir trainieren die Tiefenmuskulatur, alles zittert. Aua!

In der Nacht von Mittwoch auf Donnerstag wache ich vor lauter Schmerzen jedes Mal auf, wenn ich mich im Bett umdrehe. Danke, Placement. Teresa hat nur wenig Mitleid mit mir. »Du musst weitertrainieren, dann wird dein Muskelkater weniger«, rät sie mir am Donnerstagmorgen, als ich mein Gesicht beim Jackeausziehen vor Schmerz verziehe.

Als Fitnesstrainerin und Tanzlehrerin darf ich den ganzen Tag in Jogging-Klamotten herumlaufen. Ist ja schließlich dienstlich. Das gefällt mir gut, auch wenn ich mich in der U-Bahn und im Café nicht vollständig sozialisiert fühle. Während der Mittagspause gehen wir zu Teresa nach Hause. Wir kochen. Das ist günstiger und zudem gesünder. Als selbstständige Tanzlehrerin wird man in der Regel nicht reich und muss auf sein Geld achten. Jeden Mittag essen zu gehen ist nicht drin. Nur einmal verbringen wir unsere Mittagspause auswärts. Auf dem Wiener Naschmarkt kaufen wir uns einen Falafeldöner und verspeisen ihn in der Sonne auf dem Boden sitzend. Ich fühle mich unbeschwert. Die Dönersoße tropft zwischen meinen Füßen auf den Boden.

Braucht man zwingend Talent, um Tanzlehrerin zu werden? »Das ist alles eine Sache des Trainings. Die Synapsen

Das Traumjob-Experiment

in deinem Gehirn müssen sich erst einmal bilden. Das wird schon, Jannike«, motiviert mich Teresa. Sie ist fest davon überzeugt, dass jeder Tanzen erlernen kann. Wichtig sei, dass man ein Gespür für den Rhythmus entwickle und diesen auf seine Bewegungen übertrage. Neben der Koordination ist mein größtes Problem, mir die Bewegungsabläufe zu merken. Wie bitte merkt man sich Bewegungen? Bei mir funktioniert das Merken nur über Wörter. Wenn ich zum Beispiel in einer fremden Stadt joggen gehe, suche ich mir vorher über Google Maps eine Route heraus und merke mir die Straßennamen anhand einer Geschichte. So erwürgte Peter Maffay auf meiner Laufstrecke in Wien zuvor einen Otter und drückte ihn meinem Kollegen Gottfried in die Hand, der ihn wieder im Supermarkt beim Kassierer Jörg abgibt. Meine Strecke dabei: Palffygasse, Ottakringer Straße, Ortliebgasse, Hauptstraße, Jörgestraße. Aber wie soll ich Bewegungen in Worte übersetzen? Im Laufe der Woche merke ich, dass Teresa die Bewegungen für ihre Tanzschüler genauso in Wörter und Geschichten übersetzt. Während des Tanzens spricht sie die Geschichten laut vor, und die Kinder sprechen sie mit. »Ich bin ein cooles Girl, ich kann mich auch im Kreis drehen« heißt in Bewegungen zum Beispiel, die Hände erst in die Hüften zu stemmen und sie anschließend über dem Kopf kreisen zu lassen, während der Körper der Bewegung der Hände folgt.

Wenn Teresa Musik hört, denkt sie automatisch in Bewegungen. Ganze Choreografien kann sie im Kopf erstellen. Und wenn Teresa sich bewegt, sieht das grundsätzlich toll aus. Besonders begeistert bin ich von ihren Tanzmoves in den Kursen für die Jugendlichen und Erwachsenen. Die finden auf einem anderen Niveau statt. Zum Aufwärmen »bouncen« wir zu lauten Hiphop-Beats. In der Ausgangsposition für das Bouncen stehen die Füße hüftbreit, die Knie sind leicht gebeugt. Im Takt der Musik bewegt man nun gleichzeitig Hüfte und Oberkörper nach vorne und wieder nach hinten. Was bei Teresa lässig aussieht, wirkt bei meinem Spiegelbild erbärmlich. Am besten nicht mehr hingucken. »Jetzt lassen wir zusätzlich unseren Oberkörper kreisen«, ruft Teresa uns zu. Es folgen Schritte nach links, Schritte nach rechts, die Arme öffnen und schließen sich und tanzen um den Körper herum. Alles in Kombination mit der anfänglichen Bounce-Bewegung. Teresa läuft bouncend durch den Raum und feuert uns an.

Zum Ende der Woche kann ich kaum mehr stillhalten, sobald ich Musik höre. Meine Füße wippen, und meine Schultern zucken. In den letzten Tanzstunden erinnere ich mich sogar vereinzelt an die Bewegungen. Ha! Geht also doch.

Hilfreich für mein Erfolgserlebnis ist sicherlich, dass ich alle Übungen voll durchziehe und nicht auf meine Schmerzen und den hin und wieder aufkommenden Frust achte, wenn es nicht so klappt, wie ich will. Außerhalb dieses Praktikums hätte ich wohl zwischenzeitlich aufgegeben. Aber ich will Teresa und mich selbst vor ihren Schülern nicht blamieren. Mein Muskelkater wird weniger und mein Gefühl für Bewegungen besser. Am Ende der Woche erahne ich, wie es sich anfühlen könnte, fit zu sein. Vor lauter Übermut melde ich mich spontan zu einem Zehn-Kilometer-Lauf an, der drei Monate später stattfindet. So viel bin ich noch nie gelaufen, aber wird schon werden. Ich bin froh, dass ich durchgehalten habe, und bin traurig, dass die Woche am Freitagabend wieder vorbei ist. Wie weit würde ich wohl kommen, wenn ich die nächsten Wochen weitertrainieren würde? Das Gefühl, fit zu sein, motiviert mich, auch in den Monaten nach meinem Job als Tanzlehrerin Sport zu machen. Drei Trainingseinheiten pro Woche integriere ich seitdem in meinen Alltag.

Ein richtiges Gefühl für den Job bekomme ich aufgrund meines Trainingsstandes allerdings nicht. Die Arbeit mit Kindern und insbesondere Kleinkindern ist nichts für mich. So süß sie auch sind, die Geduld, die man im Umgang mit ihnen benötigt, kann ich auf Dauer nicht aufbringen. Außerdem ist eine Tanzstunde pro Woche zu wenig, um ihre persönliche Entwicklung positiv beeinflussen und sehen zu können. Spannender finde ich deswegen die Arbeit mit den Jugendlichen und Erwachsenen. Mir gefällt, dass man Motivation und Selbstvertrauen vermitteln kann. Ich finde den Weg über das Tanzen schön, um die Freiheit, mit der sie sich noch als Kinder bewegten, wieder hervorzulocken oder sie weiter zu stärken, und kann mir vorstellen, dass sich diese Freiheit auf das ganze Leben übertragen lässt. Den Mut zu wecken, sich selbst zu entdecken und das Leben nach den eigenen Vorstellungen zu leben, gefällt mir, weil ich eine Ahnung davon habe, wie schön es sich anfühlt und wie beruhigend es ist. Ich wünschte mir, dass viele Menschen das erleben können.

Tanzen scheidet dennoch als Beruf für mich aus, will ich aber stärker in meine Freizeit integrieren. Zur Musik zu tanzen und sich frei zu bewegen fühlt sich einfach gut an. Und ich bin jetzt ebenfalls überzeugt, Tanzen erlernen zu können. Sollte ich nach Wien ziehen, wüsste ich auch, wo. Zurück in meinem Gästezimmer, wartet eine Überraschung auf mich: Während der Nikolaus einige Monate zuvor meine Stiefel in Berlin fand, weiß auch der Osterhase meinen Aufenthaltsort zu Ostern und hinterließ mir eine Packung Pralinen. Solche Gesten in der Fremde wollen mich wieder die Welt umarmen lassen.

**Für wen der Job etwas sein könnte:** Du liebst Musik und Bewegungen, betätigst dich gern sportlich, hast gern mit unterschiedlichen Menschen zu tun und kannst auf sie eingehen und sie motivieren. In Sportklamotten fühlst du dich am wohlsten.

**Wer lieber die Finger davon lassen sollte:** Du hast  gern geregelte Arbeitszeiten, setzt lieber auf Sicherheit und wählst grundsätzlich den Fahrstuhl, wenn du auch die Treppe nutzen könntest.

# 22
# Concept Artist

Im Februar wurde ich für meinen ersten Vortrag zu einer Personalkonferenz ins PricewaterhouseCoopers-Gebäude in Frankfurt eingeladen, um etwas zum Thema »Kandidat der Zukunft« zu erzählen. Dazu, worauf ich als Vertreterin der vieldiskutierten Generation Y bei der Jobsuche achte und Wert lege. Als ich nach meinem fünfzehnminütigen Vortrag mit schweißnassen Händen wieder zurück an meinen Platz kehrte, hatte ich bereits eine Nachricht von einer unbekannten Nummer auf meinem Handy: »Hi, hier ist Katharina von Inno-Games, zweite Reihe von vorne links. Ich würde dir gern ein Praktikum als Concept Artist bei uns in der Firma anbieten. Wir entwickeln Computerspiele. Mit meiner Chefin habe ich bereits alles abgeklärt. Würde mich freuen, wenn du Lust hast.« Ja, habe ich!

Zwei Monate später fahre ich also zu InnoGames nach Hamburg und habe Glück, der FC St. Pauli hat ein Heimspiel und die Marketingagentur aus meinem achtzehnten Job noch ein Ticket über. Den Sieg am Ostermontag verbuche ich als gutes Omen für die kommende Woche. Von der Wohnung meines Couchsurfers Rached fahre ich nur wenige Stationen mit der S-Bahn in Richtung Hammerbrook, den Stadtteil, den ich bislang nur aus einem Song von Fettes Brot kannte. In der Lobby des Spieleentwicklerstudios erhalte ich einen eigenen Firmenschlüssel für diese Woche. Wenig später holt Katharina mich ab und nimmt mich mit hinauf auf die Besprechungsraum-Ebene. Jeder Besprechungsraum ist einem anderen Computerspiel nachempfunden. Meine Einführung erhalte ich in »Pacman«. »Ich arbeite selbst erst seit zwei Monaten hier«, erzählt mir Katharina. »Ich hatte gerade meinen zweiten Arbeitstag, als ich dir die Nachricht geschrieben hatte. Die Firma wächst zurzeit ziemlich schnell, und wir haben alle Hände voll damit zu tun, die vielen neuen Mitarbeiter einzustellen.« Die Firma sei noch keine zehn Jahre alt und gegründet worden, nachdem das Browserspiel »Die Stämme«, das die drei Gründer während ihrer Ausbildungs- und Studienzeit entwickelten, innerhalb von zwei Jahren über fünfzigtausend Nutzer im deutschsprachigen Raum erreichte. Fünf weitere Spiele, hundertfünfzig Millionen weltweite Nutzer und hunderte Mitarbeiter sind seitdem hinzugekommen. »Du wirst in dieser Woche das Team von Elvenar unterstützen. Das ist eines unserer ganz neuen Produkte und ähnelt ein wenig dem Strategie- und Aufbauspiel ›Die Siedler‹«, erklärt Katharina.

An Spielekonsolen, Tischkickern und einem Fitnessstudio vorbei führt Katharina mich schließlich zu meinem Arbeitsplatz in dieser Woche. In einem kleinen Büro hinter einer Glaswand treffe ich auf fünf Concept- und 3-D-Artists, die jeder für sich ein eigener Charakter in einem Computerspiel sein könnten. Da gibt es Olga, die kleine Arielle, die mir in Leder-Mini, durchsichtiger Bluse und feuerrotem Haar die Hand zur Begrüßung entgegenstreckt. Sie verlegte bereits als Siebzehnjährige eigene Mangas und ist bei Elvenar für das Entwerfen von Charakteren und Häusern zuständig. Neben ihr sitzt Denis und trägt sein hüftlanges Haar mit Mittelscheitel. Sein Spezialgebiet sind Landschaften jeglicher Art. Seine

Superkraft: unendliches Wissen. Wenn man jemanden als wandelndes Lexikon beschreiben darf, dann ihn. Ricki trägt Mütze und Boyfriend-Jeans und kennt diese Woche nur ein Gesprächsthema: ihren Sleave, den sie sich am Freitag tätowieren lassen wird. Mit 3-D-Artist Jan ist sie die Jüngste im Team. Jan ist das einzige Nordlicht in der illustren Runde, was sich aufgrund seines breiten Dialekts auch nicht verbergen lässt. Jo Digga. Der älteste im Raum ist Olli, dessen gesammelte Erfahrung als Grafikdesigner ihn in die Position des Team-Leads gebracht hat. Er kümmert sich um das Drumherum, trifft die Entscheidungen und zeichnet zu seinem eigenen Leidwesen kaum noch selbst.

»Hast du schon einmal mit Photoshop gearbeitet?«, fragt mich Olli nach der kleinen Vorstellungsrunde.

»Äh, nein«, muss ich ehrlich gestehen. Wie so oft trete ich auch diesen Job ohne Vorbildung an. Während ich mich in den ersten Jobs zu Beginn einer Praktikumswoche noch schwertat, genieße ich es mittlerweile, unvoreingenommen und ohne Erwartungen in die Woche zu starten. Keine Erwartungen heißt auch keine Enttäuschungen, dafür aber viele Überraschungen. Und mit einem Grafiktablet, wie Olli es mir unter die Nase hält, habe ich auch noch nicht gearbeitet. »Das wird lustig«, freut sich Olli. »Für uns zumindest.« Der Stift, der als Maus-Ersatz dient, lässt mich tatsächlich in der ersten Stunde verzweifeln. Ständig öffne ich andere Funktionen, als ich eigentlich möchte. Die Kollegen amüsiert es. Nach den ersten Probe-Strichmännchen weist Denis mich in das Programm ein. Ich weiß nicht, das wievielte Programm es ist, das ich seit Projektbeginn erlerne. Eins mehr macht da auch keinen weiteren Unterschied. Denis erklärt mir, in welchen Schritten und mit welchen Funktionen ich in Photoshop eine Landschaft realitätsnah nachbauen kann. Im Internet suchen wir nach einem Foto von einer Landschaft, die ich zeichnerisch imitieren kann. Wir entscheiden uns für ein Foto der Halong-Bucht in Vietnam, einem Weltkulturerbe. In Photoshop lege ich mir ein Moodboard an. Ein Moodboard wird in Design- und Kommunikationsberufen häufig dazu genutzt, Ideen visuell zu entwickeln, und enthält dazu verschiedene Referenzbilder. In meinem Moodboard habe ich auf Denis' Rat hin einige Fotos der Halong-Bucht gesammelt sowie Abbildungen von Wolken und vom Himmel. »Das ist nicht nur praktisch, um zu sehen, wie die Dinge in der Realität aussehen, sondern auch, um die Farben zu picken«, erklärt mir Denis in aller Seelenruhe. Mit einer digitalen Pipette kann ich die Farben aus den Fotos ziehen und für mein eigenes Bild verwenden. Schritt für Schritt und Schicht für Schicht entsteht ein Meer aus Farben, das immer mehr die Form meines Referenzfotos annimmt. Die ganze Woche arbeite ich immer wieder unter Anleitung an meinem Gemälde, die letzten feinen Striche ergänzt Denis am Freitag. Gar nicht schlecht geworden, wie ich finde. Im Gegensatz zu mir malt Denis Landschaften und neue Szenarien in deutlich weniger als einer Stunde. Von den Bildern der Jungs und Mädels aus dem Team bin ich sowieso schwer beeindruckt. Daher wundert es mich auch nicht, dass sie auf ihren privaten Facebook- und Twitter-Profilen Tausende Follower haben. Denis zeigt mir auf Facebook die Gruppe »Daily Spitpaint«, in der er in seiner Freizeit gezeichnete Bilder veröffentlicht. In der Gruppe werden täglich Themen wie »Mummy Dog« oder »Psychokinetic Apocalypse« vorgegeben, zu denen jeder eine eigene Interpretation in Photoshop erstellen und posten kann. Die Bedingung dabei: Man darf nicht mehr als dreißig Minuten auf das Zeichnen verwenden. »Das ist für mich eine gute Übung. Viel mehr Zeit habe ich nämlich in der Realität auch oftmals nicht, um ein Bild zu erstellen«, erzählt mir Denis. »Viele Kids halten die Spieleentwicklung für einen Traumjob, sehen aber nicht, dass der auch Stress bedeuten kann und man nicht immer endlos Zeit für seine Entwürfe hat.« Und wenn dann noch der Chef einen anderen Geschmack habe als man selbst, würde die Sache nicht einfacher werden.

Bei einem Feierabendbier auf dem Dach erfahre ich, dass zwar oft unter Zeitdruck gearbeitet werde, aber die Verhältnisse im Vergleich zur Branche human seien. Im Gegensatz zu vielen anderen Studios nehme man bei InnoGames nämlich keine Termine an, deren Einhaltung von vornherein unrealistisch sei. Auch sonst bin ich überrascht, was hier für ein gutes Umfeld getan wird. Auf der Dachterrasse kann gegrillt werden, und jeden Donnerstagabend gibt es dort auch Feierabendbier. Computerkonsolen, Flipper und Tischkicker, Räume zum Ausruhen sowie ein Fitnessstudio stehen den Mitarbeitern ebenfalls zur Verfügung. In der Teeküche gibt es kostenlos Cappuccino, Saft, Limo und Obst. In meiner Woche komme ich in den Genuss von vielen dieser Dinge. Sogar das Wetter spielt mit und ermöglicht das Angrillen in diesem Jahr. Was grillt man eigentlich als Vegetarier? Während auf den Nachbartellern das Fett spritzt, gibt es für mich Grillkäse und Tofu-Würste. Nun gut, ich will es ja so.

In dieser Woche lerne ich nicht nur, was man als Vegetarier grillt und wie die Spieleindustrie und Photoshop funktionieren, sondern kann auch meine Allgemeinbildung in den verschiedensten Bereichen ausbauen. Ich lerne, was Lobotomie ist, was es mit Bären, Chasern und Cubs auf sich hat und dass es Menschen gibt, die sich für Drachen oder Wölfe halten. Dass ich kein Concept Artist werde, weiß ich am Ende der Woche auch. Mir fehlt ausreichend Talent oder in Denis' Augen ausreichend Interesse. »Malen können ist nicht unbedingt ein Talent, sondern vielmehr das ausgeprägte Interesse dafür und die intensive Ausübung«, erklärt er mir. Übung macht also auch hier den Meister. Je mehr Jobs ich teste, desto öfter stelle ich fest, dass diese Redewendung stimmt. In vielen Dingen kann man sehr gut werden, wenn man genügend Interesse dafür besitzt und bereit ist, genug Zeit zu investieren. Wer beruflich in den Bereich der Concept Art gehen möchte, weiß das vermutlich schon recht früh. Ob man aber dann den Sprung von Hobby zu Beruf schafft, ist eine zweite Frage. »Es ist so cool, dass man hier Kunst machen und zeichnen kann und damit auch noch Geld verdient«, erzählt mir Olga. Mit Malen oder Zeichnen seinen Lebensunterhalt zu verdienen sei nämlich gar nicht so einfach.

Als ich mich am Freitag auf den Nachhauseweg mache, sehe ich die Welt wieder einmal durch eine andere Brille. Ich sehe, wie sich die kleinen Wellen in der Elbe brechen, wie die Sonne Häuserwände heller scheinen lässt und wie sich im Fenster die gegenüberliegende Straßenseite spiegelt. Kein Wunder. Hat Denis sich zwischenzeitlich nämlich mein Bild angesehen, sagte er oft Sachen wie: »Wolken sehen so in der Realität nicht aus. Guck dir mal Fotos von Wolken an, dann wirst du sehen, dass sie anders aussehen.« Ich guckte mir also Fotos von Wolken an und musste zugeben, dass sie anders als meine Märchenwolken aussahen. Das Gleiche galt für die Wasseroberfläche, die Hausboote und die Wälder auf den Bergkämmen der vietnamesischen Karstlandschaft. Das ist wohl damit gemeint, dass es viele verschiedene Wahrheiten gibt, weil jeder seinen eigenen Blick auf die Dinge hat. Die Welt, durch die ich laufe, sieht jede Woche anders aus. Und von Woche zu Woche wird sie irgendwie schöner. Mir fällt ein Spruch auf dem Poster im Büro einer InnoGames-Personalerin ein. Auf dem Poster ist ein Hamster mit rosa Herzbrille abgebildet, mit dem Untertitel »I can't see the haters through my love-glasses.«

Meine zuletzt immer öfter auftauchenden Gedanken, das Projekt abzubrechen, habe ich über Bord geworfen. Ich bin wieder entspannter, nicht zuletzt aufgrund eines Hinweises meines Couchsurfers. Ich würde das Projekt viel zu ernst nehmen und deswegen die Zeit nicht genießen können, sagte er mir, als wir abends gemeinsam auf der Couch saßen. »Natürlich willst du viel lernen und so viel wie möglich mitnehmen, aber deswegen solltest du trotzdem deine Grenzen kennen und es auch mal gut sein lassen.« Ich nehme mir seinen Ratschlag zu Herzen und werde mir selbst gegenüber gnädiger. Auch meine Aktivitäten auf Facebook, Twitter und Co. reduziere ich auf ein Minimum. Der Versuchung, mir Anerkennung von außen zu holen, hatte ich wieder nachgegeben, aber sie setzte mich doch mehr unter Druck, als dass sie guttat. Schluss damit! Mein eigener Controller, Reiseplaner, Blog-Redakteur und Job-Tester zu sein, das sollte reichen.

 **Für wen der Job etwas sein könnte:** Na klar, du zeichnest gern. Du hast eine gute Beobachtungsgabe und ein Gespür für Farben und Formen. Du spielst gern Computerspiele und kannst gut unter Zeitdruck arbeiten.

**Wer lieber die Finger davon lassen sollte:** Selbst  Strichmännchen sind bei dir schwer zu erkennen, du arbeitest nicht gern am Computer, und mit einem Grafiktablet kannst du erst recht nichts anfangen.

# 23

# Koordinatorin in einer gemeinnützigen Organisation

Bei der gemeinnützigen Aktiengesellschaft Joblinge darf ich diese Woche Jugendliche bei der Job- oder Ausbildungsplatzsuche unterstützen, sie auf den Arbeitsmarkt vorbereiten und ihnen helfen, einen potentiellen Arbeitsplatz nicht nur zu bekommen, sondern auch zu behalten. Den Kontakt zu den Joblingen hatte ich von dem whatchado-Mitarbeiter Christian erhalten, der mir bereits zu meinem vierzehnten Job verholfen hatte.

In München treffe ich entgegen meiner Vermutung allerdings nicht auf lauter motivierte Jugendliche, sondern eher auf einen Haufen, den man so auch im Film »Fack ju Göhte« hätte antreffen können und von denen die meisten noch lernen müssen, um was es gerade bei ihnen alles geht. In ihren Lebensläufen finden sich abgebrochene Ausbildungen, unzählige Praktika, Fördermaßnahmen vom Arbeitsamt, Sechsen im Schulabschlusszeugnis oder einfach mal etliche Monate nichts. Ausnahmen bestätigen auch hier die Regel.

Mitten auf der Praterinsel ist der Münchener Standort der Joblinge beheimatet, im gleichen Gebäude wie die Manuel Neuer Kids Foundation. Bei jedem Gang durch das Treppenhaus hoffe ich insgeheim, dass mir der Keeper entgegenkommt. Tut er nicht. Dafür treffe ich am Montagmorgen aber auf Anja Reinhard, Standort-Leiterin der Joblinge gAG in München, und ihre Kolleginnen. Nach einem kurzen Willkommen springe ich direkt mit in das Programm. Die neue Gruppe, bestehend aus sechzehn Jugendlichen im Alter zwischen sechzehn und einundzwanzig Jahren, macht heute einen Ausflug in eine Kletterhalle zwecks Teambuilding. Mit den Programmteilnehmern fahre ich mit den Öffentlichen in Richtung Kletterhalle. Die Trainerin wartet vor Ort auf uns. »Warum hast du eigentlich keinen YouTube-Channel? Damit erreichst du viel mehr Jugendliche!«, empfiehlt mir Elif* und lässt mich spüren, dass ich keine achtzehn mehr bin. Guter Punkt. Miriam und Attila unterhalten sich neben mir. »Ich war erst zweimal krank!«, prahlt Miriam mit ihrer Fehlzeitenquote, die deutlich unter der von Attila liegen dürfte. Moment einmal, hat das Programm nicht erst vor zwei Wochen begonnen? Hat es. Aber gut, hier scheinen andere Maßstäbe zu gelten.

In Kletterschuhen und Gurten geht es nach einer kurzen Einweisung zu dritt an die Kletterwand. Einer klettert, einer sichert, einer zieht das Seil nach. Der siebzehnjährige Levin sichert mich, als ich an der Reihe bin, die zehn Meter hohe Kletterwand zu erklimmen. Ich bezweifle ein bisschen, dass er richtig zugehört hat, als das Sichern erklärt wurde, und überlege, wie hoch das Risiko, auf den Boden zu klatschen, wohl sein mag. Ich muss vertrauen und loslassen lernen, denke ich mir. Außerdem ist ein Trainer in der Nähe. Es wird schon schiefgehen. Und das tut es auch. Levin selbst bittet nach drei Höhenmetern darum, heruntergelassen zu werden. Er habe keinen Bock, klettern sei nichts für ihn. Nach einigen Versuchen und einer Mittagspause, die ich mit den beiden Trainern auf dem Dach der Kletterhalle verbringe, wird es ernst. Die Achtzehn-Meter-Wand wartet auf uns. Elif und ich scheitern immer wie-

* Namen geändert

der an der gleichen Stelle. »Eine von uns wird es heute noch schaffen«, ruft Elif zu mir herunter, während sie sich am Seil hängend wieder dem Boden nähert. In meinem letzten Versuch an der hohen Kletterwand führe ich einen einzigen Kampf mit mir selbst. Meine Muskeln zittern, die Hände tun weh, und meine Kraft ist ab einer gewissen Höhe schlichtweg verbraucht. »Mach ruhig eine Pause«, ruft mir der Trainer von unten zu. Auf zwölf Meter Höhe schwinge ich also in der Luft hin und her, schräg über mir der nächste Überhang, den ich einfach nicht überwinden kann. Aber wenn ich im vergangenen Jahr etwas gelernt habe, dann dass der Glaube an sich selbst und ein fester Wille mehr wiegen als pure Muskelkraft, Talent oder Intelligenz. Also, du schaffst das, Jannike! An der Achtzehn-Meter-Marke klatsche ich ein. Geschafft! Nicht nur ich überwinde heute meine Grenzen. Fast jeder Jugendliche schafft etwas, das er sich noch am Morgen nicht zugetraut hatte. Auch Levin hat seine Angst überwunden, ich sehe ihn mit verbundenen Augen eine ganze Kletterwand erklimmen. Zurück auf der Praterinsel, besprechen wir mit der Trainerin die Lernerfolge des heutigen Tages. »Ich habe gedacht, ich schaffe es nicht, es war so anstrengend«, gibt Miriam zu. »Aber als ich gesehen habe, dass Yvonne auch die ganze Wand geschafft hat, da dachte ich, das kann ich auch!« Sie ist sichtlich stolz. Der Tag war ein voller Erfolg, auch weil sich die Teilnehmer besser kennenlernen konnten und die Stimmung unter ihnen freier ist als zuvor. Bevor ich das Büro verlasse, kommt Levin auf mich zu. »Was ich dir noch sagen wollte«, fängt er an und guckt an mir vorbei auf die Wand. »Ich finde das total krass, was du alles in deinem Leben schon gemacht hast, obwohl du noch so jung bist.« Ich habe mit allem gerechnet, aber nicht mit so einer Anerkennung. Schon fühle ich mich schlecht, dass ich ihm nicht zugetraut habe, mich an der Kletterwand sichern zu können.

Am Dienstag kümmern wir uns um inhaltliche Themen. Die Gruppe wird aufgeteilt und erstellt sowohl einen persönlichen Lebensbaum als auch einen Lebenslauf. In der Woche zuvor hatten sie bereits eine Collage erstellt, in der sie aus Zeitschriften und Zeitungen ausgeschnittene Dinge aufklebten, die ihre Persönlichkeit und ihre Interessen widerspiegeln.

Im Lebensbaum sollen nun die eigenen Stärken und Interessen, Werte und Visionen herausgearbeitet werden, um herauszufinden, was einem eigentlich wichtig ist und was man kann. Auch ich mache die Übung mit. Gar nicht so einfach, alles auf den Punkt genau aufzuschreiben. Beim Erstellen des Lebenslaufes, den die Joblinge später für ihre Bewerbungen nutzen werden, kann ich mich behilflich machen. »Besondere Fähigkeiten, keine Ahnung, da habe ich keine«, seufzt einer der Jungs und schaut mich deprimiert an. Ich hake nach, frage, was ihn interessiert, was er besser kann als andere, womit er sich viel beschäftigt. Und siehe da, eine Fähigkeit nach der anderen kommt zum Vorschein. Er grinst. Während die Jugendlichen im Computerraum an ihren Lebensläufen arbeiten, ruft Claudia, eine der Ausbildungsbegleiterinnen, zum Einzelgespräch auf. »Attila, kommen Sie bitte mit, ich möchte mit Ihnen noch die Ergebnisse aus dem Berufsorientierungstest von vergangener Woche durchsprechen«, sagt sie und nimmt Attila mit in ihr Büro. »Du kannst auch gern dazukommen, wenn du hier fertig bist, Jannike«, bietet Claudia mir an, bevor sie den Raum verlässt. Ich folge den beiden über den Flur. In Claudias Büro stehen zwei Stühle und ein Hocker. Attila nimmt Kurs auf einen der beiden Stühle. »Wollen Sie nicht der Dame den Stuhl anbieten?«, fragt ihn Claudia.

»Welcher Dame?« Attila ist ratlos. Mit Blick auf mich ergänzt er: »Das ist doch keine Dame!«

Claudia schaut irritiert. »Nein? Was ist sie denn?«

»Eine Dame ist doch viel älter. Sie ist … Eine heranwachsende Dame!«

Attila lacht und bietet mir äußerst höflich den besagten Stuhl an, während er selbst auf dem Hocker Platz nimmt. Sehr gekonnt hat er sich aus der brenzligen Situation wieder herausmanövriert. Eine heranwachsende Dame also. Ich muss grinsen.

Das Gespräch verläuft weniger erfreulich. Attilas Testergebnisse sind wenig aussagekräftig. Mit der Zeit stellt sich auch heraus, warum. »Wenn ich ehrlich bin, habe ich am Schluss einfach irgendwas angeklickt. Die Fragen waren immer die gleichen, nur anders formuliert. Das war mir einfach zu blöd«, gibt Attila zu. Claudia seufzt. Die Auswertung jedes einzelnen Tests kostet eine Stange Geld und soll dabei helfen, den richtigen Ausbildungsberuf für die Jugendlichen herauszufinden.

»Du kannst nicht jeden retten«, erzählen mir die Kollegen bei unserer Mittagspause in einem Biergarten. Attila stehe auch schon auf der Kippe. Die zweite Verwarnung wegen unentschuldigten Fehlens, Zuspätkommens und Regelbruchs wäre schon so gut wie gedruckt. Das sei frustrierend, aber auch normal in ihren Gruppen. Ich erfahre, dass alle Kolleginnen einen gut bezahlten Job hatten, bevor sie zu den Joblingen kamen. Sie nehmen die finanziellen Einbußen in Kauf, weil es für sie eine Herzensangelegenheit ist und man zwar nicht immer, aber oft einen Unterschied machen könne und den Jugendlichen einen Schubs in die richtige Richtung geben könne. »Einer unserer Joblinge, den wir in eine Ausbildung vermittelt haben, hat sogar als Bester abgeschlossen«, erzählt Marijana stolz. Nach der ersten Trainingszeit im eigenen Hause müssen die Jugendlichen drei Praktika absolvieren. Mit guter Leistung und ein bisschen Glück münden die dann in einem Ausbildungsplatz. Zwei Kolleginnen sind nur für den Kontakt zu Ausbildungsunternehmen zuständig. »Es gibt viele Unternehmen, die uns unterstützen und unsere Joblinge bei sich aufnehmen«, sagt Edith, eine der Unternehmenskoordinatoren. »Unsere Organisation ist bekannt und etabliert. Manchmal werden wir sogar um Empfehlungen für Auszubildende gebeten.« Die Vermittlungsquote kann sich sehen lassen. Rund siebzig Prozent aller Teilnehmer werden vermittelt, von denen nach sechs Monaten noch über achtzig Prozent in der Ausbildung sind. Finanziert wird das ganze zum Teil aus Spenden, aber auch aus Geldern der öffentlichen Hand, die nach einer Erfolgsquote gezahlt werden. Neben einer Grundförderung werden erfolgsabhängige Prämien dann gezahlt, wenn die Jugendlichen in eine Ausbildung vermittelt werden und diese für mindestens sechs Monate auch behalten. Partner der öffentlichen Hand sind in München die Agentur für Arbeit, die Jobcenter und das Bayerische Staatsministerium für Arbeit und Soziales, Familie und Integration. Die Mittel kommen aus den Europäischen Sozialfonds.

Ziel des rund sechsmonatigen Programms für die Jugendlichen ist es, überfachliche Qualifikationen zu erlangen und sich einen Ausbildungs- oder Arbeitsplatz durch Praktika zu erarbeiten. Bei der Wahl der durchschnittlich drei Praktika achten die Koordinatorinnen darauf, dass die Jugendlichen sich für Berufe entscheiden, die hinsichtlich ihres Berufsabschlusses und der Noten realistisch sind, aber dennoch ihren persönlichen Interessen und Stärken entsprechen. Dann ist die Wahrscheinlichkeit einfach höher, dass ein Praktikum in einer Ausbildung mündet und diese dann auch abgeschlossen wird. Ehrenamtliche Mentoren begleiten sie während dieses Prozesses.

Pädagogisches Getätschel gibt es hier nicht. »Das ist auch

nicht zielführend«, erklärt mir Chefin Anja. »Wir verhalten uns wie ein Ausbildungsbetrieb mit Abmahnungen und zum Teil sogar Beendigung der Zusammenarbeit, wenn kein Wille und keine Kooperation erkennbar sind. Besser, die Jugendlichen lernen das hier als in ihrem Ausbildungsbetrieb.« Jeder der Jugendlichen habe sein eigenes Schicksal und seine Probleme. Aber so schlimm diese auch sind, sie finden nur in Ausnahmefällen Platz in der täglichen Arbeit. Ansonsten müssten sie allein bewerkstelligt werden. »Ich habe oft den Eindruck, dass viele Eltern die Verantwortung für die Erziehung ihrer Kinder an die Kindergärten, Schulen und Ausbildungsbetriebe abgeben«, erzählt Anja weiter. »Das macht die Sache nicht leichter.« Die größte Ernüchterung war für Anja aber die Erkenntnis, dass Social Business auch nur ein Business ist. Auch hier muss hart um die Gelder gekämpft, müssen Verhandlungen und Diskussionen geführt werden. Friede, Freude, Eierkuchen herrsche auch in dieser Branche nicht.

Zurück im Gruppenraum, sollen die Joblinge an einem Projekt weiterarbeiten, das sie zu Beginn des Programms aufgetragen bekamen. »Die Jugendlichen mussten zwei Tage im Münchner Zoo mitarbeiten, um zu beweisen, dass sie wirklich in das Programm wollen. Und das war echt harte Arbeit«, erklärt mir Kollegin Marijana, während sich die Jugendlichen den Kopf zerbrechen. Das Projekt, an dem sie nun arbeiteten, hätte aber ein anderes Ziel. »Jetzt sollen sie ein Theaterstück oder ein Stück für einen Poetry-Slam vorbereiten. Und das werden sie in ein paar Wochen auch auf die Bühne bringen. Sie sollen lernen, dass sie selbst dazu in der Lage sind, etwas zu erschaffen, was gut ist. Die letzten Vorführungen waren unglaublich witzig. Es ist erstaunlich, was die alles auf die Beine stellen. Es wäre schön, wenn du auch kommen könntest.« Es klopft an der Tür, die Gruppe bekommt

Zuwachs. »'tschuldigung, hab verschlafen.« Mehmet stolpert herein, sucht sich einen Platz und legt seinen Kopf auf den Tisch. Selina ist dran und stellt ihren ersten Textentwurf zum Thema Süchte vor.

»Alter, voll krass, gestern gab's den ersten Drogentoten wegen Marihuana! Herzinfarkt oder so. Glaub sogar, das war in München«, unterbricht Burak.

»Nee, nee«, korrigiert ihn Bastian. »Die Schlagzeile habe ich auch gelesen. Ich dachte das auch erst, aber der Typ hieß einfach nur so. Günter Gras oder so.«

Nachdem alle ihren Status quo vorgetragen haben, ist Feierabend. Das muss nicht zweimal gesagt werden. Für mich geht es auf der Dachterrasse weiter. Es gibt einen Feierabendsekt mit den Kolleginnen. Die Sonne wirft ihre letzten Strahlen auf unsere Gesichter. Wieder einmal fühle ich mich rundum wohl und bin froh, zumindest kurzzeitig Teil dieses wunderbaren Teams geworden zu sein. Ich frage mich langsam, wie ich es bewerkstelligen soll, nach Projektabschluss mit all den liebenswerten Menschen in Kontakt zu bleiben, die ich im Laufe des Jahres kennengelernt habe. Es sind so viele.

Auf den Sekt folgt am nächsten Tag Schokolade. Sie dient zur Berufsorientierung. »Überlegt euch bitte, welche Berufe bei der Herstellung dieses Schokoriegels beteiligt waren«, fordert Claudia die Gruppe auf. Als wir uns an die Auswertung der Berufe machen, die mit der Herstellung des Schokoriegels vermutlich zu tun hatten, bin ich beeindruckt. Über achtzig Berufe stehen zuletzt an der Wand. Vom Bauern bis zum Schauspieler in der Werbung ist alles dabei. Genauso querzudenken gilt es auch bei der nächsten Aufgabe. Jeder soll eine seiner Interessen auf die Mitte eines Arbeitsblattes schreiben und sich überlegen, welche Berufe mit diesem Interesse zu tun haben. Der Klassiker ist Fußball. Zuallererst steht auf den Blättern der Fußballer, na klar. Gefolgt wird der Fußballer vom Schiedsrichter, vom Kommentator, dem Trainer, dem Sportjournalisten und dem Greenkeeper.

»Welchen Ausbildungsberuf könnte denn beispielsweise ein Kommentator absolviert haben?«, fragt Claudia in die Runde, als es darum geht, die Ergebnisse zu vergleichen.

»Versicherungskaufmann?«, rät Jacqueline. »Die müssen doch auch immer so viel labern.«

Nachdem ich anfangs enttäuscht über die Motivation und Mitarbeit einiger Programmteilnehmer bin, sehe ich die Sache am Ende der Woche etwas anders. Jeremy, ein Teilnehmer einer früheren Gruppe, hilft mir, die Jugendlichen zu verstehen: »Sieh es mal so. Viele, die hierherkommen, haben vorher nur zuhause oder auf der Straße rumgehangen. Wir hatten nur Freizeit. Und wenn du dich dann auf einmal acht Stunden am Stück konzentrieren sollst, ist das nicht leicht. Daran müssen wir uns gewöhnen. Wollen wir ja grundsätzlich auch, aber manche Dinge versteht man erst mit der Zeit, warum man die machen oder lassen soll.«

Meine Gruppe muss noch viel lernen. Am Donnerstag hagelt es Abmahnungen. Zuspätkommen, unentschuldigtes Fehlen, Rauchen während der Arbeitszeit. Ein paar sind kurz davor, aus dem Programm zu fliegen. Was sie dann wohl erwartet? Mehr als Hartz IV fällt mir nicht ein. Ich spüre, wie viel Energie man in diese Arbeit stecken muss, die bei manchen einfach verpufft und bei anderen nach einigen Wochen erste Früchte trägt. Dennoch lohnt es sich, wenn nur einem Jugendlichen geholfen werden kann.

Bevor ich mein Praktikum beende, verabschiede ich mich von meinen Jugendlichen. Ich mag sie alle. Sie haben Humor, ansteckend gute Laune, Style, Talente, viele tolle Gedanken und jeder einen guten Kern. Ich fühle mich wie ein Fußball-trainer, der seiner Mannschaft vor dem Endspiel in der Kabine Mut zuredet. Es geht um alles. Sieg oder Niederlage. Letzte Chance auf ein geregeltes Leben. Jeder von ihnen kann es schaffen, da bin ich mir sicher. Nur ob sie genug wollen und bereit sind zu investieren, ist eine andere Frage.

Im Nachgang erfahre ich, dass einzelne Teilnehmer das Programm verlassen mussten oder freiwillig gegangen sind. Das muss man aushalten können. Dennoch: Den Job mag ich. Er ist abwechslungsreich, herausfordernd und emotional. Klick gemacht hat es trotzdem nicht. Es gibt allerdings eine andere Möglichkeit, wie ich mich einbringen kann. Und zwar als ehrenamtliche Mentorin. Und für den Fall, dass ich zukünftig mal in einer Stadt mit einem Joblinge-Ableger leben werde, will ich sie nutzen.

 **Für wen der Job etwas sein könnte:** Du möchtest dich sozial engagieren, musst nicht unbedingt reich werden und arbeitest gern mit Jugendlichen zusammen. Du verstehst Ghetto-Sprache und bist konsequent.

**Wer lieber die Finger davon lassen sollte:** Du leidest  schnell mit und bist ungeduldig. Dir fällt es schwer, dich in andere Menschen hineinzuversetzen und Grenzen aufzuzeigen.

# 24

# Opernagentin

In einem rosafarbenen Morgenmantel steht sie in knapp zwanzig Meter Entfernung vor mir und schreit. In der Hand hält sie einen Telefonhörer, der Opfer ihres emotionalen Zusammenbruchs wird. Sie weint. Ich verstehe nicht, was die Frau sagt, ich glaube, sie spricht französisch. Dem leidenden Ausdruck in ihrem Gesicht nach kann es sich am anderen Ende der Leitung nur um einen Mann handeln. Sie wirkt ein wenig wahnsinnig. Ich kann meinen Blick nicht von ihr wenden. Plötzlich zieht sie das Telefonkabel um ihren Hals, zieht die Schlinge zu und fängt an zu röcheln. Der Vorhang fällt, das Publikum applaudiert. Die erste Oper meines Lebens ist vorbei und leitet am Sonntagabend meine Woche als Opernagentin ein.

Bis zu dem Praktikumsangebot von Opernagent Marcus Carl vor einigen Wochen wusste ich gar nicht, dass es diesen Beruf überhaupt gibt. Rote Samtvorhänge, staubige Theatersäle, Smokings und graues Haar drängten sich mir auf. Ich war skeptisch. Ich höre gar keine Opern, und überhaupt ist die Szene bestimmt furchtbar steif. Soll ich, soll ich nicht? Ich fragte meine Familie und Freunde um Rat. Die einstimmige Antwort lautete: Ja!

So führt mich also meine Traumjobsuche nach Wiesbaden, dort, wo Marcus mit seiner Frau Antje und dem elfjährigen

Sohn lebt und arbeitet. Antje war es auch, die Marcus darum gebeten hat, mir ein Praktikum als Opernagentin anzubieten. Sie selber ist Personalerin und hat über einen Newsletter von meinem Projekt erfahren. »Ich finde den Job meines Mannes außergewöhnlich. Deswegen wollte ich so gern, dass er dich für ein Praktikum aufnimmt«, erzählt mir Antje während unseres ersten Kennenlernens am Sonntagabend in der Oper. Ein Opernagent kümmert sich um Engagements und Gagen von Opernsängern und damit gleichzeitig um die strategische Planung der Karriere. Heute steht allerdings keiner von Marcus' Sängern auf der Bühne, erfahre ich in der Pause, bevor es wieder zurück in den Saal zu meiner zweiten Oper *Blaubarts Burg* geht und Opernstar Vesselina Kasarova mir mein Trommelfell wegschmettert. Halleluja! Und das alles ohne Mikro. Wozu die menschliche Stimme alles fähig ist. Die Sänger auf der Bühne beschallen das Publikum bis in den letzten Rang, als wäre es nichts.

Nach der Oper geht es zu den Couchsurfern Alexia und Christof. Wobei die beiden eigentlich gar keine Couchsurfer sind. Während meiner drei Wochen in Wien traf ich nämlich bei einem Stammtisch, zu dem mich Christiane, die Tochter meiner Wiener Gastgeber, eingeladen hatte, auf die Schwester von Alexia. Als ich ihr im Gespräch erzählte, dass eine meiner nächsten Stationen Wiesbaden sei, drückte sie mir sofort den Kontakt ihrer Schwester in die Hand. Bei der könne ich bestimmt unterkommen. Kann ich auch, zumindest für zwei Tage, danach geht es für mich weiter zu Sabine, einer Freundin von Alexia. Alexia hat alles organisiert. »Hier ist dein Zimmer. Handtücher habe ich dir hingelegt, und für den Fall, dass du heute Nacht etwas trinken möchtest, steht eine Flasche Wasser an deinem Bett«, sagt Alexia, nachdem wir uns miteinander bekannt gemacht hatten. Irgendwie seltsam, in das Zuhause einer Familie aufgenommen zu werden, die man genau genommen noch nicht einmal über vier Ecken richtig kennt. Jede Woche aufs Neue bin ich wieder erstaunt, wie herzlich und großzügig ich von wildfremden Menschen aufgenommen werde.

Alexias Gastfreundschaft reicht so weit, dass sie mich am Montagmorgen mit einem Latte macchiato empfängt und mich nach dem Frühstück auf ihrem Weg in die Stadt bei Opernagent Marcus absetzt. Sein Büro befindet sich in einer kleinen Stadtvilla, in der er mit seiner Familie lebt. Bei einem zweiten Kaffee erzählt er mir, wie er zu der Oper gekommen ist. Bereits als Teenager konnte man ihn als Zuhörer bei Opernaufführungen finden. Seine Eltern lieferten ihn abends vor der Oper ab und holten ihn nach Ende der Vorstellung wieder ab. Etliche Schallplatten und Aufführungen später machte er dann sein Hobby zum Beruf. Schon lange habe ich mich gefragt, ob einen ein solcher Schritt wohl sein Hobby kostet. »Ja, mein Hobby habe ich verloren, aber dafür habe ich einen Beruf gewonnen, den ich liebe. Was will man mehr?«, antwortet Marcus. Denn einfach nur zuhören und genießen fällt Marcus mittlerweile schwer. Gehör und Gehirn beginnen direkt zu arbeiten, sobald eine Oper beginnt. Und wenn der Vorhang fällt, ist Netzwerken angesagt.

Gute Kontakte in der Branche sind als Opernagent das A und O. Marcus arbeitet nämlich nicht für die Wiesbadener Oper, sondern vermittelt internationale Künstler weltweit an Opernhäuser. Und wie will man ohne Kontakte seine Opernsänger in guten Rollen mit guten Gagen an guten Häusern platzieren? Bezahlt wird Marcus von seinen Sängern. Einen festen Prozentsatz der Gagen treten sie an ihn ab. Der Opernmarkt ist ein internationales Geschäft und mit den einzelnen Opernhäusern, Opern, Festspielen und Budgets nicht leicht zu überblicken. Da ist es ratsam, jemanden an der Hand zu haben, der sich auskennt.

Marcus zeigt mir, wie er sein Büro organisiert hat. Seine Kommunikationssysteme sind über den Computer miteinander verbunden. SMS tippt er über die Tastatur ein, telefoniert auch gern mit Bild, und die Synchronisation der Kalender auf seinen einzelnen Endgeräten funktioniert sowieso automatisch. »Am Mittwoch ist ein Vorsingen geplant. Kannst du bitte die Sänger anrufen und die Termine mit ihnen absprechen?«, fragt mich Marcus und weist mir den Platz seiner ehemaligen Assistentin zu. Neben dem Reservieren von Tickets für eine Oper, die wir am Freitag besuchen wollen, und der Suche nach Reviews zur Opernpremiere eines von Marcus' Künstlern im Internet ist mein aktiver Part damit für diese Woche auch schon erschöpft.

Das ist nur logisch, denn die Hauptarbeit eines Opernagenten besteht darin, zu kommunizieren. Während er vormittags mit seinen Künstlern telefoniert, E-Mails beantwortet und sich um die Bürokratie kümmert, vor der ihn die Steuerbehörde als Selbstständigen nicht bewahrt, spricht er am Nachmittag mit den Mitarbeitern verschiedener Opernhäuser. »Am Nachmittag sind die an den Opernhäusern einfach aufnahmefähiger. Am besten ruft man die Direktoren zwischen den Proben an«, erklärt mir Marcus. Im Gespräch mit den Direktoren versucht Marcus dann herauszufinden, welche Rollen in welchen Opern besetzt werden sollen und wer dafür noch gesucht wird. Dabei versucht er, seine Künstler in diese Lücken hineinzuvermitteln. Die eigentliche Rechnung dafür schreibt er aber erst, wenn der Auftritt gewesen und die Gage bezahlt ist. »Wenn ein Opernsänger krank wird oder etwas mit der Stimme hat, dann kann es auch mal sein, dass er nicht auftritt. Für diesen Fall gibt es immer eine Zweitbesetzung. Logischerweise heißt kein Auftritt dann aber auch: keine Gage«, erzählt Marcus weiter.

Was Marcus an seinem Job liebt, ist neben der Oper auch seine Freiheit. »Ich sitze hier am Nachmittag auf meinem Balkon, wenn ich das will. Telefoniere mit lauter netten Menschen. Und die Nervigen rufe ich einfach nicht mehr an. Sag mir, wer ist so frei wie ich?« Wenn Marcus telefoniert, kann das schnell mal dreisprachig werden. »Es ist immer besser, wenn man mit den Künstlern in ihrer Muttersprache sprechen kann«, erklärt er mir. »Und ich weiß auch, wie die Stimmung meiner Sänger ist, je nachdem, welche Sprache sie verwenden.« Marcus spricht neben Deutsch noch Englisch, Italienisch und Französisch. Wenn mich jemand gefragt hätte, in welchem Beruf Fremdsprachen eine große Rolle spielen, wären Jobs in der Oper sicherlich nicht in der Aufzählung gewesen. Das wird sich zukünftig ändern. Meine erste Oper am Sonntagabend war auf Französisch, die zweite auf Ungarisch. Darüber, dass die Sänger die Sprache, in der gesungen wird, eventuell gar nicht sprechen, habe ich noch nie nachgedacht. Eine Oper in einer fremden Sprache zu singen klappt bei dem einen besser, bei dem anderen schlechter. Und die Letzteren singen nach Marcus' Auffassung nicht, sie buchstabieren.

Kritisch ist Marcus sowieso. Sänger auf Provinzniveau vermittelt er nicht. »Wenn du mal einen guten Sänger hören willst, hör dir Franco Corelli an. Oder Fritz Wunderlich«, empfiehlt er mir. Und um Zugang zu dieser Art von Musik zu finden, rät er mir zu Opern wie *Die Zauberflöte*, *Der fliegende Holländer* und *La Traviata*. Um mir den Unterschied zwischen guten und sehr guten Opernsängern zu verdeutlichen, machen wir auf YouTube einen Ausflug. Während sich für mich alles gleich anhört, hält Marcus sich die Ohren zu und ruft »falsch«, »zu spät«, »schrecklich, ganz schrecklich« oder auch mal »bravo«. Wir klicken uns durch unzählige Opern.

»Ein Sänger, der in einer Oper nur einen Satz singt, wird übrigens ›Wurtze‹ genannt«, sagt Marcus und zeigt auf einen der Akteure auf dem Bildschirm. »Und wenn es ein ganz besonderer Satz ist, der für das Stück Bedeutung hat, dann wird er ›Edelwurz‹ genannt.« Was Marcus wohl von Paul Potts hält? »Hör es dir einfach selbst an«, antwortet Marcus mit hochgezogener Augenbraue und öffnet *Nessun Dorma* von Paul Potts, Andrea Bocelli und Luciano Pavarotti. Ich ziehe meine Frage zurück. Im direkten Vergleich bleibt kein Zweifel, wer singen kann und wer nicht.

Oft trudeln in Marcus' Briefkasten auch Demo-CDs von Sängern und Sängerinnen ein. »Meistens reicht aber schon ein Blick auf den Lebenslauf, um zu wissen, dass das nichts sein kann«, seufzt Marcus. »Wenn mir so ein dünnes Hühnchen erzählt, sie sei ein begnadeter Sopran, dann kann ich nur sagen: Ich glaube nicht. Dazu brauchst du einfach einen Resonanzkörper.« Ich lege eine der CDs ein und drücke auf Play. »Siehst du? Nimm die wieder raus, bitte, entferne die CD!«, ruft Marcus. Die Sänger auf den anderen CDs bekommen kein besseres Feedback.

Am Donnerstag haben wir ein Vorsingen im Theater. Aber auf Seiten der »Jury«. So muss sich Dieter Bohlen fühlen. Wir halten es kurz und hören uns nur einen Bass und einen Mezzosopran an. Die beiden tragen jeweils drei Stücke vor. Marcus hat eine Pianistin organisiert, die mittlerweile schon viele Sänger im Vorsingen unterstützt hat. Bezahlt wird sie von den Sängern, die ihr nach dem Vorsingen einen Schein in die Hand drücken. Das Feedback gibt es einzeln in der Theatercafeteria. »Außer Spesen nichts gewesen«, fasst Marcus den Nachmittag zusammen, als wir das Theater verlassen.

Meine Woche endet, wie sie begonnen hat: mit einer Oper. Dieses Mal sehen wir Richard Furman, einen von Marcus' Sängern, in *Fidelio* im Stadttheater in Hagen. Ein großer Tenor. Und das sieht nicht nur Marcus so, sondern auch alle anderen Zuschauer, die besonders laut klatschen, als Ric sich nach der Vorführung verbeugt. Als Nächstes verbeugt sich der Sopran. »Ich klatsche jetzt mal so laut, wie sie gesungen hat«, flüstert Marcus zu mir herüber und deutet ein Klatschen an, bei dem sich seine Hände aber nicht berühren. Der Bass verbeugt sich. Die Erstbesetzung des Basses war für die Vorstellung ausgefallen, weil der Sänger im Stau stand und es nicht pünktlich zu Beginn der Oper in das Hagener Stadttheater geschafft hatte. Auch Marcus applaudiert für die Zweitbesetzung, immerhin habe er die Vorstellung gerettet. Mit klassischer Musik im Ohr geht es für mich in Richtung Heimat. Schön war dieser Ausflug in eine andere Welt. Und meine Vorurteile haben sich wieder einmal nicht bestätigt. Im Gegenteil. Moderne Inszenierungen, verrückte Künstler und das Tohuwabohu hinter den Kulissen schreiben Geschichten, wie sie sich ein Soap-Autor nicht ausdenken könnte. Für mich kommt der Job nicht in Frage, ich bleibe dann doch lieber beim Hiphop.

 **Für wen der Job etwas sein könnte:** Du kannst mit Menschen umgehen, kennst dich mit Operngesang und allem, was dazugehört, aus. Du bist ein Organisationstalent, denkst strategisch und kannst gut verhandeln.

**Wer lieber die Finger davon lassen sollte:** Du trägst  nicht gern Abendkleid oder Anzug mit Fliege, netzwerken geht dir gegen den Strich, und du verabscheust klassische Musik.

# 25
# Freizeitparkbetreiberin

Grüne Wiesen und gelbe Felder rauschen an meinem Zug-
fenster vorbei, während ich auf dem Weg zu Job Nummer
fünfundzwanzig bin. Die Zugfahrten genieße ich mittlerweile,
oft gucke ich dabei stundenlang aus dem Fenster und gebe
meinen Gedanken Freigang. Das Gefühl, ich wäre am falschen Platz, ist verschwunden. Genau da, wo ich bin, fühle ich
mich richtig. Es gibt diesen Zustand also doch, in dem alles
gut und genug ist. Und obwohl ich meinen Besitz im letzten
Jahr auf einen Bruchteil reduziert habe, fehlt mir heute nichts
mehr. Ein weiterer Beleg dafür, dass man Glück nur in sich
selbst finden kann.

In Ratzeburg, im Südosten Schleswig-Holsteins, steige
ich aus der Bahn. Ich solle mich am Kiosk im Bahnhof melden, hatte mir Freizeitparkbetreiber Oliver zuvor am Telefon
gesagt. Dort wisse man Bescheid. Im winzigen Bahnhof ist
allerdings keine Menschenseele zu sehen. Langsam laufe ich
durch die Halle. Was könnte er mit Kiosk gemeint haben? Ich
gehe aus dem Bahnhof hinaus und sehe mich um. Drei-Muskel-Café. Zaghaft laufe ich hinein und blicke in ein freundli-
ches Gesicht hinter der Theke. »Du bist bestimmt Jannike«,
begrüßt mich die Frau, ehe ich etwas sagen kann. »Ich bin
Pat, Ollis Schwester. Olli kommt gleich und holt dich ab.«
Kaum habe ich mein Gepäck abgelegt und mich auf eine der

Bänke des Cafés gesetzt, kommt schon ein breit grinsender Endvierziger herein. »Heeey! Schön, dass du da bist«, ruft er mir zu und streckt mir seine Hand entgegen. Er führt mich durch das Gebäude, das er einige Jahre zuvor von der Bahn erworben hat. Während er einige Räume an die Bahn vermietet hat, nutzt er den Großteil des Bahnhofsgebäudes als Café, Ausgangspunkt für seine Touren und als Unterkunft für einen Teil der Mitarbeiter seines Freizeitparks. Eine Frau kommt uns entgegen. »Das ist Gül, unsere Küchenhilfe im Drei-Muskel-Café«, sagt Olli, hebt die lachende Gül hoch und wirbelt sie herum. »Wir müssen direkt weiter. Eine meiner Gruppen kommt gleich mit den Kanus am Ratzeburger See an und braucht dann Fahrräder für die nächste Etappe«, erklärt mir Olli auf dem Weg zu seinem Transporter. Mein Gepäck verstaue ich im Fußraum. In seinem Wagen überqueren wir Ratzeburg, die als Inselstadt mitten im Ratzeburger See liegt und lediglich über drei Dämme mit dem Festland verbunden ist. Hinter uns ziehen wir einen Anhänger her, auf dem acht Räder verstaut sind. Die zwei Boote sind bereits auf dem Wasser zu sehen, als wir uns dem Steg nähern, an dem die Gruppe wieder anlegen soll. Ein Freundeskreis hatte dem Hochzeitspaar in seiner Mitte den gemeinsamen Ausflug geschenkt. »Die haben die größte Tour bei uns gebucht, den sogenannten Fünf-Kampf. In zwei Tagen nutzen sie nahezu alle unserer verschiedenen Fortbewegungsmittel, um die vorgegebene Strecke zu bewältigen. Alles per Muskelkraft«, erklärt mir Olli. Die Boote steuern währenddessen auf das Ufer zu. Wir laden die Fahrräder ab. »Du fährst am besten direkt mit der Gruppe mit. Dann kannst du gleich alle kennenlernen. Morgen machen wir nämlich weitere Touren mit ihnen. Ich bringe die Boote weg, und dann treffen wir uns im Baumwaggonhotel wieder«, schlägt Olli vor. Mit den sieben

Das Traumjob-Experiment

Freunden schwinge ich mich auf das Rad und mache mich auf den Weg, den Olli uns beschrieben hat. »Wir haben über dein Projekt schon bei *Spiegel Online* gelesen«, erzählt mir eine Frau aus der Gruppe, während sie neben mir herradelt. Ich lächle. Zwischen mir und dem *Spiegel*-Artikel liegen Welten, so viel wie in der Zwischenzeit passiert ist.

Nach der Einweisung unserer Gäste in die gemieteten Baumhäuser machen Olli und ich uns auf den Weg zum dritten Standort des Freizeitparks in Schmilau. Aufgrund der Abgeschiedenheit des Parks und unregelmäßigen Arbeitszeiten breche ich dieses Mal meinen Vorsatz und übernachte dort, wo ich diese Woche auch arbeite. Stolz zeigt Olli mir das Gelände. Inzwischen ist es dunkel.

»Kommst du gleich noch mit in den Whirlpool?«, fragt er mich, während er auf eine Lok zeigt, die den Schriftzug »Einar, der Entgleiste« trägt. Olli sprintet die Stahltreppe der Lok hinauf, dreht an einer Kurbel und schwenkt die Abdeckung des Whirlpools, der sich hinten auf der Lok unter freiem Himmel befindet, zur Seite. »Fühl mal, ist total warm!«, werde ich aufgefordert. Dort, wo der Lokführer zu erwarten wäre, finde ich eine Dusche, eine Freilicht-Toilette und den Eingang zu einer Sauna, die sich im Inneren der Lok befindet. Ich will mich lieber erst mal einrichten, also bringt Olli mich zu meinem Zimmer, das sich im Sieben-Zwerge-Waggon befindet. Neben einer Küche und einem Bad gibt es sieben Zimmer, an dessen Türen Schilder mit den schwedischen Namen der sieben Zwerge angebracht sind. Ich bekomme »Blyger«, was so viel wie schüchtern bedeutet. Mit Niki und Melanie findet Olli aber noch Ersatz und muss das Bad unter dem Sternenhimmel bei Vollmond und Froschkonzert nicht alleine genießen. Ich hingegen klettere die Leiter zu meinem Hochbett hinauf und versuche einige Zentimeter unterhalb des Zugdaches einzuschlafen. So recht will es nicht gelingen.

Mit einer Elektrodraisine fahren Olli und ich am nächsten Morgen über die Schienen zum Baumwaggonhotel in Hollenbek, das rund neun Kilometer entfernt ist. Wir fahren unter Brücken entlang durch den Wald. »Hast du das gesehen?«, ruft Olli und zeigt auf die Schienen vor uns. Von hinten sehe ich noch die beiden Rehe, die so schnell verschwinden, wie sie gekommen sind. Unter einer Brücke halten wir an. »Als Eigentümer der Bahnstrecke bin ich nicht nur dafür zuständig, dass Bäume und Büsche entlang der Strecke beschnitten sind, sondern auch für die Instandhaltung aller Brücken«, erklärt Olli, während er die Böschung zur Brücke hinaufläuft. »Für diese Brücke haben wir auch etliche Auflagen bekommen, obwohl sie nicht genutzt wird.« Er kontrolliert die Arbeit der Bauarbeiter, die er kürzlich für die Instandhaltung bestellt hatte. Alles in Ordnung. Ein paar hundert Meter weiter kreuzen unsere Schienen eine Straße. Ich springe von der Draisine, öffne per Hand die Schranke und prüfe, ob sich Autos nähern. »Alles frei«, rufe ich Olli zu, der die Draisine wieder in Gang setzt. Zum Glück hat sie einen Elektromotor. Elektromotoren sind in der gesamten Erlebnisbahn die einzige Antriebsalternative zur Muskelkraft. Die Liste von Ollis Fahrzeugen und Fortbewegungsmitteln ist lang: Draisinen, Fahrraddraisinen, ein Tuk Tuk, E-Mofas, Drachenboote, Kanus, Fahrräder und Tandems, Inliner, Roller, Konferenzräder, Elektroautos sowie Wasserschuhe, eine Art kleines Kanu für jedes Bein, und Wasserfahrräder zählen dazu. Fast alle von ihnen werde ich bereits an meinem zweiten Abend im Freizeitpark benutzt haben. Olli und ich sind heute Tourguides, wobei man als Freizeitparkbetreiber grundsätzlich für alles zuständig ist. Zuerst geht es mit der Draisine neun Kilometer nach Hollenbek. Von dort mit dem Konferenzrad und Tuk Tuk in Richtung See, den wir dann gemeinsam mit dem Drachenboot durchqueren. Nachdem wir die erste Gruppe schließlich am Bahnhof verabschiedet haben, begrüßen wir auch schon wieder die nächste. Die zukünftige Braut Bea feiert in Sträflingskostüm ihren Junggesellinnenabschied, weiß aber noch nicht, was heute auf sie zukommt. Für Mittagessen bleibt keine Zeit. Olli drückt mir einen Roller in die Hand und zeigt wieder in Richtung See, von dem wir gerade gekommen sind. Mit den Mädels im Schlepptau geht es zum Glück weitestgehend bergab. Und zurück auf das Drachenboot. Wie bei der letzten Runde über den Ratzeburger See sitze ich mit den Gästen an den Paddeln. »Na, willst du auch mal steuern?«, fragt mich Olli, der hinter mir im Boot steht und die Richtung vorgibt. Das Angebot nehme ich dankend an, denn meine Arme tun mittlerweile so weh, dass ich sie kaum noch heben kann.

Aber anstatt mich ausruhen zu können, muss ich mich doppelt anstrengen. Stehend kann ich das schwere Steuerpaddel kaum halten und manövriere das Boot immer weiter vom Ufer weg, bis ich schließlich das Gleichgewicht verliere und einen Abgang mache. Glücklicherweise gehe ich dabei nicht über Bord, sondern lande auf dem Boden des Bootes. Die Mädels lachen. Auch sie hatten Glück, denn hätte ich als Steuerfrau ein Bad genommen, hätten sie es mir aller Wahrscheinlichkeit nach gleichgetan. Ich will nur ungern das Boot mit zwei Schwangeren versenken und drücke Olli das Steuerpaddel wieder in die Hand. »Wir wollen, dass du unsere Steuerfrau bleibst«, ruft mir Braut Bea zu, die vorne im Boot den Takt angibt. Ich seufze und gehe zurück auf meine Position. Trocken und lebend bringe ich dann wider Erwarten alle an Land. Ein weiterer Tourguide empfängt uns am Ufer. »Das ist ein ganz schöner Planungsaufwand, alle Fahrzeuge zur richtigen

Zeit an den richtigen Ort zu bringen«, sagt Olli auf dem Weg zum Parkplatz, wo schon die Konferenzräder auf uns warten. Zu sechst sitzen wir in einem Kreis auf den Konferenzrädern, bei denen sich die gegenübersitzenden Fahrer jeweils einen der drei Gänge teilen. Ich habe Gang eins und muss bergauf ordentlich strampeln. Zurück im Zughotel, wird gegrillt. Aber leider nur für die Gäste. Am liebsten würde ich mich auch am Salatbuffet bedienen.

Ein paar Reste vom Grillen gibt es für uns spät am Abend in der Team-Küche. Wohnen und Essen können die Mitarbeiter der Erlebnisbahn gegen einen kleinen Abschlag nahezu kostenfrei. Einige der Mitarbeiter nutzen die Saison, um auf eine Weltreise oder ein Studium zu sparen. Von April bis Oktober wird gearbeitet, und dann geht es raus in die Welt. Manche Mitarbeiter machen das schon seit Jahren so.

Olli bemüht sich, dass sich alle wohl und zuhause fühlen. Generell ist das Verhältnis untereinander eher familiär als geschäftlich. Für Olli ist die Erlebnisbahn nicht Arbeitsplatz, sondern Lebensentwurf. »Ich bin ständig auf Achse, aber ich habe nicht das Gefühl, dass ich arbeite«, erklärt er mir, als ich ihn frage, wie viele Stunden er pro Woche arbeitet. »Ich brauche viel Abwechslung und Freiraum. Früher saß ich als Programmier-Assel im Keller und habe Webseiten erstellt. Das kann ich mir heute überhaupt nicht mehr vorstellen. Mit der Erlebnisbahn habe ich mir mein Paradies erschaffen. Dich halte ich übrigens auch für ein buntes Zebra mit tausend Interessen.« Bei allem Auf und Ab ist meine Traumjobsuche auch ein kleines bisschen zu meinem Paradies geworden, denke ich. Olli ist übrigens der erste Mensch, den ich kennenlerne, der in einer Lok wohnt. Einer mit Küche, Bad und Büro.

Mitarbeiterin Gabi erzählt mir einige Tage später, was sie an ihrem Leben in der Erlebnisbahn so liebt. Bereits seit fünf Jahren arbeitet sie hier und lebt in ihrem eigenen Waggon. »Wenn ich ins Bad oder zur Toilette will, muss ich meinen Waggon verlassen. Im Sommer wie im Winter. Auch wenn Schnee liegt oder es regnet. Und jedes Mal freue ich mich, weil ich denke, wie verrückt ist das bitte!«, gerät Gabi ins Schwärmen. Ihre Augen strahlen. »Luxus, wie eine eigene Küche oder ein eigenes Bad, hat man hier zwar keinen, aber ich versteh die Leute eh nicht, die dem Geld hinterherrennen, um sich später was davon zu kaufen. Und dabei haben wir nur das Jetzt. Und jetzt will ich in den Wald, weil es geregnet hat. Und dann riecht es immer so gut. Jetzt, jetzt, jetzt!«, Gabi unterstreicht das Gesagte, indem sie mit der Faust auf den Tisch haut und von ihrem Stuhl aufspringt. Ich schaue ihr hinterher, als sie sich auf den Weg in den Wald macht.

An den Tagen unter der Woche, an denen nur wenige Gäste da sind, besuchen Olli und ich eine Messe, um für Betriebsausflüge in die Erlebnisbahn zu werben, und fahren zum zweiten Standort der Erlebnisbahn in Bodenwerder bei Hameln. Wir haben einen Termin mit dem Eisenbahnbetriebsleiter der Bahnstrecke, dem technischen Beauftragten, den jede Bahngesellschaft stellen muss. Ollis Anwalt und ein Mitarbeiter der Erlebnisbahn, der gerade neue Waggons für den Hotelbetrieb umbaut, sind auch dabei. Olli plant ein zweites Hotel in Bodenwerder zu eröffnen. Genau wie in Ratzeburg sollen sich die Hotelzimmer in den Waggons befinden. Das Besondere in der Stadt des Lügenbarons soll allerdings der Standort des Hotelzuges sein. Im Sommer soll der nämlich auf eine Brücke oberhalb der Weser gezogen werden. Gäste des Lichterfests in Bodenwerder können so das Treiben von oben beobachten. »Ich habe momentan nur Ausgaben damit, und noch ist nicht klar, ob wir den Zug überhaupt auf die Brücke ziehen dürfen. Einige Baumaßnahmen sind dazu noch erforderlich. Und auch wenn der Zug da steht, werde ich vorerst kaum mehr als ein paar Euros einnehmen. Ich entscheide viele Sachen aus dem Bauch raus, nicht nach ihrer Wirtschaftlichkeit«, sagt Olli. Mit Eisenbahnbetriebsleiter und Anwalt sitzen wir wenig später in der Fußgängerzone und sprechen bei Spaghetti-Eis über Olivers Pläne und über Bahnrecht. Dann besichtigen wir die Bahnstrecke, auf der der Zug im Sommer auf die Brücke gefahren werden soll, die Brücke selbst sowie zwei Gebäude an der Bahnstrecke. Eines von ihnen befindet sich bereits im Besitz des Freizeitparkes, das andere könnte in Kürze dazukommen. Olli überlegt noch. Die Halle ist eine ziemliche Bruchbude, das Dach marode, und unter dem Boden lagert altes Erdöl. Die Investitionen nach einem Kauf wären ziemlich hoch. Dienen könnte es als Werkstatt für den Umbau der Waggons. Ich bin völlig erschöpft, als ich spät am Abend wieder auf den Beifahrersitz klettere. Der Tag war sehr wichtig für Olli und seine Pläne bezüglich des zweiten Standortes. Für mich waren die Themen hochkompliziert oder vielleicht auch nur furchtbar fremd. Viel mehr als Bahnhof habe ich auf jeden Fall nicht verstanden. Gar nicht so einfach, einen Hotel- und Freizeitbetrieb auf Schienen aufzubauen.

Mein Traumjob springt in dieser Woche nicht für mich heraus. Auch wenn die Arbeit in der Natur Spaß gemacht hat, ist sie sehr anstrengend. Schließlich fährt man nicht nur mit den Gruppen durch die Gegend, sondern trägt auch die Verantwortung für den reibungslosen Ablauf. Und während die Gäste pausieren, sind organisatorische Dinge zu erledigen. Zum anderen kann ich mir nicht vorstellen, Job und Privatleben in diesem Maße miteinander zu verbinden. Die Kollegen werden während der Saison zur Familie, und die Gäste kommen zu einem nach Hause. Meinen freien Tag am Ende der Woche nutze ich, um eine Freundin in Hamburg zu besuchen. »Du bist viel ruhiger geworden«, sagt sie zu mir, als wir abends gemeinsam auf der Couch sitzen. »Irgendwie mehr bei dir und nicht mehr so auf der Suche, wie du es in allen Jahren warst, seitdem ich dich kenne.« Ich glaube, das ist ein gutes Zeichen. Während sie am nächsten Tag zur Arbeit geht, verlasse ich die Wohnung und laufe los, biege hier ein und dort ab. Ohne Ziel laufe ich durch die Hamburger Straßen und fühle mich unsagbar frei.

 **Für wen der Job etwas sein könnte:** Du hast Spaß an Outdooraktivitäten, hast immer einen lockeren Spruch auf den Lippen und bist durch nichts aus der Ruhe zu bringen. Auch Regen kann dir nichts anhaben, denn du bist schließlich nicht aus Zucker. Du bist offen und hast Freude daran, anderen einen schönen Tag zu bereiten.

**Wer lieber die Finger davon lassen sollte:** Du brauchst  einen gewissen Lebensstandard, zu dem du ein eigenes Bad und eine eigene Küche zählst. Berufliches und Privates trennst du strikt, und überhaupt, wer bitte schläft in einem Zug?

# 26

# Journalistin (Print)

»Lasst die Literaturfestspiele beginnen!«, ruft mir mein Couchsurfer Rached am Frühstückstisch entgegen und grinst mich an. Aufgrund guten Benehmens darf ich auch während meines zweiten Praktikums in Hamburg bei ihm wohnen. Vielleicht ist es aber auch nur seiner überaus großen Gastfreundschaft zu verdanken. Im Hintergrund dudelt Hindu-Musik, die Kerze auf dem Tisch brennt. Das morgendliche Ritual kenne ich bereits und öffne das Buch mit den buddhistischen Kurzgeschichten auf der Seite, auf der ich es tags zuvor zugeklappt hatte. Ich lese vor. Unsere heutige Geschichte handelt von einem Juniormönch, der die Senior-Mönche beneidet, bis er selbst Seniormönch wird und plötzlich lieber wieder ein Juniormönch wäre. Kurze Zeit später stehe ich mit der elektrischen Zahnbürste im Mund vor dem Badezimmerspiegel. Mittlerweile schallt auf voller Lautstärke »The Crown and the Ring« der Heavy-Metal-Band Manowar bis in die letzte Ecke der Wohnung. Eine Orgel und ein vollmundiger Männerchor leiten den Refrain des Liedes ein, Rached singt mit.

Mein letzter Tag in der Redaktion des *GEO Magazins* steht vor der Tür. Und die befindet sich keine fünfhundert Meter von meinem Sofa entfernt an der Hamburger Elbpromenade. Der Tag hätte nicht schöner anfangen können. Die ersten Sonnenstrahlen weckten mich bereits, bevor mein Wecker klingelte, denn Jalousien gibt es im Wohnzimmer nicht. Ich genoss noch die warme Sonne auf meinem Gesicht, da begann Nana Mouskouri auch schon zu singen: »Guten Morgen, guten Morgen, guten Morgen, Sonnenschein, diese Nacht blieb dir verborgen, doch du darfst nicht traurig sein, weck mich auf und komm herein.« Auf dem Weg ins Büro hole ich mir beim Bäcker einen Kaffee und spaziere die Elbpromenade entlang, bevor ich schließlich das Gruner-und-Jahr-Gebäude betrete, Europas zweitgrößtes Druck- und Verlagshaus. Die Redaktionen der *Brigitte*, der *Neon*, des *Stern*, der *Gala* und *National Geographic* sitzen unter anderen in dem beeindruckenden Gebäude, dessen Bauweise einem Schiff nachempfunden ist. Mein letzter Tag in meinem Bücher- und Abenteuerparadies auf Probe beginnt.

Wie ein Bücher- und Abenteuerparadies kommt es mir zumindest am Anfang der Woche vor, als ich zwischen den Redakteuren in der Themenbesprechung sitze und die Augen kaum vom proppenvollen Bücherregal nehmen kann. »Um die Antimaterie kümmere ich mich, wenn ich mit dem Neandertaler fertig bin«, Redakteur Klaus schaut in die Runde. »Was macht eigentlich die Geschichte über das Rafting auf Europas letztem Wildfluss in Albanien?«, fragt Jens, der stellvertretende Chefredakteur. »Ist da jetzt ein Fotograf ausgesucht, der sowohl Wildwasser-Action als auch tolle Landschaft kann?« Kurz wird auch der Vorschlag diskutiert, eine Reportage über die umstrittene Adrenalinszene der Wingsuit-Springer zu machen. »Würde das vielleicht sogar jemand selber ausprobieren, an einer sicheren Stelle?« Keiner. »Aber es sieht so aus, als würde das Schnorcheln mit dem Riesenhai-Forscher in Irland klappen«, wirft Jörn ein, der gerade von einer Woche mit dem besten Vogelfänger Deutschlands zurück ist. (Ergebnis: vier Nächte zu zweit im Auto im Wald, Uhu-Männchen aber leider weiter flüchtig, dafür gefühlte Tausend Anekdoten im Block). Ebenfalls zurück im Büro ist Diana. Zwei Wochen war sie gemeinsam mit einem Fotografen in Russland unterwegs. Ich will auch!

Am Nachmittag stellt Diana die Fotos und den ersten Entwurf ihrer Russland-Geschichte vor. Vierzehn Tage war sie mit einem russischen Fotografen unterwegs zwischen Moskau und Sewastopol, der größten Stadt der Halbinsel Krim. Aber an Urlaub erinnert der Roadtrip nicht, schaut man sich Dianas Zeitplan an: Zwanzig Termine an vierzehn Reisetagen, von denen viele unterwegs geplant und organisiert werden mussten. Auf DIN-A3-Blättern liegt die Geschichte in einem Muster-Layout auf dem Boden. Diana diskutiert mit den leitenden Redakteuren sowie den Bildredakteuren die Möglichkeiten der Story, die ersten Layout-Entwürfe und überlegt, welche Fotos am aussagekräftigsten sind.

Als ich mir bei Jürgen eine Rechercheaufgabe abhole, kommen wir auf das Weltall zu sprechen. Der Roman *Der Marsianer* liegt auf Jürgens Schreibtisch, und auch das Bücherregal hinter ihm ist voll mit Literatur zu diesem Thema. Faszinierend eigentlich, dass wir mit dem Blick in den Sternenhimmel gleichzeitig auch in die Vergangenheit schauen, fällt mir während des Gespräches wieder auf. Vom Weltall kommen wir auf archäologische Ausgrabungen zu sprechen und von archäologischen Ausgraben auf Kleopatra. Am liebsten würde ich gleich alles genauer wissen. »Großartig, wenn man für seine Neugier auch noch bezahlt wird, oder?« Jürgen schaut mich an und lacht. Ich will auch!

Für Jürgen mache ich mich auf die Suche nach Ansprechpartnern und Informationen für eines seiner Themen, für mich selbst auf die Suche nach dem Haken an diesem Job. Ich frage Jörn, den ich am meisten um seine Abenteuer beneide. »Na klar ist es großartig, diesen Menschen zu begegnen, die für ihre Sache so brennen, egal wie speziell sie auch ist. Aber wenn du vier erfolglose Nächte mit einem Vogelfänger in dessen Auto im Bayrischen Wald verbringst, dann wirst du nervös. Du musst schließlich mit einer Topgeschichte zurückkommen. Und was meinst du, wie viel wir recherchieren, das nie gedruckt wird. Von den vielen Meetings mal ganz abgesehen«, holt mich Jörn wieder ein wenig zurück auf den Teppich. Trotzdem.

Einen kleinen Eindruck der vielen Meetings bekomme ich in dieser Woche auch. In welcher Intensität man zum Beispiel über die Auswahl und Anordnung von Fotos sprechen kann, erstaunt mich. Für eine Reportage über behelfsmäßige Ölraffinerien in Syrien schieben wir die Fotos immer wieder an andere Stellen, tauschen das Eröffnungsfoto der Strecke aus, wechseln wieder die Reihenfolge oder ersetzen gleich mehrere Fotos komplett. »Wie wäre es, wenn der Mann das Schaf wird?«, fragt Sabine und meint damit den Tausch eines Fotos von rußgeschwärzten Schafen gegen das Porträt eines Mannes. Zum Ende des Meetings erzählen die Fotos parallel zum Text ihre eigene kleine Geschichte und machen den Beitrag rund. Stimmigkeit kommt also nicht von ungefähr.

Im Rückblick auf mein Praktikum in der Online-Redaktion der *myself* finde ich hier eine ganz andere Welt vor. Die Arbeit in einer Online-Redaktion lässt sich nur schwer mit der im Printbereich vergleichen. Hier wird viel intensiver recherchiert als im schnellen Online-Business. Und während ich in München hauptsächlich am Schreibtisch saß, muss man sich hier mitten hineinbegeben in die Situationen, über die man schreibt. In Online-Redaktionen ist das nur selten der Fall. Die Themen und die Art des Magazins tun ihr Übriges.

Hier gibt es sogar zwei Fakten-Prüfer, die nur damit beschäftigt sind, jeden Beitrag der Redakteure auf seine Richtigkeit und Überprüfbarkeit zu checken. Mit ihnen als Telefonjoker kann einem bei Günter Jauch nichts passieren. Der gemeinsame Nenner der verschiedenen Redaktionen ist die Liebe für die geschriebene Sprache. Und die teile ich. Während meines Praktikums schmiede ich bereits Pläne, wie auch ich Journalistin werden könnte. Ich suche die Bewerbungsfristen und Aufnahmebedingungen der deutschen Journalistenschulen heraus. Male mir aus, wie ich mit dem Vogelfänger im Auto sitze und wie ich mit dem Riesenhai-Forscher schnorcheln gehe. Als ich meinen Blog-Beitrag für meine Woche als Print-Journalistin von Jens zurückerhalte, erlebe ich eine Premiere. Während ich bei allen übrigen Berichten lediglich um die Änderung einzelner Wörter gebeten wurde, hat Jens in diesem Text vieles durchgestrichen, korrigiert oder kommentiert. Vieles ist schlichtweg falsch. Sogar die Namen zweier Redakteure habe ich vertauscht. Das ist mir noch nie passiert. Und gerade jetzt, wo ich zeigen wollte, dass in mir eine gute Journalistin stecken könnte. Was ist bloß los mit mir?

Mit ein bisschen Abstand wird mir klar, wo mein Problem lag. Ich hatte das Jetzt verlassen. Während ich in allen anderen Jobs die Dinge auf mich zukommen lassen und aufnehmen konnte, war ich in Hamburg bereits damit beschäftigt, Pläne für die Zukunft zu schmieden. Und das auf Kosten von Konzentrations- und Aufnahmefähigkeit. Plötzlich erinnere ich mich an die Meetings, in denen ich mir anstatt zuzuhören lieber vorstellte, selbst die Abenteuer zu erleben, um die ich die Redakteure beneidete. Der Neid ließ mich auch etwas anderes vergessen: dass sich mein Traum zu schreiben bereits erfüllt hatte. Dass ich bereits meine Leidenschaft lebe und dafür bezahlt werde, über meine Abenteuer zu schreiben.

Ich fühle mich wie der junge Mönch, der mit Blick auf die Seniormönche kurzzeitig vergisst, wie glücklich und zufrieden er sein kann, genau dort, wo er ist. Und auch wenn mein neuer Job als Autorin nur wenige Monate dauern wird, gibt er mir doch die Freiheit, mich voll und ganz auf das zu konzentrieren, was in diesem Augenblick gerade ist. Zu Beginn des Projektes dachte ich, dass ich sofort nach meinen dreißig Praktika einen Plan bräuchte. Das ist heute anders. Ich möchte die Zeit genießen. Glücklich sein mit dem, was ich habe. Und Schritt für Schritt meinen Weg gehen, nicht mehr langfristig planen. Vielleicht wird der mich an eine Journalistenschule bringen. Vielleicht aber auch woandershin. Ich bin mir sicher, jede Variante wird gut werden.

 **Für wen der Job etwas sein könnte:** Du hast ein breites Interessenfeld, liebst die Sprache, durchdringst leicht Zusammenhänge und kannst sie einfach darstellen. Du hängst dich in Themen rein, auch wenn unklar ist, ob aus ihnen eine Geschichte wird. Du bist unglaublich neugierig.

**Wer lieber die Finger davon lassen sollte:** Du begibst  dich nicht gern auf neues Terrain, kannst in alltäglichen Dingen keine Geschichten entdecken und hast Angst, deine Gedanken mit der Öffentlichkeit zu teilen.

> Eine Buchempfehlung meines Couchsurfers:
> Die Kuh, die weinte – Ajahn Brahm

# 27

# Pastorin

Glauben. Heißt etwas nicht zu wissen, es aber dennoch für wahr zu halten. Als sachlicher Mensch mit einer Vorliebe für harte Fakten liegt mir »glauben« nicht besonders gut.

Aber je mehr Bereiche des Lebens ich kennenlerne, desto bewusster wird mir, dass ich nur einen winzigen Bruchteil der Welt kenne und zu verstehen meine. In den letzten Monaten habe ich gelernt, die Unwissenheit zu akzeptieren und mir unbegreifliche Dinge als möglich hinzunehmen.

Der Grund, der mich am Samstag vor Pfingsten vor die Tür der evangelischen Kirche »Berlinprojekt« im Prenzlauer Berg führt, ist ein ganz besonderer. Ich löse das Versprechen an meinen Vater ein, mich noch einmal mit dem religiösen Glauben zu beschäftigen, von dem ich etliche Jahre zuvor Abstand genommen hatte. Jetzt mache ich ein Praktikum als Pastorin.

Die Tür öffnet ein großer, gutaussehender Typ. Nike Airmax, Jeans, Pulli, markante Brille. Ich muss mich in der Hausnummer geirrt haben. »Hey, herzlich willkommen beim Berlinprojekt! Ich bin Christian«, begrüßt mich der Typ und streckt mir seine Hand entgegen. Das ist Christian? Der Pastor Christian? In meiner Vorstellung war er viel kleiner, hatte lichtes Haar und ein in die hochgezogene Hose gestecktes Hemd. »Äh … Freut mich, Jannike«, erwidere ich, während ich noch erschrocken über den großen Unterschied zwischen Fantasie und Realität bin. Den Kontakt zu Pastor Christian hatte ich von der Architektin aus meinem sechzehnten Praktikum erhalten. Fast in jedem meiner bisherigen Jobs überlegten die Menschen, wen aus ihrem Bekanntenkreis ich noch begleiten könnte, und überließen mir ihre Kontakte. Die Jobs zu organisieren wird mit der Zeit immer einfacher.

Ein paar Straßen weiter lerne ich Christian etwas näher kennen. Wir sitzen in einem koreanischen Restaurant, vor mir steht eine Schüssel Bibimbap. Christian erzählt von seinem Job als Pastor und von dem Kirchenprojekt, das er gemeinsam mit seinem Kumpel Konstantin vor zehn Jahren ins Leben gerufen hat. Eine Kirche für die Stadt wollten sie gründen, für junge Menschen, die mittendrin statt nur dabei ist. Inspiriert wurden die beiden von Timothy Keller, Bestsellerautor und Pastor in Manhattan. Während eines Praktikums in Amerika sei die Vision einer ähnlichen Kirche für Deutschland entstanden, die heute über fünfhundert Menschen regelmäßig in die Gottesdienste bringt. Um zehn, elf und achtzehn Uhr finden diese in Kino- oder Theatersälen im Prenzlauer Berg, Friedrichshain und Kreuzberg statt. Die beiden Pastoren halten ihre Gottesdienste bewusst an weltlichen Orten anstatt in Kirchen ab. Der Rahmen soll die Gottesdienstbesucher nicht einengen, sondern jedem den Freiraum geben, den er benötigt, um Gott und den Glauben selbst zu entdecken. »In Städten gibt es einfach diese große Lücke für junge Menschen, die in ihrem Glauben nach Antworten suchen. Es gibt kaum Kirchen, die für Singles, Berufsanfänger und Studenten die Bibel in die heutige Sprache und für das heutige Leben übersetzt«, führt Christian als Argument an, warum sie eine neue Kirche gründeten, anstatt in eine bestehende einzusteigen. Als ich frage, wie ich mich zum Gottesdienst angemessen kleide, antwortet Christian: »Für unseren Gottesdienst brauchst du dich nicht umziehen. Ich tue das auch nicht. Nur zu Beerdigungen und Hochzeiten. Was wir nämlich nicht wollen, ist, dass die Menschen zum Gottesdienst ihr heiliges Gesicht aufsetzen und es am Ausgang wieder abgeben. Jeder kann so kommen, wie er ist.« In der Tat stehen Christian und Konstantin am Sonntag mit Turnschuhen zur Predigt auf der Bühne.

Das Berlinprojekt finanziert sich nahezu vollständig aus Spenden. Die New Yorker Kirchengemeinde Redeemer Presbyterian Church ist dennoch ein wichtiger Partner und Förderer der Gemeinde. Bei den Finanzen setzt das Berlinprojekt-Team auf Transparenz. Für jeden Gottesdienst werden Programmhefte gedruckt, in denen neben Bibelstellen, Liedern und Erklärungen für Neuzugänge auch der Spendenstand aufgeführt ist. Die Gläubigen im Berlinprojekt sind großzügig. Die Spendenziele werden in der Regel in der geplanten Zeit erreicht. Verwendet werden die Gelder für die Mieten, Gehälter, zur Unterstützung von Hilfsprojekten und für die Dinge, die in einem Büro eben so anfallen. Eine genaue Auflistung gibt es auch hierzu einmal im Jahr. Neben den zwei Pastoren Christian und Konstantin arbeiten noch ebenso gutaussehende Menschen hier in Festanstellung. Festanstellungen sind in der Kirchenlandschaft eine Seltenheit. Doo-Kyoung ist für die Gemeinschaft, Seminare und Weiterbildung zuständig, Gudrun für das Büro und Mitch für die Musik. Darüber hinaus helfen manche auf Stundenbasis und unzählige ehrenamtlich.

Am Pfingstsonntag geht es um neun Uhr im Kino Babylon ans Eingemachte. Steffi, die Koordinatorin aller ehrenamtlichen Gruppen, steckt mich nacheinander in die verschiedenen Teams, die für einen reibungslosen Ablauf des Gottesdienstes sorgen. Sie kümmern sich um das Abholen der Programm-

Das Traumjob-Experiment

hefte von der Druckerei, den Aufbau der Tontechnik, die Begrüßung der Gottesdienstbesucher oder die Musik. Auch heute gibt es viel zu tun. In immer wechselnden Konstellationen räumen wir das Lager aus, stellen Schilder auf und bauen die Akustik für die Musiker auf. Mit dem Abendmahl-Team geht es in den Bauch des Theaters. Wir brechen das Brot und schenken Wein in kleine Plastikbecher, die an Schnapsgläser erinnern. Auf der Bühne proben währenddessen die Musiker moderne Lieder mit Gitarren- und Klavierbegleitung. Mit den Mädels aus dem Abendmahl-Team lege ich Knäckebrotstückchen auf ein Tablett. Mit all diesen netten Menschen um mich herum, guter Musik und guten Gesprächen fühle ich mich richtig im Flow, während ich den Traubensaft mit einem Abfüller in die Gläser spritze. Die Gläser, Abfüller und Tabletts kommen aus einem Onlineshop für Kirchenbedarf und sind extra für das Abendmahl gemacht. Was es nicht alles gibt.

Ich bin fast ein wenig enttäuscht, als mich Steffi abholt und zum nächsten Team bringt. Es fehlt jemand zum Austeilen der Programmhefte, deswegen kommt meine Hilfe dort sehr gelegen. Nach und nach begrüße ich also die Gottesdienstbesucher und drücke ihnen das Programmheft in die Hand. Als eine Fremde heiße ich Gäste willkommen und fühle mich dennoch direkt zugehörig. Jeder Mensch, der mir entgegenkommt, lächelt mich an. So viele lächelnde Menschen auf einem Fleck habe ich noch nie gesehen, der Anblick ist so ungewohnt, dass er mir richtig auffällt. Der Kinosaal füllt sich. Nach dem zweiten Lied darf ich meinen Posten verlassen und mir selbst einen Platz in einer der Reihen suchen.

Ich lasse den Blick durch den Saal schweifen. Das Durchschnittsalter der hippen Gottesdienstbesucher schätze ich auf dreißig. Jeans, Turnschuhe, Caps, Bärte und Tunnel in den Ohren sind hier nichts Außergewöhnliches. In den Getränkehaltern stehen Pappbecher mit Kaffee oder grünem Tee. Sie alle singen, wenn gesungen wird, beten, wenn gebetet wird, und lauschen der Predigt, wenn Christian predigt. Zu viel positive Energie auf einem Fleck, um von ihr unberührt zu bleiben. Ein paar Tränen schießen mir in die Augen.

Die Predigt hält, was Christian tags zuvor versprochen hat. Er macht die Bibelstelle zu Pfingsten verständlich und zeigt mit aktuellen Beispielen auf, was Pfingsten für Menschen in unserem Zeitalter bedeutet. »In der Bibel heißt es, dass sich Zungen wie von Feuer auf den Aposteln niederließen. Der Heilige Geist hat sie erfüllt und sie in fremden Sprachen reden lassen«, sagt Christian in das Mikro, das mitsamt Ständer vor ihm auf der Bühne steht. »Das müsst ihr euch mal vorstellen, zu der Zeit war die Bibel nur für Leute zugänglich, die aramäisch sprachen. An dem Tag waren aus der ganzen Region Menschen zu den Aposteln gekommen, die großen Aufwand betrieben hatten und extra die Sprache gelernt hatten. Und plötzlich sprachen die Apostel in deren eigener Muttersprache.«

Christian misst diesem Erlebnis in seiner Predigt zweierlei Bedeutung zu. »Zum einen spricht Gott deine Sprache. Er trifft deinen Ton, sodass du ihn verstehen kannst.« Zum anderen sei das Pfingstwunder ein so großes Glaubenserlebnis gewesen, dass es den Gläubigen durch das Herz fuhr und sie nicht anders konnten, als zu glauben. »Pfingsten ist, um es mit Worten aus Nina Hagens Biografie zu sagen, wenn Jesus bei dir Sturm klingelt, wenn alles so klar ist, dass du glauben musst«, fasst Christian zusammen.

»Ich musste erst dreißig werden, um Pfingsten zu verstehen«, höre ich eine Frau nach dem Gottesdienst sagen. Sie ist begeistert davon, endlich begriffen zu haben. Anweisungen, man müsse dieses oder jenes tun, um Gnade zu erfahren, höre ich keine. Ich hatte etwas erwartet wie: Sei ein guter Christ, oder befolge die Zehn Gebote. »Das ist doch das Evangelium, das bei uns im Mittelpunkt steht«, erklärt mir Christian. »Du musst dich nicht abstrampeln, um von Gott angenommen zu werden. So, wie du bist, bist du gut. Gott ist gnädig.«

Gott hat also keine Erwartungen an mich. Was für ein befreiender Gedanke. Plötzlich weiß ich, warum ich mich hier wohl fühle und woran mich die Predigt erinnert. Bevor ich auf meine Traumjobsuche ging, war ich davon überzeugt, Erwartungen erfüllen zu müssen. Erfolgreich und unverzichtbar im Job, gutaussehend, witzig und liebenswert wollte ich sein, um gut (und) genug zu sein – für mich und andere. Schritt für Schritt konnte ich einige dieser vermeintlichen Erwartungen ablegen, mich von ihnen befreien. Und das Wunderbare dabei ist, dass meine Freunde, meine Familie, die Menschen, die mir wichtig sind, meine Entscheidungen nicht nur respektieren, sondern sich mit mir freuen, weil sie wissen, dass sie mir guttun. Viele dieser Erwartungen waren nur in meinem Kopf real.

Drei Gottesdienste besuche ich in dieser Woche, wobei einer von ihnen ein Gemeinschaftsgottesdienst mit anderen Kirchen am Pfingstmontag ist. Unter der Woche fühle ich mich wie in einem normalen Unternehmen. Auch hier gibt es Meetings, müssen Dinge organisiert und E-Mails beantwortet werden. Viel Zeit wenden die beiden Pastoren auf, um ihre Predigt zu erarbeiten. Dazu müssen sie das Musikprogramm auf die Beine stellen, proben, Abendmahl, Kaffee und Gottesdienstzubehör bestellen, Gelder verwalten, Seelsorge betreiben. Sogar Seminare zu verschiedenen Themen bieten sie an, wie beispielsweise das Seminar in der kommenden Woche zur Taufe.

Pastorin werde ich nicht, ernsthaft darüber nachgedacht

hatte ich ohnehin nicht. Aus einem anderen Grund war ich in dieser Woche zum Berlinprojekt gekommen. Mein Versprechen habe ich eingelöst und konnte wie bei den vorangegangenen Jobs mein Herz ein Stück weiter öffnen. Langsam beginne ich zu begreifen, dass Gefühle das Gegenteil von Schwäche sind. Gott ist die Liebe, steht in der Bibel und anderen großen Büchern. Die Liebe ist etwas, an das ich mittlerweile glauben kann. Liebe, die verbindet und Grenzen, Distanzen und sogar den Tod überwinden kann. Die mich, anstatt meinen Vater zu verlieren, ihn im Herzen tragen und mich lächeln lässt, jedes Mal, wenn ich an ihn denke.

 **Für wen der Job etwas sein könnte:** Du hast einen fast unerschütterlichen Glauben und gern mit Menschen zu tun. Du sehnst dich nach einem Job mit viel Herzenswärme, bei dem man Gutes tun und Menschen helfen kann, in schwierigen und allen anderen Situationen auf Gott zu vertrauen.

**Wer lieber die Finger davon lassen sollte:** Du bist  Atheist.

> Eine Buchempfehlung vom Pastor:
> Warum Gott?: Vernünftiger Glaube oder Irrlicht der Menschheit? – Timothy Keller

## 28
# Tischlerin

Die letzten drei Wochen meines Projektes brechen an. Ich komme gerade zurück von meinem Zehn-Kilometer-Lauf und habe die erste Medaille meines Lebens im Gepäck. Teilnahmemedaille, keine Siegermedaille. Sie bleibt allerdings nicht lange in meinem Besitz, denn auf dem Rückweg verschwindet mein Koffer samt allem, auf das ich mich in den letzten Monaten beschränkt habe. Eine Übung, nicht an materiellen Dingen zu hängen, denke ich, während ich tief durchatme und versuche, den Verlust nicht zu schwer zu nehmen. Meinen Laptop habe ich zum Glück noch. Den Blog-Beiträgen für meine letzten drei Jobs steht also nichts im Weg.

Das letzte Trio beginne ich als Tischlerin im Emder Industriegebiet. Dieser Beruf war einer der ersten, die ich letztes Jahr auf meine Liste schrieb, und einer der letzten, die ich tatsächlich teste. Die handwerklichen Berufe sind bisher etwas zu kurz gekommen. Es wird also Zeit, sich noch ein letztes Mal die Hände schmutzig zu machen und »richtig« zu arbeiten.

Dazu statte ich der ostfriesischen Tischlerei Dock Zwo einen Besuch ab. Auf Facebook hatte ich einige Wochen zuvor einen Beitrag über deren coole Möbel gesehen und nahm das zum Anlass, mich auf dem gleichen Kanal für ein Praktikum zu bewerben. Als die Zusage kam, freute ich mich besonders, denn für diesen Job in meiner Heimatstadt muss ich keine Schlafgelegenheit organisieren und mich einmal weniger in einer neuen Umgebung zurechtfinden. Das wird entspannt.

Nicht ganz ohne Bedenken betrete ich Dienstagmorgen die Werkstatt von Tischlermeister Daniel und Betriebswirt Jens. Ob ich nach meinem Praktikum noch genauso viele Finger wie vorher haben werde? Als ich Daniel meine Befürchtung mitteile, streckt er mir als Antwort seinen verkürzten Daumen entgegen und lächelt. »Ein bisschen Schwund ist immer.« Für mich werden also die ganz gefährlichen Maschinen in den nächsten Tagen tabu sein. In unserem ersten Gespräch stellen wir fest, dass sich unsere Mütter kennen und mein Bruder mit Daniels Schwager in spe befreundet ist. Wir finden noch weitere Berührungspunkte. Kleinstadt eben.

Ich freue mich, in dieser Woche endlich einmal sehen zu können, was ich den ganzen Tag gemacht habe. Die Arbeit am Abend in den Händen halten zu können. In meinem alten Job im Büro wusste ich abends oftmals nicht mehr, was ich den ganzen Tag über getan hatte. Am Samstag sei ein Tag der offenen Tür geplant, erzählt mir Daniel, für den es noch einiges vorzubereiten gibt. Nachdem Daniel mich durch ihre Halle geführt hat, steuern wir eine Werkbank an. Er drückt mir nacheinander zwei Maschinen in die Hand und zeigt auf einen Stapel Holzbretter, der auf der Werkbank liegt. »Das sollen mal Türschilder werden. Die Bretter müssen dafür zuerst abgebürstet werden. Danach müssen die Kanten abgeflext werden«, sagt Daniel und macht mir vor, was zu tun ist. Meine Aufgabe für den heutigen Tag. »Kannst du die Maschinen überhaupt halten, oder sind die zu schwer für dich?« Natürlich sind die nicht zu schwer für mich, denke ich in einem ersten Reflex. Ich wiege die Bürstmaschine und die Flex in der Hand. Die beiden haben ordentlich Gewicht.

Aber wird schon gehen. »Am besten, du bürstest erst alle Bretter, bevor du dich ans Flexen machst. Dann brauchst du die Maschinen nicht ständig zu wechseln. Und vergiss nicht, dass du die laufende Maschine noch in der Hand hältst, wenn du ein neues Brett nimmst«, sagt Daniel und zieht seine Augenbrauen fragend hoch. Er will wissen, ob ich verstanden habe. Ja, schon gut, ich werde daran denken.

Die Bretterstapel wandern von links nach rechts und wieder zurück. Nach einer Stunde bin ich schließlich mit dem Bürsten und Flexen fertig. Mittlerweile ruht die Maschine auf meinem Oberschenkel, während ich sie mit der einen Hand lenke und in der anderen Hand die Bretter halte. Mit dem Heben meines Oberschenkels bewege ich die Maschine über die Bretter. Meine Arme können sie nicht mehr heben. Sie ist einfach zu schwer. Aber mit ganzem Körpereinsatz geht es. Die Ausübung des Jobs ist eine Kraftfrage. Gegen zehn Uhr geht es in die Frühstückspause. Fünfzehn Minuten haben wir Zeit, um Kaffee zu trinken und Brot zu essen. Daniel ist bereits seit halb sieben im Laden, oft fängt er um sechs Uhr an, manchmal noch früher. »Der frühe Arbeitsbeginn gehört zum Tischlerleben dazu. Ich habe dann einfach Ruhe, mich um meine Mails und die Auftragsplanung zu kümmern. Tagsüber bleibt da keine Zeit zu«, erzählt mir Daniel. Mittlerweile sind wir zu fünft. Daniels Geschäftspartner Jens, Geselle Helge und Lehrling Lukas holen der Reihe nach Butter, Wurst und Marmelade aus dem Kühlschrank.

Nach der Frühstückspause geht es ans Lackieren. Entschuldigung: ans Lasieren. Während sich die Lackierung nämlich außen auf das Holz legt und es auch dort schützt, dringt die Lasur in das Holz ein und schützt es von innen. Außerdem erhält eine Lasur die Struktur des Holzes, und das sieht bei unseren Türschildern sehr schön aus.

Neben regulären Möbeln und Wohnaccessoires bauen die Jungs von Dock Zwo auch Sofas aus alten Segelbooten, Küchen und Treppen. Bauen Fenster und Türen ein und restaurieren hin und wieder ein paar alte Möbel. Ein paar dieser restaurierten Möbel bringen wir am Nachmittag zurück zu ihren Eigentümern.

Auf Montage darf ich diese Woche auch. Geselle Helge begleite ich zu einem Treppeneinbau. Ein schickes Haus soll eine massive Holztreppe bekommen. Im Wohnzimmer steht das Boot-Sofa, von dem Daniel mir noch in der Werkstatt stolz berichtet hatte. »Unser Kunde hat sich ein maritimes Möbelstück für sein Wohnzimmer gewünscht. Gemeinsam haben wir dann überlegt, wie wir ihm etwas Besonderes bauen können. Letztendlich haben wir ein kleines Holzboot halbiert, aufbereitet und es mit Sitzfläche und Polstern versehen. Das ist richtig gut geworden und eines unser persönlichen Lieblingsstücke!« Jetzt ist die Treppe dran. Der Hausherr möchte parallel zum Einbau Lichtleisten unter den Stufen montieren, damit einmal jeder Schritt auf den Treppenstufen beleuchtet sein wird. Ich bin für die Leisten zuständig, Helge für den Rest. Die Leisten werden zwischen den massiven Treppenstufen und dem Beton montiert und gleichen den zum Teil unebenen Boden wieder aus. Hinter ihnen wird die Elektrik für die Beleuchtung der Treppe verlegt. Während Helge seinen Arbeitsplatz auf der Treppe findet, arbeite ich vorwiegend auf der Auffahrt vor dem Haus. Zwei Leisten pro Stufe soll ich zusägen und Löcher und Vertiefungen für die Schrauben bohren. Da die Treppe über Eck verläuft, zeichnet Helge mir für viele der Leisten entsprechende Winkel ein, damit alle Teile sowohl zur Wand als auch zum Flur mit einer geraden Kante abschließen. Beim Tischlern muss man sehr genau arbeiten, stelle ich fest und befürchte, ich könnte die Treppe mit falschen Zuschnitten ruinieren. Ich vermesse die Leisten doppelt und dreifach, bevor ich Stichsäge, Kappsäge und Bohrmaschine nutze. Stufe um Stufe nimmt die Treppe ihre zukünftige Form an. Helge nickt zufrieden. Hier kann man sehen, was man getan hat. Ein gutes Gefühl. Am Abend weiß ich auch ohne zu sehen, was ich getan habe. Wie für einen ordentlichen Bauarbeiter üblich, habe ich verbrannte Arme und einen verbrannten Nacken. Mein Kalorienbedarf hat sich verdreifacht, meine Tiefschlafphasen sind besonders lang. Ich werde in meinen Annahmen bestätigt: Die Arbeit als Tischlerin ist hart. Es ist eine andere Belastung, als ich sie aus den vielen Bürojobs kenne. Während sonst oftmals die Gedanken in meinem Kopf rotieren, bin ich in dieser Woche zwar auch geschafft, aber positiv. Der Kopf bleibt zumindest als Angestellte nach Feierabend frei.

Als Selbstständiger ist man nicht nur Tischler, sondern auch Unternehmer. Neben den Arbeiten am Holz kalkuliert der Tischler Preise, führt Messungen für Einbauten durch, erstellt Pläne, führt Kundengespräche und kümmert sich um sein Marketing. Ein Tischler arbeitet somit am Computer im Büro, an der Werkbank in der Halle, ist viel an der frischen Luft, im Auto unterwegs und bei Kunden. Um das große Geld geht es im Tischlerhandwerk nicht. Denn das verdienen nur ganz wenige Tischlereien. Das ist auch ein Grund, warum die Leidenschaft unverzichtbar ist. Daniels Leidenschaft für Holz ist ausgeprägt. »Ich liebe das Material und könnte mir nicht vorstellen, mit etwas anderem zu arbeiten«, sagt Daniel, während er die letzten Handgriffe an einem Holzbilderrahmen macht. Zum »Kantenbrechen« reicht er ihn mir herüber. Zehn weitere folgen. Die Bilderrahmen bereiten wir für Bilder von Daniels Mutter vor. Eine Ausstellung ihrer Bilder ist für den Tag der offenen Tür geplant. Mit Schleifpapier und

Schleifklotz runde ich die Kanten der Bilderrahmen ab und entferne letzte Splitter. Im wahrsten Sinne des Wortes verpasse ich den Rahmen den letzten Schliff.

Am Freitagnachmittag laufen die letzten Vorbereitungen für das große Fest. Der Hof wird gefegt, Zelte, Tische und Bänke aufgebaut, Getränke kalt gestellt. Ich arbeite an den letzten Schlüsselanhängern, die an die Gäste verteilt werden sollen. Mit einem heißen Brandeisen stanze ich lauter Dock-Zwo-Logos auf kleine Spanplatten. Nachdem ich die Schilder an eine große Schleifmaschine gehalten habe und sie binnen weniger Sekunden in Form gebracht habe, schließe ich geschafft, aber glücklich meinen achtundzwanzigsten Job ab.

In dieser Woche habe ich wieder einen Beruf gefunden, den ich für mich ausschließen kann. Ich hatte mir den Beruf persönlich erfüllender vorgestellt. Aber ich weiß ja mittlerweile, dass ich etwas mit Menschen, mit viel Abwechslung, etwas Freiheit und Abenteuern machen möchte, bei dem ich im besten Fall das Geld mit dem Schreiben verdiene.

 **Für wen der Job etwas sein könnte:** Du findest, Holz riecht gut, fühlt sich gut an, sieht schön aus. Ohnehin bist du ein Holzfan und ein Selbermacher. Du schreckst vor körperlicher Arbeit nicht zurück und willst sehen, woran du den ganzen Tag gearbeitet hast.

**Wer lieber die Finger davon lassen sollte:** Du hast  Angst vor großen Maschinen und davor, deine Gliedmaßen zu verlieren. Du hast es gern sauber und ordentlich, bist gern an einem Ort und verrichtest Arbeit am liebsten ausschließlich mit dem Kopf.

# 29
# Politikerin

»Den Job brauchst du gar nicht erst zu testen!« Bei keinem
der anderen Jobs schlägt mir im Vorfeld so viel Missbilligung
entgegen, wenn ich sagte, was ich testen will. Selbst die Headhunter hatten mehr Fans. Trotzdem will ich in das Berufsle-
ben eines Politikers schnuppern.

Ich höre mich in meinem Bekanntenkreis um und bekomme
überraschenderweise viele Vorschläge. Meine Tante, die selbst
politisch engagiert ist, macht es schließlich konkret. »Ich habe
Matthias Groote angesprochen, als er bei uns im Wahlkreis
war. Er ist als Europa-Abgeordneter für die SPD in Brüssel.
Du sollst dich bitte an sein Büro wenden«, sagt mir meine
Tante bei einer Familienfeier. Europaparlament? Eigentlich
wollte ich ja viel lieber in den deutschen Bundestag. Die Entscheidungen im Bundestag stelle ich mir viel relevanter für
mein persönliches Leben vor und damit spannender. »Ver-
traue mir, bei ihm wird es dir gefallen«, ergänzt meine Tante.

Auch eine Unterkunft in Brüssel ist schnell gefunden. Ein
alter Bekannter von mir hat bis vor kurzem in Brüssel gelebt.
Ich frage ihn nach einem Tipp und bekomme prompt ein
Angebot. »Ein Freund von mir wohnt in Brüssel, der würde
dich für ein paar Tage aufnehmen«, schrieb Micha per Mail.
»Und das Witzige ist, ihr kennt euch sogar!« Tatsächlich stellt
sich heraus, dass Daniel und ich uns einmal auf einer Silves-

terparty in Berlin begegnet sind. Am Sonntagabend komme ich in Brüssel an. Zu Fuß mache ich mich vom Busbahnhof aus auf den Weg zu der Adresse, die mir Daniel per Mail geschickt hat. Ich finde sie; nur Daniels Namen nicht auf den Klingelschildern. Mist, hätte ich mir mal seine Handynummer geben lassen. Ich laufe die Straße auf und ab, überprüfe die anderen Klingelschilder, aber Daniels Namen finde ich nicht. Ich kehre zur ersten Haustür zurück. Ein Mann nähert sich der Tür und schließt sie auf.

»Excuse me, do you know Daniel? He is supposed to live here«, frage ich ihn.

»Daniel? No. Wait, a German guy, tall and blond?«, antwortet er nachdenklich. »A German guy lives in the flat below mine. Follow me.«

Der nette Nachbar lässt mich auf der dritten Etage aus dem Fahrstuhl und zeigt auf eine Tür. Dort müsse Daniel wohnen. Und falls er nicht da sein sollte, könne ich gern bei ihm warten und ein Glas Wasser bekommen. Eine Berlin-Postkarte hängt an der Tür, und auch das Klingelschild verrät, dass ich hier richtig bin. Allerdings ist niemand da. Per Mail hake ich nach. Nach einer Stunde vergeblichen Wartens entscheide ich mich, auf das Angebot des Nachbarn zurückzukommen. Es ist mittlerweile einundzwanzig Uhr, und am nächsten Tag beginnt mein Praktikum. Aber kein Grund, panisch zu werden, bislang hat sich noch immer eine Lösung gefunden. Ich klingele bei der Wohnung ein Stockwerk höher. Nach einer Weile öffnet sich die Tür. Ein glatzköpfiger Italiener blickt mich fragend an. Das ist nicht der Mann aus dem Fahrstuhl.

»Ich bin auf der Suche nach einem mittelgroßen Mann mit braunem, lockigem Haar. Ich habe ihn im Fahrstuhl getroffen«, versuche ich ihm auf Englisch zu erklären und weiß selbst nicht genau, nach wem ich eigentlich suche. Er schüttelt den Kopf, keiner auf dieser Etage ähnelt meiner Beschreibung. Der Italiener stellt sich als Carmine vor und bietet mir an, anstelle bei dem Nachbarn bei ihm zu warten und das Internet zu nutzen. Immer noch keine Nachricht von Daniel.

»Du kannst auch hier übernachten, das ist kein Problem«, bietet mir Carmine schließlich an. Echt jetzt? Ich bin mir unsicher, ob ich das Angebot annehmen soll. Mein Gefühl sagt mir, dass ich ihm vertrauen kann.

»Ja, das wäre klasse«, antworte ich und muss grinsen. Dass die Lösung so schnell kommen würde, hätte ich nicht erwartet. Und es wird noch besser, Carmine stellt sich als Stadtführer zur Verfügung. Die Sommernacht ist lau, das belgische Bier dunkel und die Waffeln süß. Herrlich.

Zurück zuhause, erreichen mich mehrere Nachrichten von Daniel. Er habe sich in der Woche vertan, wäre jetzt aber wieder da und erreichbar. Die Verwechslung tut ihm sichtlich leid, als ich mit Sack und Pack schließlich vor seiner Tür stehe. Überhaupt kein Problem, mein erster Abend in Brüssel hätte schöner nicht sein können.

Am nächsten Morgen fahre ich mit der Metro in Richtung Parlament, laufe die letzten Meter zu Fuß über das Gelände, auf dem Europarat, Kommission und Parlament ihr Zuhause haben. Laufe an Soldaten mit Maschinengewehren vorbei, über vierspurige Straßen, durch Parks, bis ich nicht mehr weiß, wo ich bin. Etwas verspätet treffe ich dann auf Matthias' Mitarbeiterin Tara, die in roter Jacke und roten Turnschuhen vor dem Parlament auf mich wartet. Tara holt mit mir meinen Besucherausweis ab und erzählt mir von ihrer Arbeit und von Matthias, während sie mich durch das Gebäude führt.

Im vergangenen Jahr hatte Matthias noch als jüngster Vorsitzender aller Zeiten den Vorsitz des Umweltausschusses, kurz ENVI, inne. Seit 2014 ist er Sprecher der sozialdemokratischen Fraktion im Ausschuss für Umweltfragen, öffentliche Gesundheit und Lebensmittelsicherheit. »Wir teilen uns Matthias in einer Dreierbeziehung mit dem deutschen Wahlkreis und seiner Familie«, erzählt mir Tara. »Er arbeitet sieben Tage die Woche. Die einzige Regel ist, keine Termine am Sonntag nach vierzehn Uhr zu vereinbaren. Das ist ausschließlich Familienzeit.« Wir kommen an einem Friseur, einem Supermarkt und einem Konzertticket-Schalter vorbei, alles im Parlamentsgebäude. Tara zeigt auf ein Café mit lauter roten, gelben und grünen Stühlen. »Und hier ist unsere Mickey-Mouse-Bar«, sagt sie. Im Ernst jetzt? Ja.

Im Büro angekommen, zeigt mir Tara meinen Arbeitsplatz für diese Woche. »Wir bekommen täglich mehrere hundert Mails. Die müssen wir jetzt erst einmal durcharbeiten, bevor Matthias kommt«, sagt Tara, während sie das gemeinsame E-Mail-Postfach öffnet. Sie seufzt: »Schon wieder eine Petition. Hast du schon einmal bei einer Online-Petition mitgemacht?«

»Ja, habe ich, wieso?«, frage ich Tara.

»Wenn du bei einer Online-Petition mitmachst, wird in deinem Namen eine Mail mit dem Anliegen an die Europa-Abgeordneten versendet. Wir bekommen aber nicht nur deine, sondern unzählige andere, immer mit dem gleichen Text. Das legt manchmal sogar die Server lahm«, erklärt sie mir.

»Natürlich ist es gut, wenn sich Bürger politisch engagieren und ihre Meinung äußern. Jedoch ist eine persönliche, nicht maschinell erstellte E-Mail mit dem jeweiligen Anliegen sinnvoller. Die inhaltlichen E-Mails beantworten wir dann auch persönlich«, ergänzt Tara.

Das Traumjob-Experiment

Am Montagabend lerne ich Matthias bei einem Essen persönlich kennen. Er ist gerade aus dem Wahlkreis nach Brüssel gekommen.

»Ist das Tusk?«, fragt mich Matthias und deutet mit dem Kopf in Richtung Nachbartisch.

»Wer ist Tusk?«, frage ich.

»Ja, das ist er. Donald Tusk, unser EU-Ratspräsident«, antwortet Matthias. Mit einem unangenehmen Thema fährt er fort: »Vitamin-B-Anfragen gefallen mir übrigens gar nicht. Eigentlich wollte ich dir direkt absagen. Aber als ich mir mit meinen Mitarbeitern deinen Blog angesehen habe, wollten wir dich doch für eine Woche bei uns aufnehmen. Ich finde das gut, was du machst.«

Im Gespräch wird schnell klar, dass Matthias sagt, was er denkt, und viele unserer Ansichten übereinstimmen. Ich muss dem Zufall wieder einmal danken, dass er mich zum neunundzwanzigsten Mal zur richtigen Adresse gebracht hat.

Bereits seit zehn Jahren arbeitet Matthias unter der Woche in Brüssel, seine Assistenten wechseln alle zwei bis fünf Jahre. »Assistent zu sein ist kein Job, den man für immer macht. Es ist sehr anstrengend, und kein Assistent hält das Tempo sein Leben lang durch. Die Assistentenstelle dient außerdem als Sprungbrett«, erzählt Matthias. Im Büro in Brüssel arbeiten drei Menschen für Matthias. Agnes und Felix arbeiten vor allem inhaltlich, wobei Agnes auch für die Büroleitung verantwortlich ist. Tara ist für die Kommunikation zuständig. Zwei weitere Kollegen zählen im Büro im Wahlkreis zu Matthias' Team. »Wenn Matthias nicht wiedergewählt wird, haben auch wir keinen Job mehr«, ergänzt Agnes am Tag darauf. »Außerdem kann ich an einer Hand abzählen, für wen ich im Parlament alles arbeiten würde. Ob die Arbeit Spaß macht, hängt maßgeblich vom MEP ab.« MEP steht dabei für Member of the European Parliament.

Während die unzähligen Flure im Parlament am Montag noch leer waren, sprinten wir am Dienstag bereits im Slalom durch Menschenmengen in Richtung Sitzungssaal. Durch ein Labyrinth an Fluren geht es zur Vorbesprechung der Abstimmungen, die am Mittwoch stattfinden sollen. Klonfleisch, Kreislaufwirtschaft und Energieunion stehen auf dem Programm. Klonfleisch? »Es geht darum, ob das Fleisch und andere Produkte von geklonten Tieren oder deren Nachkommen auf den europäischen Märkten vertrieben werden dürfen«, erklärt mir Matthias. »Das können wir allein schon aus dem Aspekt des Tierschutzes nicht zulassen. Die meisten Klone gehen elendig zu Grunde.« Auch zur Kreislaufwirtschaft und Energiepolitik vertritt Matthias eine klare Meinung. »Wir müssen nachhaltiger produzieren und Rohstoffe wiederverwerten, damit wir nicht unsere Lebensgrundlage zerstören. Und wir müssen noch mehr auf erneuerbare Energien setzen.«

Der Ausschuss wird eröffnet. Der Vorsitzende sitzt wie ein Richter vor versammelter Mannschaft und begrüßt die Anwesenden. Rund siebzig der insgesamt siebenhunderteinundfünfzig EU-Abgeordneten aus den achtundzwanzig Mitgliedsstaaten sitzen im ENVI (Umweltausschuss). Heute werden Punkte aus zwei Berichten vorgetragen. Ein Bericht wird von einem Abgeordneten erarbeitet und enthält Gesetzesentwürfe. Jeder ist mal mit einem Bericht dran, es sei denn, man hat als Abgeordneter Sonderaufgaben, wie beispielsweise eine Sprecherfunktion. Nachdem die Berichterstatter das jeweilige Thema eingeleitet haben, dürfen die Abgeordneten ihre Standpunkte vortragen. »Wenn wir jetzt noch neue Kohlekraftwerke bauen, müssen wir auch daran denken, dass die ein Weilchen laufen müssen, bis sich die Investitionen rechnen. Der Bau des Kohlekraftwerkes in Eemshaven beispielsweise bedroht den Tourismus der Nordseeinseln in meinem Wahlkreis«, trägt Matthias der Runde vor. »Auch diese Aspekte müssen berücksichtigt werden.«

Am Mittwoch wird schließlich abgestimmt, ob die Berichte mit den entsprechenden Gesetzesvorschlägen angenommen und die Verhandlungen mit der Europäischen Kommission und dem Rat, also den Mitgliedsstaaten, aufgenommen werden können. »Änderungsantrag einundzwanzig. Wer ist dafür? Dagegen? Enthaltungen? Angenommen!«, rattert Giovanni La Via, der Vorsitzende des Ausschusses, herunter. Wie in der Schule melden sich die Abgeordneten bei der einen oder anderen Frage. Der Vorsitzende entscheidet per Augenmaß, wofür die Mehrheit gestimmt hat, und nimmt für das Protokoll den Änderungsantrag an oder lehnt ihn ab. Wenn ein Abgeordneter das Ergebnis überprüfen möchte, ruft er »Check«, und eine elektronische stimmgenaue Abstimmung folgt. Einige Politiker in den vorderen Reihen zeigen mit ihrem Daumen bei den Abstimmungen entweder nach oben oder unten. »Das sind Schattenberichterstatter«, flüstert mir Felix zu. »Die zeigen ihren Fraktionsmitgliedern, wie gestimmt werden soll.« Abgefahren. Da wird per Fingerzeig darüber entschieden, ob zukünftig Klonfleisch auf meinem Teller landet oder nicht. Wobei, so einfach ist das auch wieder nicht. Schließlich muss sich das EU-Parlament noch mit dem Rat einigen, bevor die EU-Kommission gemeinsam mit den Mitgliedsstaaten das Gesetz umsetzt.

Wenn Matthias und sein Team nicht in einem der Sitzungssäle sitzen, dann brüten sie über Gesetzesentwürfen und Berichten, recherchieren, sitzen in Terminen oder rennen durch das Gebäude. »Da kommen schnell mal zehn Kilometer am Tag zusammen«, kommentiert Tara das Gerenne. »Und ich dachte, ich fange einen Schreibtischjob an.«

In den Terminen mit verschiedenen Lobby-Vertretern verstehe ich in der Regel nur einen Bruchteil. Die Gespräche sind auf Englisch und furchtbar schnell. Die Bälle fliegen nur so hin und her. Nach einer Weile gebe ich auf. Jeder Termin beinhaltet ein anderes Thema und behandelt so viele Details, dass ich schlichtweg nicht mitkomme. Ich versuche, mich auf die Körpersprache zu konzentrieren, auf das, was nonverbal abläuft. Vielleicht habe ich dabei mehr Erfolg. Während ich anfänglich vermutet hatte, dass Lobbyisten zu den Politikern kommen, um sie zu beeinflussen, wirkt die Sache jetzt auf mich viel subtiler. In den meisten der Gespräche, denen ich beiwohne, scheint es in erster Linie um Informationsaustausch zu gehen. Die Vertreter unterschiedlicher Institutionen sind sehr aufmerksam, machen sich viele Notizen, beantworten Matthias' Fragen und geben Informationen preis. »In unserem Job geht es darum, Informationen zu beschaffen und sich eine Meinung zu bilden. Wir tauschen uns mit vielen aus, denen wir vertrauen. Das ist ein Geben und Nehmen«, erklärt mir Agnes später. »Vor den Abstimmungen schaut man dann, wen man aus welcher Fraktion noch für die eigene Sache gewinnen kann. Manchmal verliert man, manchmal gewinnt man. In der Regel wissen wir aber schon vorher, wie eine Abstimmung ausgeht.«

Später am Abend begleite ich Matthias und Agnes zu einer Podiumsdiskussion. Matthias soll mit verschiedenen Unternehmensvertretern sowie einem weiteren EU-Abgeordneten zur Zukunft des Emissionshandels diskutieren. Bei einem Essen in einem benachbarten Restaurant fragt mich Matthias anschließend: »Und, hast du Lust wiederzukommen?«

»Ja, habe ich«, antworte ich und bin von meiner Antwort selbst überrascht. Die Arbeit im Parlament ist viel spannender, schneller und deutlich weniger trocken, als ich es vermutet hätte. Die Entscheidungen, die hier getroffen werden, sind wichtig und betreffen ganz konkret mein persönliches Leben. Rund achtzig Prozent aller in Deutschland geltenden Gesetze stammen ursprünglich aus Brüssel. Ob es um den Zugang zu Medikamenten geht, die Nahrungsmittel auf meinem Teller oder um die Luft, die ich atme – ich habe mich in den letzten Jahren viel zu wenig für sie interessiert. Oder vielleicht hatte ich auch resigniert. Weil keine Partei in Deutschland meinen genauen Vorstellungen entsprach und, selbst wenn, ich immer den Eindruck hatte, dass sowieso nichts passierte und die Versprechen weitestgehend leer blieben. Dann lieber ganz die Augen zukneifen und nur hin und wieder mal blinzeln, um zu gucken, ob nach Steuerabzug noch genügend Gehalt übrig geblieben ist. Die Finger, die sich in der Abstimmung am Mittwoch für Klonfleisch auf den europäischen Märkten gehoben haben, haben mich noch einmal nachdenken lassen, ob meine Strategie wirklich die richtige war. Eher nicht.

In einem Abgeordnetenbüro zu arbeiten kann ich mir also vorstellen. Zumindest in diesem hier für eine gewisse Zeit. Ich bin so neugierig auf alles, was es zu entdecken gibt, und möchte lernen, wie die politische Welt funktioniert. Und ich darf wiederkommen und ein paar Monate lang mitmischen. Die Arbeit im Parlament ist abwechslungsreich, sinnvoll und wichtig. Sie erfordert Köpfchen und Fingerspitzengefühl. Eine gute Kombination, die auch Gefahren birgt, aber deren Ausgestaltung in der Hand jedes einzelnen Politikers und seiner Assistenten liegt.

 **Für wen der Job etwas sein könnte:** Du brauchst Abwechslung und Komplexität, um in deinem Beruf gefordert zu sein. Du spielst gern und bist ein Stratege, außerdem hältst du dich gern in geselligen Runden auf.

**Wer lieber die Finger davon lassen sollte:** Man sagt dir bisweilen eine lange Leitung nach. Du konzentrierst dich gern auf ein Themenfeld und kannst nicht gut mit Niederlagen umgehen. Außerdem stehst du nicht gern in der Öffentlichkeit.

# 30

# Hebamme

Knapp fünfzig Wochen nachdem ich mir den Weg durch kindersichere Türen zu meinem ersten Job als Erzieherin bahnte, finde ich mich in einer ähnlichen Situation in Bayreuth wieder. Ich finde den Eingang nicht. Durch eine Gartenpforte betrete ich das Grundstück der Adresse, die mir Hebamme Stefanie einen Tag zuvor per E-Mail geschickt hatte. Links von mir befindet sich eine weitere Pforte, die zu einer Terrasse führt. Rechts von mir ein Gartenhäuschen, vor mir der Garten. Ich entscheide mich für den Garten und finde hinter dem Haus tatsächlich die Eingangstür mit Klingel und Namensschild. Wer sie heute wohl öffnen wird?

Es ist eine schlanke Frau, in etwa so groß wie ich, die ihre dunklen Haare zu einem Zopf zusammengebunden hat. Sie trägt eine große Brille mit einem dunklen Rahmen, stellt sich als Stepsi vor und wirkt ganz schön erwachsen auf mich. Ich erfahre später, dass sie wie ich achtundzwanzig Jahre alt ist und mit ihrem Freund, ihrer zehnjährigen Tochter und dem Hund in der Doppelhaushälfte lebt, durch deren Garten ich gerade geschlichen bin. Ein Pferd hat sie auch. So in etwa hatte ich mir mein Leben mit achtundzwanzig auch vorgestellt, als ich noch ein Kind war. Schließlich ist man mit achtundzwanzig schon ziemlich erwachsen. Manchmal kommt es anders, als man denkt. Bereits sieben Monate zuvor hat sich

Stepsi per E-Mail bei mir gemeldet und mir den Beruf der Hebamme ans Herz gelegt, nachdem sie im Radio einen Beitrag über mein Projekt gehört hatte. Der Job sei nicht leicht, dafür aber schlecht bezahlt und die Zukunft ungewiss; sie hat ihren Traumjob gefunden und würde keinen anderen Job lieber ausführen. Nachdem mir über meinen Blog mehrere Hebammen unabhängig voneinander den Beruf empfohlen hatten, sagte ich zu.

Kurze Zeit später sitzen wir im Auto und machen uns auf den Weg zur ersten Mutter mit Kind, die Stepsi als freiberufliche Hebamme betreut. Wir klingeln an der Tür, schlüpfen aus unseren Schuhen und folgen einer frischgebackenen Mama in das Esszimmer. Seit ein paar Tagen sind Mutter und Sohn nun zuhause, etwas früher als geplant, aber wohlauf. Stepsi wiegt und wickelt den Kleinen, untersucht seine Haut, hört sich Sorgen und Fragen der Mutter an und macht eine Stillberatung. Denn mit Kind-an-die-Brust-Drücken ist es oft nicht getan. Oftmals lassen sich Babys erst mit einigen Tricks zum Trinken bewegen.

»Wenn etwas ist, dann ruf einfach an. Auch nachts bin ich erreichbar, ich habe mein Handy am Bett«, verabschiedet sich Stepsi von der ersten Mutter, die ich in dieser Woche kennenlerne. Sie hat eine Sieben-Tage-Woche, wobei sie auf das Wochenende nur die Termine legt, die unbedingt notwendig sind. Dazu zählen die Hausbesuche bei den Frischgeborenen, die zu Beginn täglich gemacht werden. Unser Zeitplan schickt uns weiter zur nächsten Familie mit doppeltem Nachwuchs. Die beiden Jungs sind bereits acht Wochen alt. Viele Besuche wird Stepsi hier nicht mehr machen. Sie steht zwar den Frauen die gesamte Stillzeit über als Ansprechpartnerin zur Verfügung, die Abstände ihrer Hausbesuche werden aber mit zunehmendem Alter der Kinder größer, bis Stepsi sie

Das Traumjob-Experiment

schließlich ganz einstellt und nur noch bei konkreten Anliegen vorbeikommt. Sowohl den Zwillingen als auch den Eltern geht es gut. »Nimm du ihn mal«, fordert Stepsi mich auf und drückt mir einen Zwilling in die Arme. Prompt fängt er an zu schreien. Mein Puls beschleunigt sich. Jetzt bin ich dafür verantwortlich, dass es dem Kleinen gut geht. Ich laufe in der Wohnung auf und ab, das Schreien wird weniger. Ganz schön schwer, so ein Säugling. Als ich ihn seiner Mutter wieder überreiche, mustert sie ihn und dreht ihn von einer Seite auf die andere. »Irgendjemand von euch hat Glitzer drauf«, stellt sie schließlich fest und schaut uns fragend an. Erwischt. Mein Glitzer-Rouge ist für den Rest der Woche gestrichen. Die Zwillingsmama nimmt es locker. »Viele Frauen sind nach der Geburt total geruchsempfindlich. Und wenn dann die Mütter und Schwiegermütter dem Anlass gebührend stark parfümiert ins Krankenhaus kommen und der Frau ein duftendes Kind zurückgeben, ist das nicht immer so angenehm, wie man meinen könnte«, erzählt mir Stepsi. Gut zu wissen. Also auch kein Parfum mehr.

Von Hausbesuch geht es zu Hausbesuch. Jedes Mal der gleiche Ablauf. Stepsi zieht die Babys aus, wickelt sie, begutachtet ihre Haut und kontrolliert das jeweilige Gewicht in ihrer Hängewaage. Nach der Geburt nehmen die Kinder erst einmal ab, bevor sie nach ein paar Tagen wieder zunehmen. »Pass gut auf, beim nächsten Kind bist du dran«, weist sie mich an. Was bei Stepsi kinderleicht aussieht, treibt mir im Nu die Schweißperlen auf die Stirn. Vorsichtig versuche ich das Kind Schicht für Schicht aus seiner Kleidung zu befreien, während es schreit wie am Spieß. Mein Herzschlag beschleunigt sich. Der halbe zappelnde Meter setzt mich ganz schön unter Stress. »Im Mutterleib hatten die Kinder immer etwas um sich herum. Diese Leere und Grenzenlosigkeit beunruhigt viele Babys. Deswegen fangen sie an, mit den Armen zu fuchteln und laut zu schreien. Wenn du ihre Arme sanft mit deinen Händen an den Körper drückst, dann beruhigen sie sich in der Regel«, empfiehlt mir Stepsi, die ich um ihre magischen Hände beneide. Bei ihr schreit nie jemand. Ich folge ihrem Rat und bin erstaunt, wie schnell das Schreien verstummt. An der Hängewaage lese ich das Gewicht ab und notiere es auf dem Patientenblatt. Mit der Hand wische ich über meine Stirn. Geschafft.

Neben Müttern mit Kind besuchen wir auch schwangere Frauen. Bei ihnen misst Stepsi Blutdruck, tastet den Bauch ab, erkundigt sich nach dem Befinden, beantwortet Fragen, empfiehlt homöopathische Mittel und akupunktiert. »Darf Jannike auch mal tasten?«, fragt Stepsi die Frau, die vor ihr mit nacktem Bauch auf dem Sofa liegt. Ich bekomme die Erlaubnis, desinfiziere meine Hände und lege meine Finger auf den Bauch der Fremden. »Taste mal nach der Gebärmutter. Findest du das obere Ende? Du musst mit den Fingern richtig in den Bauch drücken, sonst spürst du sie nicht«, leitet Stepsi mich an. Mir ist das unangenehm. Ich kann doch nicht einfach der Frau in den Bauch drücken. Doch, kann ich, wenn ich wissen will, ob in der Schwangerschaft alles nach Plan verläuft. Etwa zwei Finger breit oberhalb des Bauchnabels ertaste ich etwas Hartes. Das obere Ende der Gebärmutter. »Wenn sich die Gebärmutter auf Höhe des Bauchnabels befindet, dann ist die Frau in der vierundzwanzigsten Schwangerschaftswoche. Mit den zwei Querfingern oberhalb des Bauchnabels ist sie dann in der achtundzwanzigsten Woche«, erklärt mir Stepsi. Ohne Schwangerschaft sitzt die Gebärmutter wie eine auf dem Kopf stehende Birne im Becken der Frau und ist in der Regel sieben Zentimeter lang. Während der Schwangerschaft wächst sie in Richtung Herz, bis sie gegen Ende dann mit den

Das Traumjob-Experiment

Rippen der Frau abschließt. Die restlichen Organe werden entsprechend zur Seite oder nach hinten gedrängt. Logisch also, dass hochschwangere Frauen beispielsweise kurzatmig sind. Die Lunge hat einfach nicht mehr so viel Platz wie zuvor. Zwei Vormittage verbringen wir in Stepsis Büro in einer Frauenarztpraxis. Ich lerne, wie man eine Kardiotokografie, kurz CTG macht, also die Herzfrequenz des Babys und die Wehentätigkeit der Mutter misst. Zudem, auf was bei der Untersuchung des Urins zu achten ist und wie man mit Manschette, Blasebalg und Stethoskop den Blutdruck misst. »Blutdruck, Gewicht, Urin, das sind alles Dinge, die wir untersuchen, um möglichst frühzeitig eine Schwangerschaftsvergiftung festzustellen. Die kann lebensbedrohlich für Mutter und Kind werden, und in diesem Fall ist die einzige Therapie, die Geburt einzuleiten«, erklärt Stepsi, während sie die Daten im Mutterpass einer Frau einträgt.

»Ihre Werte sind alle gut«, sagt sie und schaut zur Frau hinüber, die gerade am CTG angeschlossen ist.

»Spricht eigentlich aus medizinischer Sicht etwas gegen einen Konzertbesuch? Bitte lacht mich nicht aus, aber ich muss übermorgen zu einem Helene-Fischer-Konzert gehen. Beruflich!«, beichtet die Frau am CTG.

»Aus gesundheitlicher Sicht nicht. Die Lautstärke ist nicht schädlich für das Kind«, antwortet Stepsi, die sich allerdings das Lachen nur schwer verkneifen kann.

Auch wenn Stepsi aufgrund der teuren Versicherung keine Geburten mehr betreut, erscheint mir der Hebammenberuf sehr intim und emotional zu sein. Wie Arbeit fühlt es sich in dieser Woche nur selten für mich an. Ich habe viele erschöpfte Frauen gesehen, denn schwanger oder frisch Eltern zu sein ist anstrengend. Aber gleichzeitig habe ich in freudestrahlende Augen geblickt, wenn der Herzschlag des Babys zu hören war oder das Baby im Arm seiner Eltern lag. Es gab Freudentränen, Umarmungen, und immer lag Liebe in der Luft. Aber nicht zu allen Besuchen darf ich Stepsi begleiten. Rund zehn Prozent aller Frauen leiden vor oder nach der Geburt an Schwangerschaftsdepressionen. Diese Termine erfordern einen vertrauten Rahmen.

Am Freitagabend schmeißt Stepsi mit ihrer Familie und Freunden ein Grillfest, um mit mir den Abschluss des spannendsten Jahres meines Lebens zu feiern. Dreißig Jobs in einem Jahr. Wie sehr sich mein Leben doch innerhalb der letzten zwölf Monate verändert hat. Mir fällt das Zitat von Tom Hiddleston wieder ein: »Wir alle haben zwei Leben. Das zweite beginnt, wenn wir begriffen haben, dass wir nur eines haben.« Wie neugeboren fühle auch ich mich, wobei befreit es noch besser trifft. Meine Fragen, wie es wohl sein würde, wie ich mich fühlen würde, was ich finden würde, sind verschwunden. Auf die Frage nach meinem Traumjob habe ich eine andere Antwort erhalten, als ich sie mir gewünscht hatte. Ich habe herausgefunden, was ich kann, was mir wichtig ist und was mir Freude bereitet. Aus dieser Kombination ergeben sich mehrere Möglichkeiten, nicht nur eine. Und jede dieser Möglichkeiten finde ich großartig, so wie sie ist. Ich habe wieder das Gefühl, genau zu diesem Zeitpunkt an diesen Ort zu gehören, auch wenn ich den Beruf der Hebamme nicht ergreifen werde.

Stepsis Handy klingelt und reißt mich aus meinen Gedanken. Es ist Helena, eine von Stepsis schwangeren Frauen. Sie hatte angeboten, dass ich sie und ihren Mann in die Klinik begleiten könne, sollte ich zum Zeitpunkt ihrer Wehen noch in Bayreuth sein. Jetzt, am allerletzten Abend meines allerletzten Praktikums, ist es so weit. Es geht in den Kreißsaal.

Ob ich eine Geburt überhaupt verkrafte? Stepsi ist sich

sicher, die positive Stimmung wäre unbeschreiblich und unvergleichlich. Sie drückt mir ihren Autoschlüssel in die Hand. Nervös parke ich das Auto vor dem Bayreuther Krankenhaus, um kurze Zeit später Helena und Dominik in den Kreißsaal zu begleiten. Helena hängt am Wehentropf und ist deutlich weniger nervös als ich. Ihr Muttermund ist bereits weit geöffnet. Trotzdem tut sich noch nichts. »Zum Glück bist du dabei«, sagt Helena zu mir. »Wir haben dieses Mal vergessen, ein Hörspiel mitzunehmen. Erzähl mal, was du in deinem letzten Jahr so erlebt hast.« Ich beginne zu berichten, packe Anekdote um Anekdote aus, bis schließlich die Klinikhebamme zurückkommt. »Haben Sie immer noch keine stärkeren Wehen?«, fragt sie. Helena verneint. »Dann stechen wir jetzt die Fruchtblase auf.« Mit einem kleinen Haken, der an der Fingerspitze ihres Handschuhs befestigt ist, setzt sie das Gesagte um. Das Fruchtwasser läuft zwischen Helenas Beinen heraus. Als würde sie sich auf einen Kampf vorbereiten, wiegt sich Helena von einem Bein auf das andere. Die Wehen kommen. Nach einem letzten Positionswechsel werden sie immer heftiger. Kniend unterstützt sie mit ihrer Atmung das Pressen der Wehen, die die Gebärmutter von oben nach unten um das Stück kleiner werden lässt, um das es in den letzten neun Monaten größer geworden ist. Das Baby hat keine andere Wahl, als den Ausgang durch den Muttermund zu nehmen. Die Schmerzen seien unverschämt, aber nicht lebensbedrohlich, sagt Helena. Bei der Geburt ihrer Tochter wäre das anders gewesen. Sie wirkt erschöpft. Aber souverän. Sie weiß, wofür sie es tut.

Freitagabend, zweiundzwanzig Uhr achtundfünfzig. Mattis ist da. Im gleichen Augenblick weichen Schmerz und Anstrengung aus Helenas Gesicht. Voller Liebe blickt sie auf das kleine Geschöpf zwischen ihren Beinen. Ja, das ist ihr

Sohn. Später wird sie mir sagen, dass alle ihre Fragen in diesem Moment verschwunden waren. Wie er wohl aussehen würde, wie er wohl sein würde. Helena strahlt.

»Hallo, hallo, Schatz.«

 **Für wen der Job etwas sein könnte:** Du bist interessiert an Medizin, du kannst Verantwortung übernehmen und bist durch nichts aus der Ruhe zu bringen. Dabei bist du gefühlvoll und freust dich über die Wertschätzung, die dir bei deiner Arbeit immer wieder entgegengebracht wird.

**Wer lieber die Finger davon lassen sollte:** Du ekelst  dich vor Körperflüssigkeiten. Babygeschrei treibt dich in den Wahnsinn, zu viele Gefühle auch.

# Nachwort

Ich hatte alles und war doch nicht glücklich. Wie die Prinzessin auf der Erbse: So fühlte ich mich. Etwas drückte, obwohl ich oben auf meinen zwanzig orthopädischen Matratzen lag. Familie, Freunde, Karriere, Geld, Gesundheit, Aussehen: Mein Glück versuchte ich mir aus vielen Teilen zusammenzusetzen.

In einem Prozess, der Jahre dauerte, drehte ich Matratze um Matratze um und schaute darunter, um zu prüfen, ob sie mir wirklich guttaten. Aber egal, was ich auch versuchte, das Gefühl blieb, das mich nachts nicht schlafen ließ.

Mit dem Start in dieses Projekt ließ ich schließlich mein altes Leben los und machte mich auf die Suche nach meinem Traumjob. In Wahrheit setzte ich meine Suche nach dem Glück fort. In dreißig verschiedene Leben schlüpfte ich und testete andere Versionen von mir selbst. Die unzähligen Entscheidungen, die das Projekt von mir abverlangte, überforderten mich. Schließlich warf ich meine Angewohnheit, Entscheidungen genau abzuwägen, über Bord und entschied fortan aus dem Bauch heraus. Manche große Chance ließ ich sausen, andere ergriff ich. Jede Bauchentscheidung stellte sich als richtig heraus.

Ich wollte verstehen, warum ich plötzlich bessere Entscheidungen traf. Um wahrnehmen zu können, was sich in mir abspielte, zog ich mich zurück nach Irland in die Stille. Da waren sie also, meine Gefühle, die ich so lange als Schwäche abgetan hatte. Da war die Trauer um meinen Vater und die Angst, Fehler zu machen oder verletzt zu werden. Die Freude darüber, so viel entdecken zu dürfen. Die Dankbarkeit, meine Familie und Freunde auf meiner Seite zu wissen. Es war die letzte Matratze, die ich umdrehte. Meine innere Stimme lag als Erbse darunter. Die innere Stimme, die sich durch keine Reise, durch keinen Job, durch keinen Konsum der Welt übertönen lässt. Die sich, egal wie groß das Schloss auch sein mag, in dem ich lebe, immer nachts melden wird, wenn sie keine Beachtung findet. Wahres Glück kommt von innen. Jetzt verstehe ich.

Für meinen beruflichen Weg habe ich verschiedene Ideen. Ich werde sie auf ihre Umsetzbarkeit prüfen. Das Schreiben möchte ich in mein Leben integrieren, auf welche Weise auch immer. Ich bin zuversichtlich.

Rund eintausend Euro pro Monat hat mich die Traumjobsuche gekostet. Dabei musste ich nicht auf jeden Cent achten. Etwas weniger Geld hätte also ausgereicht. Die Hauptkostenfaktoren waren meine freiwillige Kranken- und Sozialversicherung, die Reisekosten und Aufwendungen für die Verpflegung. Dank Couchsurfing und dem Angebot meiner Eltern, ihr Gästezimmer zu nutzen, waren die Ausgaben für die Unterkunft gering. Ein weiterer Vorteil dabei: Ich konnte neue Freunde gewinnen. Ein bis zwei Monate im Voraus habe ich die Praktika geplant und meine Bewerbungen dabei an leidenschaftliche Menschen gerichtet. Gefunden habe ich diese über meinen Bekanntenkreis, in dem ich zu Beginn des Projektes nach Empfehlungen gefragt hatte. Und fast jeder, den ich auf meiner Reise getroffen habe, hatte eine weitere Empfehlung für mich.

Für mich bleibt noch eines zu sagen: Danke – aus tiefstem Herzen an alle Menschen, die, in welcher Form auch immer, Teil meines letzten Jahres waren.

Meine Buchempfehlung:
Verletzlichkeit macht stark – Brené Brown

*Ein inspirierendes Buch das zeigt, wie wir anders leben können*

Greta Taubert
APOKALYPSE JETZT!
Wie ich mich auf eine
neue Gesellschaft
vorbereite. Ein
Selbstversuch
288 Seiten
ISBN 978-3-8479-0540-0

Greta Taubert wagt den Selbstversuch: Ein Jahr gibt sie sich Zeit herauszufinden, wie sie ein Leben nach dem Crash meistern könnte. Wo sie unterschlüpfen, was sie selbst machen könnte, woher sie Essen bekommt, wie viel sie wirklich braucht zum Leben. Sie stürzt sich in die Welt von Aussteigern, Anders-Machern, Freaks, Visionären, Utopisten – und lernt von ihnen.

*»Dieses Buch macht Hoffnung. Es zeigt, dass es möglich ist, neue Formen des Kaufens, Wohnens und Zusammenlebens auszuprobieren, ohne dass man gleich völlig aussteigen muss.«*
STUTTGARTER ZEITUNG

Eichborn

# Die Kunst, sich fallen zu lassen

Amanda Palmer
THE ART OF ASKING
Wie ich aufhörte, mir
Sorgen zu machen, und
lernte, mir helfen zu
lassen
Aus dem amerikanischen
Englisch von
Viola Krauß
448 Seiten
mit zahlreichen
Abbildungen
ISBN 978-3-8479-0597-4

Warum ist es so verdammt schwer, um Hilfe zu bitten? Amanda Palmer versucht, sich als Straßenkünstlerin und Musikerin durchzuschlagen und stellt schnell fest, dass sie ohne Unterstützung nicht weiterkommt. Doch die Überwindung, danach zu fragen, ist riesig. Bin ich schwach, wenn ich es nicht alleine schaffe? Und bin ich es überhaupt wert, dass andere mir helfen? Doch was sie bei ihren Begegnungen auf der Straße, im Konzertsaal oder in sozialen Netzwerken erlebt, öffnet ihr die Augen: Bitten ist der fundamentale Baustein jeder Beziehung. Und durch gegenseitiges Helfen finden Menschen zusammen. Amanda Palmer hat ein großes Buch über Menschlichkeit geschrieben; über Ängste und Schwächen und über die Kraft der Güte und des Vertrauens.

Eichborn

*Eine bezaubernde Geschichte über das Reisen, die Liebe und die Suche nach sich selbst.*
*Kirkus Reviews*

Clara Bensen
NO BAGGAGE
Ein Date, drei Wochen,
acht Länder - und
kein Gepäck
Aus dem amerikanischen
Englisch von
Viola Krauß
336 Seiten
mit zahlreichen
Abbildungen
ISBN 978-3-7857-2549-8

Clara steckt in einer Lebenskrise: Nach dem Ende der Immobilienblase drohen die Träume der jungen Amerikanerin zu zerplatzen. Doch dann lernt sie Jeff kennen. Nach nur einem Date schmieden die beiden einen ungewöhnlichen Plan: 21 Tage wollen sie quer durch Europa reisen. Das Besondere: Sie verzichten auf jegliches Gepäck. Mit minimaler Ausstattung, ohne Hotels und festgelegte Route fliegen sie von Austin, Texas nach Istanbul. Die anschließende Reise stellt Claras Leben auf den Kopf. Und nach drei Wochen weiß sie: Die schönsten Dinge passieren, wenn man sie nicht geplant hat.

Bastei Lübbe